BASTEI
LÜBBE

Senkrecht
gegen die Zeit

Thomas Bubendorfer

BASTEI
LÜBBE

BASTEI-LÜBBE-TASCHENBUCH
Band 61 918

Lizenzausgabe 1997 by Bastei-Verlag Gustav H. Lübbe GmbH & Co.,
Bergisch Gladbach
Printed in Germany, Juli 1997
Einbandgestaltung: RST, Köln
Titelfotos: vorn/hinten: Dietmar Socher
Adler: ZEFA, Pit Saloutos
Satz: hanseatenSatz-bremen, Bremen
Druck und Bindung: Ebner Ulm
ISBN 3-404-61918-8

Der Preis dieses Bandes versteht sich einschließlich
der gesetzlichen Mehrwertsteuer.

*»Wir sind schließlich damit vertraut,
daß alles Menschenwerk irgendwie Stückwerk ist;
oftmals bleibt es unvollendet –
niemals wird es vollkommen.«*

Viktor Frankl

*»Man muß den Menschen die Wunder zeigen,
die sie selbst vollbringen können.«*

Willi Dungl

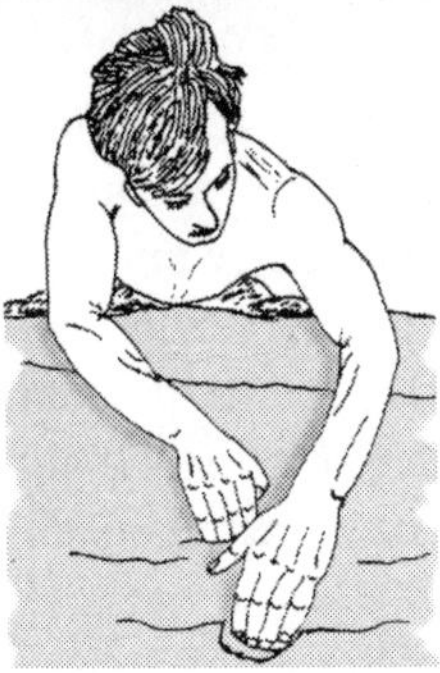

Zu diesem Buch

»Unser Leben ist eine Anhäufung
von Anderen,
die wir einmal waren und nicht mehr
sind.«
Jean Cocteau

»Der Kampf gegen Gipfel vermag
eines Menschen Herz auszufüllen.«
Albert Camus

Am Anfang war Unschuld, wie immer. Keine Fragen, keine Absicht und keine Angst. Gegenwart ohne Morgen und scheinbar ohne Gestern. Tun war Selbstzweck, völlig ohne »Sinn«. Ursprüngliche Weisheit, die Wissen ausschloß. Instinkte gaben die Richtung vor. Ein Knabe wie viele, der »mit goldenem Haar« der Sonne entgegenflog, ohne seinen Schatten zu kennen. Vertrautes Bild aus altem Märchen, das immer seine Wahrheit behalten wird.

Tausend Wege lagen unsichtbar vor ihm, einen mußte er gehen. Wir wissen nicht, warum er sich wie selbstverständlich ausgerechnet für den der Berge, der Gefahr und des Abenteuers entschied. Dieser war der richtige Weg, der einzige, der seiner Natur entsprach. Er folgte ihm, gehorchte seinen Gefühlen und flog und flog, während Zeit wie Sand durch das Stundenglas seines Lebens rann. Weil er im Jetzt lebte, war ihm das natürlich nicht bewußt. Entscheidend war dieses herrliche Gefühl des Fliegens in den grenzenlosen Himmel hinein.

Große Dinge vollbrachte er in seiner Unschuld. Er war er selbst, mit dem Instinkt eines Tieres. Sein Tun entsprang weniger einem Wollen als vielmehr einem Träumen und dem Drang, der in ihm war, die Bilder nicht nur zu sehen, sondern sie auch zu leben. Er ruhte in sich, und dieser stille Punkt, der tief in seinem Inneren war und um den herum sich alle seine physischen und riskanten Abenteuer abspielten, machte ihn unverletzlich.

So stieg er immer höher auf, kam der Sonne näher und näher. Sein Aufstieg, seine Anábásis, schien kein Ende zu nehmen. Immer höher, immer mehr. Er wußte nicht, daß die Weite des Himmels ein trügerisches und sehr gefährliches Maß für das Tun eines Menschen ist, der keinen anderen Maßstab kennt als sich selbst, und nichts hatte ihn gelehrt, daß selbst Träumen und Bilder-Sehen gewissen, sogar sehr strengen und unerbittlichen Gesetzmäßigkeiten unterliegen.

Mit den Jahren hatte er Hunderte von Bergen und schwierigste Wände bestiegen und begonnen, mit dem Wechsel der Jahreszeiten zu leben, die sein Denken und ganz besonders die Art seines Tuns bestimmten. Auch führte ihm das stets wiederkehrende Gleichnis von jedem erreichten Gipfel und dem damit verbundenen unvermeidbaren Abstieg unentwegt vor Augen, daß jedes Ding zwei Seiten hat, so wie das Jahr für einen Bergsteiger Sommer und Winter; und obwohl er oft genug erleben mußte, daß Gipfel keine Orte waren, die zum Verweilen einluden, so war er doch blind für all diese Allegorien und meinte – nicht, daß er je darüber nachgedacht hätte – ohne über den Umweg des Abstiegs, der Katábásis, für immer von Gipfel zu Gipfel weiterfliegen zu können.

Schließlich lag sein Schatten weit zurück. Ohne daß er es bemerkte, hatte er sich in seinem träumenden Tun im Himmel verloren. Verloren war auch sein Friede und der Überlebensnerv jedes Menschen, dieser innere stille Punkt; und so kam es nur für ihn selbst überraschend, daß er sich eines Tages zerschmettert am Boden einer eisigen, schattigen Schlucht wiederfand.

Schwarz waren mächtige Felsen über ihm zusammengestürzt und hatten ihn auf sich selbst zurückgeworfen. Jäh hatte ihn sein Schatten eingeholt und ihm den Spiegel seiner eigenen Sterblichkeit vorgehalten. Für immer war es mit seiner Unschuld vorbei. Nichts sollte mehr wie vorher sein.

Plötzlich war er ein anderer, war seine Welt, die ihren Ursprung in ihm gehabt und auch ihr Ende in ihm haben würde, eine andere. Sein Friede war dahin, und er konnte den stillen Punkt nicht mehr finden, sein Tao, Nirwana, Elysium, Paradies, wie es die verschiedenen Kulturen und Religionen genannt und von dem er vorher gar nicht gewußt hatte, daß er überhaupt existierte. Fragen nach Sinn, Zweifel am eigenen Tun, Ängste vor dem Morgen begannen ihn zu quälen. Die Sonne schien ihm selten. Im Gegensatz zu früher war er immer öfter zur falschen Zeit am falschen Ort, und neben den Schmerzen infolge der Verletzungen durch den Absturz begannen ihn ihm bis dahin unbekannte Krankheiten – Fieber, Entzündungen – zu quälen. Er versuchte an den bewährten und ihm eine Zeitlang noch positiv erscheinenden Mechanismen von Ruhm, Erfolg und Reichtum festzuhalten; aber so selbstverständlich ihm diese Dinge vorher zugefallen waren, so gründlich scheiterte er nun an ihnen.

Sogar die Berge waren seine Freunde nicht mehr, vorbei die herrlichen Sonnenflüge – Schlechtwetter, Eiseskälte, Lawinen und Tod warfen sie ihm immer wieder entgegen, bis schließlich selbst der Glanz des Abenteuers verblich, abbröckelte, sinnlos schien.

Was tun, wenn die Schlucht, in die die Katábásis führt, immer abgründiger wird? Aufgeben? Daran wenigstens dachte er kein einziges Mal. Von Anfang an hatten ihn die Berge gelehrt, daß er nie stehenbleiben darf. Aber welchen Sinn, fragte er sich auf einmal, hatte der bisherige Weg gehabt, da er ihn doch geradewegs in die Schlucht geführt hatte, aus der er keinen Ausweg sah? Welcher war jetzt – auf Krücken und zu 35 Prozent invalid – der richtige Weg? Und was mochte das Ziel sein, worin der Sinn liegen, diesen Weg weiterhin zu gehen?

Das waren keine angenehmen und leicht zu beantwortenden Fragen. Erschwerend kam hinzu, daß zusammen mit der Erkenntnis der eigenen Fehlbarkeit und Sterblichkeit auch das Zweifeln und damit im besonderen die Ratio, das Denken und Kalkulieren, Einzug in seine Welt gehalten hatten. Die Stimme der Vernunft klagte an, warf vor. Sie unterdrückte sein Fühlen, übertönte die Instinkte, vergällte ihm Freude und Begeisterung, die ihn früher so stimmig und erfolgreich seinen Weg hatten finden und gehen lassen, früher, als er noch ein anderer gewesen war.

Er begann mit sich und seinem Schicksal, ja sogar mit den Bergen zu hadern. Einige Versuche, mit dem Kopf durch die Wand zu wollen, mußten scheitern. Vor allem in den Bergen scheiterte er. Es nützte nichts.

Sein Sturz in die Schlucht war ihm zwar als deutliche Zäsur bewußt, aber da er in seinen in erster Linie von Gefühlen bestimmten Träumen bis dahin sehr erfolgreich gewesen war, hatte er nie lernen müssen, die Dinge zu hinterfragen und ihnen auf den Grund zu gehen. So gelang es ihm lange nicht, die Zeichen zu deuten, sie als Chance zu verstehen und auf diese Weise positive Energie aus ihnen zu gewinnen.

Auch war er kein Knabe mehr. Das Fortschreiten der Jahre stellte er nicht nur an seinen eigenen Jahresringen, sondern vor allem am Heranwachsen seines einzigen Sohnes fest, den er vor ein paar Augenblicken noch als Säugling in den Armen gehalten hatte und der jetzt nicht mehr nur Bäume, sondern bei den seltenen Treffen mit seinem Vater bereits kleinere Felsen bestieg.

Monate vergingen, Jahre vergingen, Zeit verrann. Sie verrann immer schneller, wie ein Gebirgsbach, der zuerst nur ein schmales Rinnsal ist und, je länger er fortläuft, immer »bewußter« wird, mächtiger anschwillt und einen irgendwann fortreißt. Plötzlich, da er mit seiner eigenen Sterblichkeit konfrontiert war, hatte ihn auch die Erkenntnis der Endlichkeit seines Daseins überrascht, ja entsetzt. Vorher hatte er die Zeit mit seinen Taten gefesselt. Aus der Schublade eines jeden Jahres konnte er im Stegreif und nach Belieben Eiger-Nordwand oder andere alpinistische Rekorde, die er aufgestellt, Bücher, die er geschrieben hatte, ziehen – Reisen in die ganze Welt, seinen relativen Ruhm, seinen Sohn vor allem auch und gelegentlich sogar eine Frau. Jetzt vergingen Frühling, Sommer, Herbst, Winter – womit? Mit Suchen, mit Fragen, mit Unzufriedenheit.

Zeit hatte bei seinen großen Alleingängen immer eine entscheidende Rolle gespielt. »Senkrecht gegen die Zeit« war er angestiegen, denn Bergsteigen konnte wegen der Lawinen, des Steinschlags und der Wetterstürze sehr gefährlich sein, wenn man nicht schnell war. Doch waren das immer Minuten, höchstens Stunden gewesen, Maße der Gegenwart also, die in keinem Verhältnis standen zu den ein, zwei Dekaden seiner Vergangenheit, auf die er jetzt, »wach« geworden, bereits bewußt zurückblickte und die ihm gewisse Rechnungen präsentierten, die ihn teilweise schokkierten.

Er hatte es nicht leicht, und fast könnte er einem leid tun, wenn nicht alle Menschen die Katábásis antreten müßten, früher oder später, mehr oder weniger intensiv, um aus ihr zu lernen, um an ihr zu wachsen und um über sie – und nur über sie – wieder aufsteigen zu können – anders zwar als vorher, kein »Knabe mit goldenem Haar« mehr, aber um so »höher« und um so bewußter.

Außerdem war er, dieser Andere, der ich einmal war und heute nicht mehr bin, selbst in seinem Unglück noch ein Glücklicher, wenn er das auch eine Zeitlang nicht spürte. Denn er hatte immer noch eine ursprüngliche Leidenschaft, eine Freude, eine Begeisterung, die den Menschen erst zum Menschen macht und ihn von allen anderen Lebewesen unterscheidet: an Bergen und Felsen, Winden und Gletschern, Graten, Kanten und Schluchten, in denen er seine Jugend verbracht hatte. Immer noch liebte er vor allem das Steine-Greifen, das In-den-Himmel-Steigen, das Steile-kühne-Linien-Sehen.

Er, der mir fremd und der mir vertraut ist, dessen Arme ich greifen spüre, wenn er »Senkrecht gegen die Zeit« sein »Unsichtbares« erobern muß, er, der ich bin, den ich aber schon lang nicht mehr aus nur einer Perspektive betrachten kann und der mir im Schreiben zu fern ist, als daß ich ihn »ich« nennen könnte.

Ich konnte ihn nicht als »ich« beschreiben, denn auf den Seiten, mit denen dieses Buch ausgefüllt ist, hat sich »er« immer in einer anderen zeitlichen und räumlichen Dimension befunden, die teilweise überhaupt nicht und wenn, dann nur aus großer Distanz zu beschreiben ist, in der die Nähe des »ich« mir selbst fremd ist. *Er* bestieg höchste und schwierigste Wände in seiner Jugend als ein »Knabe mit goldenem Haar«, *er* lag irgendwann zerschmettert in einer finsteren Schlucht, *sein* Fuß schmerzte in all den Jahren, die auf diesen »Abstieg« folgten, und *er* kletterte später doch wieder allein in einem Zug bei teilweise vierzig Grad minus durch die drei Kilometer hohe Wand des Aconcagua.

Und *ich* sitze in irgendwelchen Zimmern, Flugzeugen, Restaurants, schaue auf Bäume, Meere, Wolkenkratzer, Wolkentürme und schreibe und schreibe. Bilder, Stimmungen, Eindrücke, Sätze nehmen Gestalt an, aber *ich,* der *ich* all *mein Unsichtbares* erobert habe, das in mir ist und das *ich* für immer in *mir* tragen werde, *bin* gleichzeitig wieder unendlich weit entfernt davon.

»Der Kampf gegen Gipfel vermag eines Menschen Herz auszufüllen.« Gipfel *besteigen* hat mein Herz ausgefüllt, und das tut es immer noch. Doch dieses gleichsam »äußere« und beobachtbare Erklettern von Bergen ist nur die empirische Manifestation von »inneren« Besteigungen, Abstürzen und Entwicklungen und in diesem Sinn symbolhaft.

Wir sind, was wir fortwährend tun, und so bin ich in erster Linie ein Kletterer, dann ein Schreibender und Reisender. Vor allem aber bin ich ein Mensch, der die allgemeine Lebenspflicht erfüllt, so gut er kann: seinen eigenen Weg zu gehen, so wie wir alle das tun müssen, jeder für sich, jeder anders, jeder allein.

In allen Abenteuern schließt sich der uralte Kreis: Aufbruch – Erfüllung – Heimkehr. Sagen, Mythen und Märchen wissen von Reisenden, Abenteurern und Helden zu berichten – es ist immer dasselbe gewesen. Wir folgen nur vorgezeichneten Spuren.

Auf der Spur des Abenteuers, das unser Leben ist, liegt unsere Geschichte unsichtbar vor uns. Mit unseren »unsichtbaren« Ideen erobern und schreiben wir sie. »Der Held hat tausend Gesichter«, wie Joseph Campbell sagt. Jeder Mensch, der seinen Weg geht, ist ein Held. Und meine Alleingänge sind ein wesentlicher Teil meines »Gesichts«.

»Senkrecht gegen die Zeit oder Die Eroberung des Unsichtbaren« ist ein Teil meiner Geschichte.

Im September 1995 Thomas Bubendorfer

Katábásis

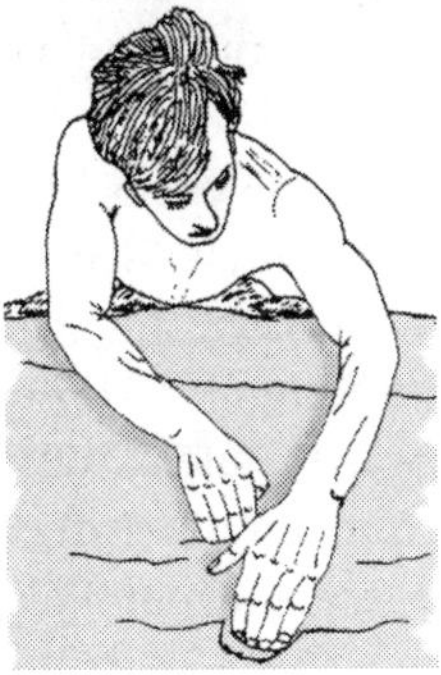

Ganz unten

»Nicht die Tiefe,
der Abgrund läßt uns schaudern.«
Friedrich Nietzsche

»Alles was geschieht,
vom Größten bis zum Kleinsten,
geschieht notwendig.«
Arthur Schopenhauer

Schwarz, naß, drohend, Schwertern gleich, stießen die zwei Wände, die die Klamm bildeten, Hunderte Meter hoch in einen weiß-grauen Novemberhimmel. Schmale, hölzerne Brücken verbanden sie, überdachte Stege liefen an ihren Seiten entlang. Im Sommer eine Touristenattraktion. Der Himmel ein schmaler, länglicher Streifen, von Wolken verhangen, die Schnee und Regen trugen. Es war finster, feucht und kalt. Von einem großen, mächtigen und mehreren kleinen Wasserfällen am Ende der Klamm brauste, rauschte und hallte es, vom Echo vielfach verstärkt, durch die düstere Schlucht. »Die größte Klamm Europas«, die Liechtensteinklamm bei St. Johann im Pongau in Salzburg. Seine Heimat.

Auf der einen Brücke der Fotograf, versteckt hinter einem Tuch und einer riesigen Kamera, assistiert von einem jungen Mitarbeiter, flankiert von einer riesigen Blitzlichtanlage. Verständigung durch Brüllen: »Die Zunge hinein! Die

Hand zurück! Noch einmal!« Wasserfallrauschen, Schneeregen, Blitzlichtblitzen. Mit nackten Armen, Hornhautharten Fingern die glatten Griffe des Überhanges gehalten, hineingefaßt in den schmierigen Fels, der noch nie die Sonne gesehen hat. Blitzlichtblitzen. Hinauf, hinunter. »Einen Moment!« Der Fotograf wechselte den Film, wartete, bis sich die Akkus der Blitzlichtanlage aufgeladen hatten.

Der andere, das »Motiv« in den Felsen, wartete auch. Zwei, drei Minuten waren es vielleicht. Hing trocken unter dem Überhang zwanzig Meter über dem glattgewaschenen Fels des Grundes der Schlucht, gestreckt an seinen nackten, braunen Armen, die Beine angewinkelt in der Froschstellung. Das war die kraftsparendste Position. Ungesichert natürlich, obwohl ihm der anfangs erschreckte Fotograf gesagt hatte, das sei nicht notwendig, man könnte Seile und Sitzgurte problemlos in der Nachbearbeitung herausretuschieren . . . Was waren lächerliche zwanzig Meter zu den tausend und mehr Meter hohen Wänden, die er schon in seinem Leben, zu Dutzenden, ohne Seil gemacht hatte – allerdings keine einzige für Geld. Seine Ehre als Alleingänger stand auf dem Spiel, selbst bei Werbeaufnahmen wurde nichts getürkt, dachte er, dieser Idiot.

Der letzte Fototermin in diesem Jahr. Er hatte einen Werbevertrag zu erfüllen, der Katalog für den nächsten Sommer sollte bald gedruckt werden. Fehlte nur noch dieses eine Bild in der Klamm. Die Stelle war sorgfältig ausgesucht und mit einer Bohrmaschine speziell präpariert worden. Vier, fünf kletterbare Meter wurden so geschaffen, natürliche Griffe gab es hier nicht.

Er hing also und wartete, konzentrierte sich wie nebenbei auch darauf, daß er genügend Druck auf seine Fingerspitzen brachte, die ständig von den zwar nicht kleinen, aber besonders glatten Griffen abzurutschen drohten, schaute gleichzeitig zu dem Fotografen, dem Assistenten, dem Auftraggeber, der sich mittlerweile ebenfalls eingefunden hatte; dachte an die herrlichen zehn Kilometer, die er heute morgen im Regen in persönlicher Bestzeit gerannt war, in knapp unter 35 Minuten – es sollte das letzte Mal in seinem Leben gewesen sein –, und überlegte, welche besonderen Feiern und Feuerwerke sie in diesem Jahr wohl wieder veranstalteten zum Geburtstag des Prinzen, der heute gefeiert wurde, am 19. November, dem Nationalfeiertag in Monte Carlo. Sein Sohn hatte sicher seinen Spaß, in der Sonne, am Meer, und die ganze Stadt ausgeflaggt. *Morgen bin ich wieder unten, übermorgen klettere ich in der Sonne, mit René, und der Fels wird gut sein, rauh, und ich werde die vierzehn Kilometer nach La Turbie laufen, fast alles bergauf, herrlich. So gut in Form war ich noch nie.* Ja, und er nahm sich vor, denn auch das fiel ihm ein, während er ungesichert über dem felsigen Grund der Schlucht hing, während die anderen, die nicht wußten, wie locker er das alles hier machte, Angst um ihn hatten und die Akkus sich aufluden, daß er diesmal nicht vergessen würde, die Rechnung zu schreiben. Ganz bestimmt, gleich morgen, wenn er wieder vor seinem Computer in Monte Carlo saß, würde er sie schreiben und abschicken.

Dann wieder Fotos und Kommandos und blitzartiges, grelles Licht. Arme angewinkelt, mit den Beinen nachgestiegen, hinauf, wieder hinunter. *Genügt es noch nicht?,* brüllte er nach dem vierten oder fünften Mal, und der Fotograf brüllte durch das Wasserfallrauschen zurück. Wie finster es ohne Blitz war. »Gut«, hörte er, »fertig«, glaubte er zu verstehen. *Das war das letzte,* schoß es ihm durch den Kopf. Jetzt nur noch zwei Meter. In vier unangenehme, weil von Menschenhand und Stahl geschaffene Griffe hatte er noch zu fassen mit Fingern, deren Spitzen hart waren, von dicker Hornhaut bedeckt, die sich gebildet hatte durch wochenlanges Klettern am rauhen Fels der Côte d'Azur.

Zwei Meter, vier Griffe, dann das Seil, ein Bergrettungsmann, der es hielt, und er war draußen, der Job erledigt und er im Auto und raus aus diesem November-Sauwetter, in die Felsen, ans Meer, in die Sonne, und: *Diesmal werde ich die Rechnung gleich schreiben.*

Doch plötzlich hing ein fürchterlicher Schrei in der Schlucht. Die Perspektive eine ganz andere, weit weg die Felsen, die gerade noch vor seinem Gesicht gewesen waren. Er hatte keinen Griff mehr in der Hand, und die Luft war weg, seine Lungen leergepreßt von einem gewaltigen Schlag. Chaos, Verblüffung, Staunen: *Warum sind die Felsen so weit von mir entfernt?* Eisiges Wasser überall, er hustete und spuckte. *Warum liege ich denn jetzt auf einmal?*

Ein bißchen war ihm wie Rilkes Cornet, der, seiner Fahne und seiner Ehre verlustig, auf dem Boden lag. Jetzt blitzten die tödlichen Säbel der Türken auf ihn herab. Er hatte keinen Griff mehr in der Hand. Alles war so schnell gegangen, gedankenschnell, im Wimpernschlag eines Augenblicks. Die hohen, schwarzgrauen Wände der Klamm fielen über ihm zusammen, stürzten auf ihn zu wie die Säbel auf den nackten Mann, der am Boden lag.

Oben der Griff, auf den sich seine Finger eben noch gelegt hatten, das Seil, zwei Meter von ihm entfernt der Mann von der Bergrettung. Seine Gedanken an Sonne und Fels, seinen Lauf heute morgen, den Geburtstag des Prinzen, die Rechnung. Plötzlich nichts mehr davon. Gar nichts mehr. Nur noch großes ungläubiges Staunen war in ihm. Alles Wollen mit einem Schlag wie weggewischt. Wasserfallrauschen und Wasser. Ohnmacht. Es war ihm, als lebte er nicht mehr selbst. Eine fremde Kraft hatte von ihm Besitz ergriffen. Sie lebte ihn jetzt. Er hatte keinen Einfluß darauf. *Ich glaub', ich hab' mir weh getan. Blöd schon, peinlich irgendwie. Bin abgestürzt, gibt's das? Die werden lachen da oben, so ein Depp, fällt runter.*

Ein Fremder lag da plötzlich auf dem Grund der sonnenlosen Schlucht. Einer hatte ganz entsetzlich – fassungslos irgendwie – geschrien. War das er selbst? Er dachte kurz nach, er wußte es nicht. Ein seltsames Staunen war in ihm, wie er da lag. Weggerissen, aus der Hand gerissen hatte es ihm den großen, glatten Griff, den ganzen Überhang, weg, so, als hätte einer aufgezoomt. Es war nicht zu begreifen, warum, er wollte doch die zwei Meter zum Seil hinauf und dann nach Hause und Sonne und Klettern.

Der Länge nach war er hingestreckt. Von dem in dieser Jahreszeit kaum Wasser führenden Bach lief ihm eiskaltes Wasser über Kopf und Schultern in den Mund. Wieder hustete und spuckte er, Stechen im Rücken. Er wollte denen oben sagen, daß es nicht so schlimm sei und daß er in ein paar Minuten, wenn er sich etwas erholt haben würde, zu ihnen hinaufklettern werde, über eine bestimmte Stelle ein Stück weiter die Schlucht hinunter. Aber er konnte nicht mehr schreien. Irgend etwas fehlte in ihm. Oder es war zerbrochen, auf alle Fälle war es weg. Er war seltsam leer und schwer und müde, und er genierte sich sehr. *Jämmerlich liege ich da, sicher schaut das blöd aus von oben. Idiotische gelbe Hose, japse nach Luft, habe Angst zu ertrinken. Die Hand heben, ein Zeichen geben, die glauben sonst, ich bin tot.*

Komisch sah der Fuß aus, wie er da im seichten Tümpel schwebte. *Der Fuß ist ziemlich verstaucht . . . Na ja, kein Wunder, zwanzig Meter. Wenigstens Socken hätte ich anziehen können im November, bei Schneeregen, der Rücken tut weh, Querschnitt, nein, ich kann die Zehen bewegen. Saukaltes Wasser. Wird schwer werden, mit dem verstauchten*

Fuß aus der Schlucht rauszuklettern, zu den Stegen hinauf. Zwanzig Meter, dreißig Meter, schätzte er, alles glitschig von der ewigen Feuchtigkeit, abgeschliffen von den Gletscherwassern des Frühlings. *Verdammt, tut der Rücken weh, vielleicht sollte ich doch nicht mit dem verstauchten Fuß rausklettern, vielleicht holen sie mich.*

Auf den Brücken und Stegen rannten sie herum, brüllten sich durch das Brausen der Wasserfälle gegenseitig und ihm unten etwas zu. *Was?*, flüsterte er mit äußerster Anstrengung, stechendem Schmerz im Rücken. Der Schrei war das letzte, wozu er Kraft gehabt hatte. Die oben konnte er nicht verstehen.

Was war sein letzter Gedanke vor dem Absturz und was sein erster, als er wieder zu sich kam? *Ich darf nicht vergessen, die Rechnung zu schreiben und: Kaum zu glauben, ich bin tatsächlich abgestürzt, runtergefallen.* Verblüffung. Zwei Gedanken, nur wenige Sekunden voneinander entfernt. Dazwischen zwanzig Meter freier Fall in ein eisiges Bachbett. Was er wußte: Wenn er für Werbeaufnahmen allein und ungesichert eine Wand hinaufkletterte, vergaß er danach oft, die Rechnung dafür auszustellen. Es dauerte dann meist Monate, bis er sein Honorar bekam. Was er nicht wußte, woran er auch kein einziges Mal dachte: Wenn er für Werbe- oder Filmaufnahmen allein und ungesichert eine Wand hinaufkletterte, konnte er dabei auch abstürzen.

Ja, die Wahrscheinlichkeit dafür – es gab viele ähnliche Gelegenheiten – stieg von Mal zu Mal, denn da war er nicht allein mit dem Berg, sondern abgelenkt von Blitzlichtern, Kameraleuten, Hubschraubern, Fotografen, wurde sein Bewegungsfluß gestört und gebremst von klemmenden Kameramagazinen, Wolken, die die Sonne verhüllten und die Belichtung störten, die neu gemessen wurde, Filmen, die leer waren und frisch eingelegt werden mußten, etc. etc.

Doch die auch nur theoretische Möglichkeit eines Falles kam in seinem Denken nie vor. Abstürzen und grauenerregende Abgründe passierten immer den anderen. In seinem Bild vom Bergsteigen und von den Bergen existierten Absturz, Tod, Unfall, Blut, Rettung, Spital nicht. Unverständlich, nicht nachvollziehbar, nicht notwendig, dumm eigentlich, weit weg auf alle Fälle, so ein Absturz, selbst wenn er auf der Südseite desselben Berges geschehen war, den er am selben Tag von Norden her, im Alleingang vielleicht, bestiegen hatte, und von dem er am nächsten Tag aus der Zeitung erfuhr. Kein Mensch geht klettern, um abzustürzen. Einen Griff läßt man einfach nicht los. Man schätzt sich richtig ein, die Qualität des Felsens ebenfalls, und damit hat es sich.

Er, der eineinhalb Jahrzehnte geklettert und geklettert war, im Sommer und im Winter, in Sonne, Regen, Schnee, weiß Gott wie oft allein, Hunderte, Tausende Male geklettert und kein einziges Mal abgestürzt war, nein, nie, nicht einmal knapp dran war – er stürzt nicht ab! Das bildete und redete er sich ein, glaubte er tatsächlich und allen Ernstes. Die Lawine vergessen, damals, mit siebzehn – 300 Meter hatte es ihn mitgerissen, über einen fünfzehn Meter hohen Pfeiler geschleudert, Rippen gebrochen, Rücken gequetscht, eine Woche Spital. Soviel Glück wie andere in zehn Leben nicht. Drei saftige Zehn-, Fünfzehn-Meter-Stürze ins Seil wegen ausgebrochener Haken ebenfalls vergessen. Mit vierzehn der erste, mit sechzehn der zweite und dritte. Mit achtzehn schließlich hielt er sich während des Alleingangs der »Philipp-Flamm« in der Civetta-Nordwestwand ungesichert an einem Haken, weil es gerade bequem war, ehernes Alleingängergesetz mißachtend, so etwas nie zu tun. Der Haken aber, in einem Überhang steckend, vierhundert Meter über dem Einstieg, wo er eine halbe Stunde vorher noch einen Teil der Schädeldecke des deutschen Alleingängers gefunden hatte – ein paar Jahre vorher war er irgendwo aus der Mitte der Wand rausgefallen, frei hinunter, bis zum Einstieg, so steil ist diese Wand, der Haken –, der schon halten würde, der zu halten hatte, der Haken brach aus. Die Füße riß es ihm von den kleinen Tritten damals, gedankenschnell fing er sich an der rechten Hand, hielt fest, zog sich hoch, kletterte weiter, rasenden Herzens zwar, kurzer Blick zum grauen, tiefen Kar hinunter (zwischen den Beinen hindurch) und weiter. Es war nicht eigentlich wirklich knapp. Seine rechte Hand war ja so stark. Bei Licht betrachtet – welchem Licht? – hatte es den ausbrechenden Haken nie gegeben, so wenig wie die Lawine und die Seilstürze, um nur die wichtigsten aufzuzählen, und da waren auch nie irgendwelche Fingerkrämpfe gewesen früher, bei den jungen, wilden, sehr wilden und mit heutiger Kenntnis und Erfahrung beurteilt immer rasierklingenscharfen Alleingängen, nein – ausgelöscht, getilgt, in irgendwelche unbedeutende Kammern seiner Erinnerung und Vergangenheit, verdrängt Dutzende ähnlicher Situationen, in denen jeder andere, der auch nur ein bißchen weniger dumm war als er und auch nur ein ganz klein wenig weniger Glück hatte als er, hundertprozentig mausetot ist. Er stürzt nicht ab!

Ins Bewußtsein rief es ihm gelegentlich diese glücklich überlebten Grenzsituationen – falls überhaupt –, wenn er seine eigenen Berichte darüber las, die von früher, die von eines anderen Wirklichkeit und Vergangenheit handelten, ganz sicher nicht seiner eigenen.

Wie dem auch sei: Einen Griff läßt man nicht los. Daher war Verwunderung sein erstes Gefühl, als er sich mit seltsam verrenktem Fuß, stechendem Schmerz im Rücken und klatschnaß in einem kaum knietiefen Tümpel des eisigen

Bachbettes wiederfand. Und sehr schnell kam sich »der schnellste Alleingänger der Welt«, der »Ayrton Senna der Extremkletterer« sehr dumm und sehr blamiert vor.

Bis zu dem Augenblick, als es ihm den Griff und den Überhang aus der Hand riß, hatte diese andere Möglichkeit nicht existiert. Er suchte nie den richtigen Weg, ging nie links, dann rechts, dann vor und zurück. Er fragte und zweifelte nie. Er war einer, der immer zur richtigen Zeit am richtigen Ort war. Was er versuchte, gelang ihm. Schlechtes Wetter, fallende Steine, immer traf es andere. Jetzt hatte ihn sein eigener Schatten eingeholt. Er hatte seine Unschuld verloren und den Abgrund kennengelernt. Doch er hatte sich bereits zu weit von sich selbst entfernt, als daß er den Schatten als den seinen hätte erkennen können. Daher empfand er ihn als »eine fremde Kraft, die von ihm Besitz ergriffen hatte«.

Daß die Folgen dieses Absturzes seine weitere Karriere, seinen »Flug der Sonne entgegen« lang unterbrechen und sogar vielleicht für immer beenden würden, das war ihm in keiner Weise klar. Sonne, Kraft, Unschuld und fraglose Selbstverständlichkeit, die ihn bis vor ein paar nie wiederkehrenden Minuten erfüllt hatten, waren noch eine Weile lang in ihm. Vor allem konnte er nicht wissen, wie nachhaltig dieser Unfall sein gesamtes Leben beeinflussen würde. Denn der Absturz hatte ihm nicht nur schwerste irreparable Verletzungen zugefügt: Dort unten, im eiskalten Bachbett begriff er endlich, daß er nicht unsterblich war . . .

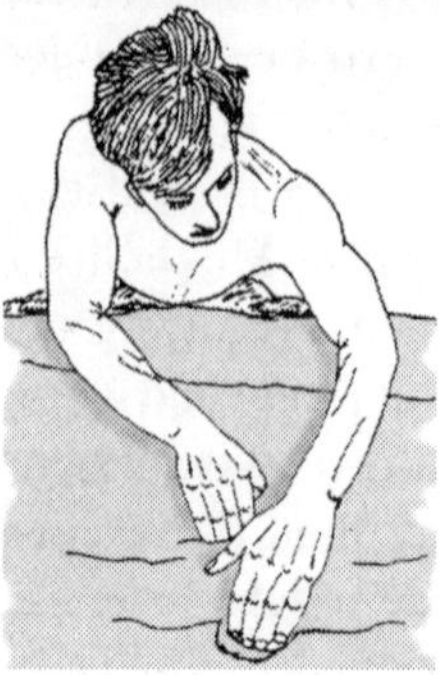

Der Anfang vom Ende

»Qualität ist kein bewußter Akt, sie ist eine Gewohnheit.«
Aristoteles

In dem Augenblick, als der Unfall passiert war, erschien er wie zufällig. Er genierte sich vor allem für seinen unprofessionellen Lapsus, eigentlich war es für ihn nicht viel mehr als eine Peinlichkeit – und er jammerte vor allem über den Zeitverlust, der ihm durch einen zweimonatigen Spitalsaufenthalt entstand. Innerhalb von Sekunden war seine Welt eine andere geworden, und er begriff lang nicht, warum. Seine linke Ferse war ein Knochenbrei, das Sprunggelenk zertrümmert, die Zehensehnen zerfetzt, acht Brustwirbel und drei Lendenwirbelfortsätze waren gebrochen, ebenso das Gelenk an der rechten Hand. Fünf Tage lag er in der Intensivstation, weitere zwei Monate im Spital. Sein Fuß war in Gips, seine rechte Hand war in Gips, den Oberkörper durfte er wegen der Wirbel nicht heben, aber er war trotz ganz anders lautender Diagnosen der Ärzte überzeugt, daß er spätestens in drei Monaten wieder fit und auf den Beinen sein würde, das Mißgeschick im übrigen vergessen und er ganz der Alte.

Im Rückblick erkennen wir aber den Zufall des Augenblickes seines Abrutschens als logische Folge dessen, was bis zu diesem Moment in ihm vorgegangen war. Der Unfall war nicht mehr als ein äußeres Zeichen eines inneren

Abstürzens, das viele Monate vorher bereits eingesetzt hatte. In den letzten Jahren hatte sich sein Leben immer schneller zu drehen begonnen, immer näher war er »der Sonne« gekommen, ohne »um seinen Schatten« zu wissen. In so einer Phase ist es besonders wichtig, ein festes Zentrum zu haben. Denn je weiter man sich von ihm entfernt, desto größer wird die Wahrscheinlichkeit, daß einen die Fliehkraft wegschleudert. Sie war es, die ihm den Griff aus der Hand gerissen hatte. Er aber, obwohl er immer extremere und spektakulärere Aktionen in den Bergen veranstaltete, hatte sich weit von seinem Zentrum entfernt. Er wußte noch nicht um seinen »Schatten«, aber er kletterte auch nicht mehr in der Unschuld seiner frühen Jahre. Wenige Monate vor dem Unfall in der Liechtensteinklamm hatte er in den italienischen Dolomiten einen vorerst letzten großen Tag erlebt.

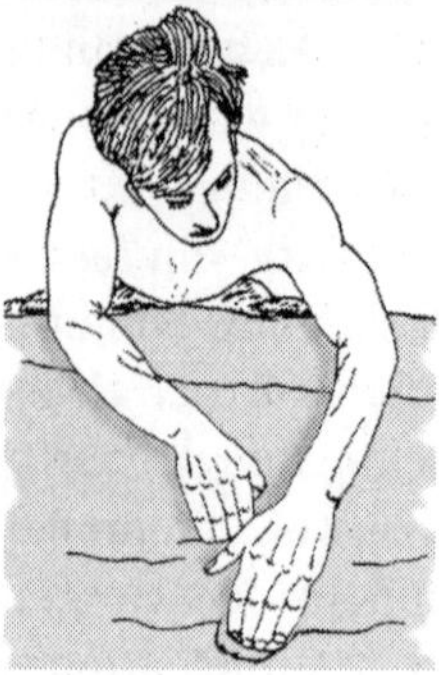

»Der höchste Himmel der Dolomiten«

Anfang August 1988 fiel eine mittlere Armada österreichischer, deutscher und italienischer Journalisten in die berühmte Gegend der Drei Zinnen ein. Hubschraubermotoren hallten in den geschichtsträchtigen Nordwänden, Kamerateams bezogen Standpunkte an markanten und oft beschriebenen Schlüsselstellen, die Winder der Fotoapparate liefen heiß. Tage vor dem großen, angekündigten Ereignis brachten die Zeitungen Vorberichte »live von der Front«: wie der kühne Plan im Detail aussah, welche Routen in welchen Wänden »erstmals in seilfreiem Alleingang« begangen werden würden. Von »Weltrekord« und viel von »erst- und einmalig« war die Rede, und zu guter Letzt, keine Stunde vor der Pressekonferenz am Vorabend des großen Tages und im Angesicht der selbst aus der Distanz von sechs, sieben Kilometern sehr beeindruckenden Drei-Zinnen-Nordwände, geriet der bereits mit Spannung erwartete Protagonist in ein arges Gewitter – in der Nordwand der Westlichen Zinne!

Die Zeitungen hatten ihre erste gute Geschichte. Dem Protagonisten war das recht. Er war zwar nicht mehr in der Nordwand der Westlichen Zinne, als das Gewitter niederging, aber das konnten die Journalisten nicht wissen. So gab er, keineswegs »von den Strapazen eines harten Tages in der Vertikalen« gezeichnet, schon gar nicht von einem Gewitter mit Blitz, Donner, Regen, Eisschlag, seine Interviews. Beantwortete stundenlang die nicht enden wollenden Fragen der Herren von der Boulevardpresse, für die »jeder, der die Eiger-Nordwand nicht mit dem Taxi hochfuhr, eine Macke hatte«, erklärte geduldig und vermutlich zum eintausendsten Mal, wie man denn überhaupt dazu kam, ausgerechnet Bergzusteigen, und was einen dazu bewegte, solche »Mordwände«, noch dazu allein und ohne Seil, zu begehen. Dabei kam er sich teilweise wie ein Idiot vor, gleichzeitig aber auch wie ein ganz Schlauer, denn er selbst hatte sie ja alle gerufen, und sie waren gekommen, die »Besen, Besen, seid's gewesen, in die Ecke, Besen«. Sie nützten ihn natürlich aus, aber er hatte bereits gelernt, daß das ein fixer Bestandteil der Regeln war, die er nicht ändern konnte. Nur dieses Mal wollte er den Spieß umkehren. Er nützte ihnen, aber sie sollten ihrerseits ihm dienlich sein.

Sie lebten davon, daß etwas geschah, worüber sich zu schreiben lohnte – er lieferte den Stoff dazu. Und er seinerseits lebte von ihnen, befriedigte seine Sponsoren, die ihn dafür bezahlten, daß in der Zeitung über ihn geschrieben wurde, und damit indirekt über ihre Firmen und Produkte. Auch verkauften sich seine Bücher und Vorträge nur, wenn er in den Medien erwähnt wurde. Eine Hand wäscht die andere.

Die meisten Journalisten waren natürlich nicht aus Gefälligkeit gekommen oder vielleicht weil er ihnen so sympathisch war. Schon gar nicht interessierte sie das »erste reine Felsenchaînement* in der Geschichte des Alpenbergsteigens«. Auch in dieser Beziehung blieb er realistisch und

* *Aneinanderkettung; Fachausdruck im Alpinismus für das Aneinanderreihen mehrerer extrem schwieriger Wände an einem Tag*

machte sich keine Illusionen: Sie waren hier wegen der aus ihrer Sicht äußerst hohen Wahrscheinlichkeit eines potentiellen tödlichen Unfalls. Das wäre die beste Story überhaupt. Sie wären dabei gewesen. Auch bei den Skirennen und Autorennen stehen die meisten Zuschauer und Fotografen dort, wo die spektakulärsten Stürze und Unfälle passieren. Natürlich machten sie bei ihm da keine Ausnahme.

Er war Profi, und wenn all seine monegassischen Nachbarn, die vor allem Tennis spielten und Autorennen fuhren, seine Profisportlerkollegen also, Interviews gaben und jede Menge Geld mit ihren sportlichen Talenten machen konnten, mit Tennisspielen und Autorennen, dann konnte er das wohl auch mit den Bergen tun. Mit *seinen* Bergen!

Wenn er darüber nachdachte – und er dachte damals tatsächlich viel darüber nach –, dann konnte er keinen prinzipiellen Unterschied sehen zwischen der ersten seilfreien Alleinbegehung der Eiger-Nordwand in Rekordzeit, beispielsweise, und dem Grand Prix von Monte Carlo. Das heißt, einen Unterschied erkannte er natürlich schon: Selbst am Eiger sah kaum jemand zu, und man verdiente keinen Groschen damit.

Das war ungerecht und ein Jammer, fand er, denn er brachte ja auch eine Leistung, so wie es früher eine Leistung gewesen war, auf den Mount Everest zu steigen, gleichgültig in welcher Form, und seine großen alpinistischen Ahnen hatten auch Geld verdient mit Büchern, Zeitungsreportagen und in neuerer Zeit mit Werbeverträgen. Schließlich haben auch Bergsteiger Rechnungen zu bezahlen, sie trainieren wie andere Profis full time, und sie wurden nicht jünger, irgendwann war es schließlich vorbei. Man täte gut daran, auch an die Zukunft und an ein Nachher zu denken, sagten sie ihm, sie, die sich seine »Freunde« nannten und ihn berieten, auf die er teilweise horchte, leider, und die ihm, nicht ohne Erfolg, eintrichterten, »daß das Geld kein Mascherl« hätte. Ziemlich egal, wie man es verdiente, Hauptsache, es lag auf der Bank.

Vielleicht war es ein Fehler gewesen, mit 22 nach Monte Carlo gezogen zu sein. Vielleicht war er zu jung für dieses von äußeren Werten geprägte Ambiente, und vielleicht auch war er zwar reif genug gewesen, all die großen Alpenwände als erster allein, ohne Seil und in Rekordzeiten zu besteigen, aber nicht reif genug für den sehr schnellen und frühen Ruhm, der Hand in Hand ging mit dem Abschluß seiner »Jungenjahre«, mit dem historischen Alleingang durch die berühmteste Alpenwand, die des Eiger. Zweitausend Zuhörer und mehr kamen plötzlich zu seinen Vorträgen, sein erstes Buch verkaufte sich gut. Er war auf den Titelseiten, das gefiel ihm, er bekam eine ganze Menge Werbeverträge, das war höchst angenehm, und er legte sich natürlich einen schnellen, einen sehr schnellen Wagen zu. Immerhin war er ein Profisportler, und bekanntlich fuhr schon jeder mittlere Tennisspieler einen Ferrari, wenigstens einen Porsche. Man war seinem Image etwas schuldig. Ein schnelles Auto gehörte dazu.

Wie auch immer. Sein Leben hatte sich seit dem Eiger drastisch verändert. Er trainierte weiter, er kletterte immer schneller, immer höher, immer mehr. Wenn er damals viel über Qualität nachgedacht hätte – was er im übrigen vorgab zu tun –, dann hätte ihm auffallen müssen, daß er Qualität mit Quantität zu verwechseln begann. Doch sich tiefergreifende, vielleicht gar unangenehme Fragen zu stellen, dazu hatte er keine Zeit. Verpflichtungen hielten ihn auf Trab: seine Sponsoren, Sportartikelmessen, Fototermine, Vortragstermine in ganz Europa. Dazwischen intensives Training. Das zweite Buch wurde geschrieben, ein Jahr später das dritte, obwohl er nichts wesentlich Neues zu sagen gehabt hatte. Er ließ sich überreden dazu – *auch nicht schlecht, drei Bücher geschrieben mit 25* –, aber, und das geschah ihm sehr recht, er bekam dann gleich die Rechnung präsentiert: Vom dritten Verleger sollte er wie einige andere Autoren nie einen Groschen erhalten. Sein Gefühl hatte ihm ohnehin gesagt, er solle kein drittes Buch schreiben nach nur einem Jahr. Aber damals schon horchte er immer weniger auf seine inneren Stimmen.

Er kam selten zur Ruhe, aber da er sehr gut, ja immer besser kletterte, schließlich sogar im stürmischen Patagonien mit dem Mount Fitz Roy einen der schwierigsten Berge der Erde allein besteigen konnte, so meinte er, da das Klettern doch nach wie vor das Maß all seiner Dinge war, daß alles in Ordnung sei. Er begriff nicht, daß Qualität etwas ist, das den Dingen zugrunde liegt, aber nie durch sie erzeugt werden kann. Er spürte nicht, daß der Anspruch nach höchster Qualität, dem er in seinem Klettern und Steigen ununterbrochen genügte, auf Dauer nur dann zu erfüllen war, wenn dieser Qualitätsanspruch alle seine Lebensbereiche durchzog. Er kletterte gut. Er trainierte hart. Er ernährte sich vernünftig. Er las gute Bücher. Aber er hatte unbewußt begonnen, die Berge und sein Talent, sie auf außergewöhnliche Weise besteigen zu können, als Mittel zum Geldverdienen zu betrachten. In diesem Augenblick war es mit der Qualität vorbei. Das vermutlich Fatale daran war aber, daß er seinen Frevel nicht erkannte – daß er nicht wußte, was er tat.

Irgendwann war er zu dem Schluß gekommen, fünf Wände an einem Tag zu besteigen sei besser als nur eine, und er hatte die Idee mit den fünf Wänden in den Dolomiten. Das interessierte ihn a priori als Alleinkletterer; das würde seinem italienischen Hauptsponsor gefallen, da sich alles in den italienischen Dolomiten abspielte; die Medien hätten ebenfalls ihre Freude, und überhaupt, die Dolomiten feierten ihren »200. Geburtstag«.

Im Jahr 1788 hatte der französische Mineraloge und Geologe Deodat de Dolomieu begonnen, die Dolomiten zu erforschen. Wissenschaftliche und touristische Erschließung sind die bis heute anhaltende Folge davon. Den ganzen Sommer 1988 lang wurde gefeiert und geredet, hielten die, die einmal große Kletterer gewesen waren, statt selbst zu klettern, Symposien ab, Dokumentationen wurden für die verschiedensten Fernsehsender gedreht. Er aber, der schon so viel Schönes in all den großen, berühmten Wänden erlebt hatte, erklärte sich selbst, seinen Sponsoren und den Vertretern von Presse und Fernsehen, er hätte sich ein würdiges Geschenk für die Dolomiten, das schönste Klettergebiet der Alpen, ausgedacht: fünf berühmte Wände ohne Seil an einem Tag. Dreitausend Meter senkrechter bis überhängender, fast immer äußerst schwieriger Dolomitenfels ohne künstliche Hilfsmittel, bis auf – nun ja, ohne Hubschrauber ginge es nicht. Denn teilweise lagen die Gipfel bis zu vierzig Kilometer und mehr voneinander entfernt, und da vier der fünf Wände Tagestouren darstellten und die Abstiege über die Normalwege sehr zeitraubend sind, konnte sein Plan, wenn überhaupt, nur dann gelingen, wenn ihn am Ausstieg einer jeden Route ein Hubschrauber abholte und zum Fuß der nächsten Wand brachte . . .

Nun war der Einsatz von Hubschraubern durch Spitzenkletterer, so verwerflich er auf den ersten Blick erscheint, erstens nichts Neues und zweitens, wenn nur der Zweck ein entsprechend anspruchsvoller und außergewöhnlicher war, sowohl in der Öffentlichkeit als auch bei Profibergsteigern weitgehend akzeptiert. Die Franzosen hatten damit begonnen, genauer gesagt ein Mann namens Christophe Profit, Bergführer in Chamonix. Er durchstieg unter anderem als erster und einziger die drei großen Nordwände der Alpen: Eiger, Matterhorn und Grandes Jorasses, an einem Tag. Das konnte nur funktionieren, indem ihn Hubschrauber von jedem Gipfel abholten und zur nächsten Wand flogen.

Die wenigen großen Alleingang-»Enchaînements« waren bisher ausschließlich von Franzosen, vor allem von Christophe Profit in den »kombinierten« Westalpenwänden durchgeführt worden. Westalpenwände unterscheiden sich von den großen Felsfluchten der Dolomiten aber dadurch, daß sie einerseits meistens höher und von Eis durchsetzt – in »kombinierten« Wänden ist Fels mit Eis gemischt –, dafür aber klettertechnisch leichter und auch nicht so steil sind. Unser Protagonist wußte das so gut wie wenige andere, denn er hatte sie alle als erster ohne Seil und vielfach in Rekordzeit durchstiegen. Allerdings kann man in allen kombinierten Westalpenwänden an fast allen Stellen zumindest stehen, und an vielen Plätzen sind Hubschrauberbergungen bei Notfällen gut möglich. In der Eiger-Nordwand passiert das jeden Sommer Dutzende Male. Genau das aber ist in den senkrechten bis überhängenden Felsen der extremen Dolomitenwände ausgeschlossen. Ein seilfreier Alleingang blieb hier ein Alleingang vom Einstieg bis zum Gipfel, ohne Wenn und Aber, und war daher nicht nur physisch, sondern vor allem, was die nervliche Anspannung betraf, viel anspruchsvoller als durch eine Eiger- oder Matterhorn-Nordwand!

Überhaupt gab es da das eine oder andere Problem, das dem Protagonisten ziemliches Kopfzerbrechen verursachte, jetzt, da er zum ersten Mal in seiner Karriere alles an die große Glocke gehängt hatte. Wie bei fast allen seinen großen Bergtouren, die er schon gemacht hatte, fing alles aus einer Laune heraus an, einem Gedankenspiel, einer vagen Idee, die um so konkreter wurde, je unmöglicher ihre Verwirklichung schien. Er hatte zwar ohnedies noch nie große Lust verspürt, Dinge zu tun, von denen er im vorhinein wußte, daß sie möglich sind. Vielleicht weil das seine Vorstellung von Fortschritt und Entwicklung ist, für sich persönlich und ganz allgemein. Aber diesmal war es insofern anders, als er bereits mit seiner Idee an die Öffentlichkeit gegangen war und nicht mit vollendeten Tatsachen Aufmerksamkeit erregte, so wie früher.

Die Wände, um die es ging, waren die Nordwand der Westlichen und der Großen Zinne; die Nordwand der Kleinen Zinne, die Südwand der Marmolada und die Nordwestwand der Pordoispitze.

Ganz am Anfang stand vor allem ein rechnerisches Problem: Addierte man die üblichen Begehungszeiten für die insgesamt fast drei Kilometer senkrechten bis überhängenden Dolomitenfels, so ergab das 29 bis 36 Stunden für jeweils ausgeruhte Extremkletterer, Zu- und Abstiege nicht mitgerechnet. An einem Hochsommertag ist es aber nur höchstens 16 Stunden hell, von denen die ersten beiden zu streichen waren, da sie für extremes ungesichertes Alleinklettern zu kalt sind. Wie also waren 29 bis 36 Stunden in 14 Stunden Alleingang unterzubringen, wobei noch zu bedenken war, daß sich von Wand zu Wand ein Kräfteverlust einstellen würde?

Wenn ihn der Hubschrauber zu den Einstiegen bringen und von den Gipfeln wieder abholen würde, dann konnte er sich zumindest das Gehen sparen. Aber diese Zeit war bei den 29 bis 36 Stunden ohnedies nicht einkalkuliert. Die Pausen zwischen den einzelnen Wänden (bis auf die kleine Zinne jede eine Tagestour) verkürzten sich allerdings auch. Da er allein klettern wollte, fiel von der addierten Stundenzahl ein großer Teil weg, und da er außerdem kein Seil mitnehmen wollte, würde es noch schneller gehen. In diesem Fall mußte er aber aus zwei Gründen jede Wand ohne Hakenberührung schaffen: erstens, weil es Wahnsinn wäre, ungesichert an den teilweise uralten Haken herumzuturnen, denn dem besten Kletterer kann ein solcher ausbrechen. Und zweitens: Würde er im Stil der Alten, wie Claudio Barbier, der mit seinem Schürhaken schon 1961 die Zinnen-Nordwände an einem Tag geschafft hatte, oder Reinhold Messner (ebenfalls mit Hakenhilfe und an Seilen gesichert) klettern, so wäre sein »würdiges Geschenk« eine ausschließlich quantitative Steigerung gewesen, ganz sicher keine qualitative.

Frei geklettert ist jede der genannten Wände im VI. Schwierigkeitsgrad, ausgenommen die kurze Nordwand der Kleinen Zinne, die leichter ist und ohnedies nur eine Dreingabe wäre, und die Nordwände der Westlichen und Großen Zinne, die stellenweise schwieriger, nämlich im VII. Grad angesiedelt, sind und von denen er zuerst nicht wußte, ob er sie überhaupt frei schaffen würde. Noch nie hatte er im Hochgebirge diesen VII. Grad ohne Seilsicherung im Alleingang geklettert.

Er hatte eine Ahnung davon, wie es funktionieren konnte. Das Eigenartige dabei war, daß, je mehr er sich bemühte, die theoretische Begehungszeit zu verkürzen, das ursprüngliche Problem immer schwieriger wurde: Am Ende standen an die 3 000 Meter Kletterei bis zum VII. Schwierigkeitsgrad im seilfreien Alleingang.

Er begann gelegentlich zu überlegen, ob es nicht ein anderes Geburtstagsgeschenk für die Dolomiten gäbe, z. B. eine ganz andere Aktion, eine, die bequemer durchzuführen und leichter zu vermarkten wäre. Vielleicht eine spektakuläre Wanderung.

Trotzdem wurde aus der anfangs vagen, »verrückten« Idee ganz unmerklich ein konkreter Plan. Er überlegte, was für ein Mensch das sein müßte, der diese fünf Wände tatsächlich schafft, und begann, von äußerem und innerem Erwartungsdruck gehetzt, ein spezielles Training, um dieser Mensch zu werden. Freilich hatte er seine Unschuld bereits verloren. Im Sommer zuvor waren die Nordverschneidung des Piccolo Mangart in den Karawanken und einige andere mehr oder weniger unbekannte große Wände in den Dolomiten und in Österreich, die er damals ebenfalls noch allein bestiegen hatte, die letzten gewesen, die er noch in aller Ursprünglichkeit und Absichtslosigkeit erlebt hatte. Seine erste, vierzehn Jahre andauernde Anábásis fand damals ihren Höhepunkt. Mehr oder weniger gleichzeitig aber begann sein Abstieg.

Schließlich wurde der 7. August 1988 dennoch ein großer Tag; wenn auch für lange Zeit der letzte.

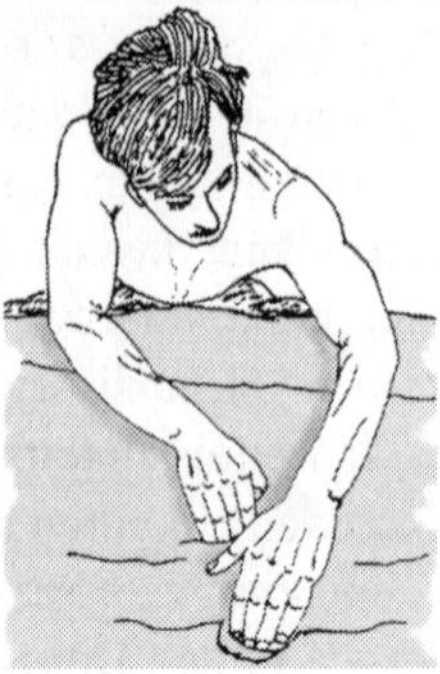

7. August 1988

»Manchmal handeln wir, als gäbe es etwas Wichtigeres als das Leben. Aber was?«
Antoine de Saint-Exupéry

Plötzlich, als hätte er nicht tief und traumlos geschlafen, als wäre er gar nicht weg gewesen in irgendwelchen unnennbaren Schichten seines Unterbewußtseins, plötzlich war er da. Seine Augen starrten weit offen in die lautlose Finsternis. Er lag bewegungslos und überlegte, von woher dieses Signal gekommen war, das in sein Nicht-da-Sein gedrungen war und ihn geweckt hatte. Wie ein lautloser, nichtphysischer Schlag war dieser innere Alarm, von dem er in die Wirklichkeit geworfen worden war. Er war nicht überrascht. Es war fast, als hätte er darauf gewartet, obwohl er einen Augenblick lang nicht wußte, wo er war. Er mußte einen weiten Weg gegangen sein an die Oberfläche dieses schwarzen und ihm im Moment unbekannten Zimmers. Er lag in einem Bett, die Wäsche war ziemlich frisch, angenehmer glatter Stoff, der entfernt nach Waschmittel roch. Ihm war warm, aber die Luft war kühl. Es mußte ein Zimmer in den Bergen sein, dachte er, Berge, ja, und im selben Augenblick fuhr es wie ein Blitz in seinen Kopf: Dolomiten. Misurina See. Die kleine Pension, wo er in den letzten Tagen gewohnt hatte. Drei Zinnen. *Meine Fünf Wände.* Heute war sein »Fünf-Wände«-Tag! Endlich.

7. August 1988. Es war soweit.

Im selben Augenblick sprang er auf, denn noch bevor seine Hand den Lichtschalter ertastete, hatte er begriffen, warum dieser unhörbare und doch so wirkungsvolle Alarm in ihm los gegangen war. Die Zeit auf der Uhr mußte er gar nicht in aller Klarheit sehen. Es raste siedendheiß wie eine Welle durch ihn, Ströme von Adrenalin in Sekundenbruchteilen im Blut: Der Wecker hatte nicht geläutet! Er hatte Zeit verloren. Zum ersten Mal in seinem Bergsteigerleben kam er zu einem Alleingang zu spät!

Eine knappe Stunde später erreichte er atemlos einen kaum ausgeprägten Paß. Steinernen Mahnmalen aus grauer Vorzeit gleich ragten die Drei Zinnen mit ihren schwarzen Nordwänden in einen morgendlich-hellen Himmel. Es sind die berühmtesten Felsformationen der Alpen, das Wahrzeichen der Dolomiten und somit der Stolz der Italiener, die sie in sympathischem Pathos den »höchsten Himmel der Dolomiten« nennen. Im Ersten Weltkrieg wurde in ihren Flanken und Schluchten erbittert gekämpft, während die Bergsteiger lang vorher schon und eigentlich noch bis in seine frühe Kletterzeit ihre privaten »Schlachten« in den berühmten Graten und Wänden gefochten und jede Menge heroische »Siege« errungen hatten. Mit dieser kriegerischen Terminologie ist es im Alpinismus heute freilich weitgehend vorbei. Nicht, weil es heute bei uns keine Kriege mehr gibt, und auch nicht, weil die Anstrengungen der modernen Bergsteiger nachgelassen haben, sondern weil sich langsam, aber sicher die Einstellung der Kletterer geändert hat. »Schlachten« werden keine mehr geschlagen, und mit den Siegen ist man sich auch nicht mehr so sicher. Wen oder was sollte man auch besiegen? Den Berg? Die Wand? Sich selbst?

Die Drei Zinnen sind in jeder Hinsicht leicht und schnell zu erreichen: von Cortina d'Ampezzo in weniger als einer Stunde, von der österreichischen Grenze in Sillian kaum länger und von der Brennerautobahn in bequemen zwei Stunden Fahrzeit. Über die steilen Serpentinen einer Mautstraße geht es zuletzt bis auf fast 2 400 Meter hinauf. Über riesigen Parkplätzen steht die auf Massentourismus ausgelegte Auronzo-Hütte. Von hier, von Südwesten, sind die Drei Zinnen nichts als gelblich-graue, unspektakuläre und ziemlich häßliche Steinhaufen. Trotz einer Gipfelhöhe der Großen Zinne von knapp über 3 000 Metern wären sie wegen ihrer Brüchigkeit selbst für den Normalbergsteiger ziemlich uninteressant.

Nach einer knappen halben Stunde Gehzeit auf breit ausgetretenen Wegen jedoch bestaunt man ihr anderes, ihr berühmtes und so viel fotografiertes Gesicht: Da fallen die Nordwände wie mit Messern aus dem grau-gelben Dolomit geschnitten bis zu 600 Meter senkrecht und überhängend ab. Es sind nicht die höchsten, aber es sind die neben der Civetta-Nordwestwand, die doppelt so hoch ist, die beeindruckendsten Wände der Dolomiten. Zum einen hängt das mit ihrer vom Einstieg bis zum Gipfel kaum unterbrochenen Steilheit zusammen, deren graue, schattige Tiefe auf die Nerven selbst abgebrühtester Kletterprofis drückt. Zum anderen ist es die exponierte Lage der Drei Zinnen, die ihr optisches Charisma ausmacht.

Schmale, nur von den Kletterern ausgetretene Pfade führen an den Einstiegen vorbei, und weit muß man den Kopf in den Nacken legen, will man kleine, sich nur sehr langsam bewegende Punkte oben in einer der berühmten Routen sehen. Von der Basis der Nordwände ziehen dunkle Schotterkare* steil auf eine riesige, karstige Ebene hinunter. Bis in den Juni liegt hier Schnee, und nur im kurzen Hochsommer weiden Schafe. Sie finden zwischen den kalkigen Steinen spärliches Gras und in einigen Mulden

* Mulden an vergletscherten Hängen

Wasser, das sich zu kleinen Tümpeln gesammelt hat. Hin und wieder eine seltene Blume. Vom Ersten Weltkrieg liegen noch viele rostig-braune Splitter zerborstener Schrapnells herum. Diese Ebene durchziehen Wege, über die man gut eine Stunde lang wandern kann, ohne daß der Blick auch nur ein einziges Mal von einer Erhebung gestört oder abgelenkt wird. So wie sie früher Kirchen und in den Alpentälern Kapellen gebaut haben, stehen die Drei Zinnen: erhöht, auf freiem Feld, von weitem zu sehen.

An ihren tiefsten Punkten sind sie nur wenige Meter voneinander getrennt. Von den Nord- und Westkanten ziehen zum Teil senkrechte Flanken nach Süden. Diese bilden gewaltige finstere Schluchten, die von schwarzen überhängenden Kaminen und Rissen durchfurcht sind. Ihr Gestein ist äußerst brüchig.

Beim Abstieg von den Gipfeln, vor allem bei Nebel und Schlechtwetter, ist es leicht, in ihnen die Orientierung zu verlieren und sich zu verirren. Nach einem langen Tag in den senkrechten Nordwandrouten und den vielen schotterigen und endlos scheinenden Kehren des Abstiegspfades ist der Kletterer müde. Er hat von Berg und Felsen, vom Gehen und sich ständig Konzentrieren-Müssen genug. Er freut sich darauf, die Steine endlich hinter sich zu haben, zum Auto und ins nächste Restaurant zu kommen. Cappuccino, Spaghetti, Wein. Seine Gedanken sind bei diesen viel erfreulicheren Dingen, er paßt nicht mehr auf, übersieht eine Abzweigung und weiß mit einem Mal nicht mehr, wo er ist. Er will nach Süden, auf dem kürzesten Weg zur Auronzo-Hütte, wo sein Auto steht. Aber plötzlich ist er sich nicht mehr sicher. Von wo kommt er her, wo muß er hin? Er weiß, daß er tief, fast ganz unten ist. Ungeheure schwarze Schatten stehen im grauen Nebel über ihm.

In diesen unübersichtlichen Schluchten kracht Steinschlag ununterbrochen, einmal nah, einmal fern, immer unberechenbar. Genervt reißt der Kletterer seinen Rucksack über den Kopf oder wenigstens das auf seinem Rücken zusammengebundene Seil und springt unter schützende Überhänge. Dicht an eine Felsmauer gedrückt wartet er, sein Herz schlägt heftig vom plötzlichen Springen, vielleicht auch aus Angst. Wird schon nichts passieren, es wird ihn schon nicht erwischen. Dann ist es für eine Weile ruhig. Nichts rührt sich. Trügerische Stille. Nach dem Zerbersten der Steine liegt schwefeliger Gestank in der Luft. Gleich wird es wieder losgehen, der kleine Mensch unter dem Überhang weiß das, er macht, daß er weiterkommt. Aber das war noch nicht alles, was die Zinnen zu bieten haben. Das reicht noch nicht, die Tiefe und Schwierigkeit der Wand, der lange, steile Abstieg, der Steinschlag hier. Zu allem Überfluß ist er jetzt auch in eine andere Zeit versetzt. Jede Menge rostiger Stacheldraht stellt sich ihm entgegen, tiefe, quadratisch in den Fels gehauene Unterstände entdeckt er, Schächte und Gänge, von vermoderndem Holz gestützt. Alles von diesem ersten großen und uns heute so fernen Krieg. Rostige Granatsplitter überall. Jetzt wird dem Kletterer sehr unheimlich. Unvorstellbar, grauenhaft, wie sie sich hier jahrelang in ihren Stellungen gegenübergelegen haben, vor allem im Winter, bei bitterer Kälte, abgeschnitten von der Außenwelt, von oben durch Lawinen und von allen anderen Seiten vom Feind bedroht.

Der Mensch ist schließlich sehr erleichtert, wenn er endlich einen ausgetretenen Touristenweg findet, vielleicht an der Nordseite, an die er gar nicht mehr wollte, vielleicht an der Südseite, wo immer viele lärmende Menschen sind, die er sonst flieht. Aber immerhin Menschen, in bunter Kleidung, keine Spur mehr von Krieg, Stacheldraht und

Verderben, und Wege, auf denen man sich nicht verirren kann und die, ohne Zweifel jetzt, früher oder später zur Auronzo-Hütte führen und zum wahrscheinlich größten Parkplatz der Dolomiten. Angeblich haben hier fünftausend Autos Platz.

Zwischen ihm und den Wänden lag eine weite ebene und steinige Fläche. Graue, kalte, frostige Welt. Er horchte auf das Unhörbare, das zwischen den Steinen lag, schaute in die glatten, senkrechten Flächen und ihre unsichtbaren Linien, die er in wenigen Stunden zu erobern gedachte. Linien, auf die andere vor ihm bereits ihre Geschichte geschrieben hatten. Doch alles blieb still. Die Welt blieb still, und in ihm war es still. Nichts, kein Zeichen, keine Botschaft, daß der Tag ein guter werden würde. An seinem Hemd war seit einer halben Stunde ein winziges Mikrophon befestigt. In der ersten Wand, der »Cassin« in der Westlichen Zinne-Nordwand, in 150 Meter Höhe, das erste Kamerateam in Warteposition. Seit einer Stunde bereits, denn diese eine Stunde war er zu spät. Bald würde die Sonne aufgehen. Bald würden die Hubschrauber kommen. Das österreichische Kamerateam, das italienische Fernsehen, die Fotografen und Journalisten aus Deutschland, Österreich und Italien.

Die Berge blieben stumm, unbeteiligt und ungerührt. Er war heute nicht Teil von ihnen. Noch nicht. Sie waren tote Steine mit berühmten Namen. Sie waren ihm Mittel zum Zweck. An ihnen würde eine Besteigung stattfinden. Natürlich blieben sie stumm für ihn. Er wurde trotzig aus Unsicherheit und leiser Verzweiflung: *Ich werde euch alle besteigen. Einen nach dem anderen, so wie kein anderer vor mir. Meine Spur werde ich auf euch hinterlassen. Ihr kommt mir nicht aus.*

Dann rannte er weiter. Es war bitter kalt, er fror, und er war in Eile. Alle warteten sie schon auf ihn, und er lief der Zeit hinterher. Wenig später griff er in den senkrechten, eiskalten Fels. Nach 100 Metern überholte er eine Seilschaft. Die mußten wirklich früh aufgestanden sein. Dann das Kamerateam, ruhig wartend in dicken Daunenjacken. Sie filmten in sein Gesicht. Er blies sich in die vor Kälte gefühllosen Finger. Unpünktlichkeit hassend, entschuldigte er sich für die Verspätung. Sie sagten nichts und filmten weiter. Ihm war kalt, er war steif, seine Muskeln alles andere als locker und aufgewärmt. Er fühlte sich in keiner Weise bereit für den vermutlich ersten seilfreien Alleingang einer der beeindruckendsten Wände der Alpen. Hätte er nur ein Seil. Längst war sein Trotz von vorhin verflogen. Er dachte an seine Freunde Thomas Hrovat und Herbert Haselsberger, mit denen zusammen er die letzten Tage so herrlich entspannend verbracht hatte, in Cortina in den Cafés, in irgendwelchen kleinen, wunderbaren Restaurants. Wie unwirklich weit entfernt waren die heutigen Alleingänge in diesen Stunden gewesen. Er als ein Tourist wie Tausende andere, der gern in der Sonne saß und Cappuccino trank.

Jetzt aber Alleingang. Die Wahrheit und nicht der Traum. Gelbschwarzer Abgrund unter ihm, gelber Fels über ihm, kleingriffig, überhängend und brüchig. *Ich könnte mich mit dem Kamerateam abseilen.* Bald kamen die Hubschrauber. Er hatte gerade erst 100 von 3 000 Metern hinter sich gebracht. Das war erst der Anfang, und der war klettertechnisch verhältnismäßig leicht gewesen. *Was mache ich hier?*

Überall in den Drei Zinnen Geschichte: der Erste Weltkrieg, die großen Namen der Erstbesteiger: Innerkofler, Preuß, Comici, Dimai, Hintermeier, Meindl, Barbier, Brandler,

Hasse. Die Nordwand der Westlichen Zinne war lange Jahre das »letzte große Problem« der Dolomiten gewesen. Nach dreitägigem Kampf standen 1935 Riccardo Cassin und Vittorio Ratti, angeblich »dem Wahnsinn nahe«, auf dem Gipfel.

Die wahren Helden dieser Nordwand waren aber zwei Deutsche: Hintermeier und Meindl. Sie hatten in mehreren Versuchen die ersten 150 Meter, die die Schlüsselstellen beinhalten, durchstiegen, mußten aber jeweils nach kalten Biwaks umkehren. Erst beim vierten Versuch kamen sie mit ihren krummen Haken, Eisenkarabinern und Hanfseilen ins Herz der überhängenden Nordwand hinein. Hier waren sie wieder zum Rückzug gezwungen gewesen, waren aber immerhin zwei Seillängen höher gekommen und hatten somit die entscheidende Stelle der Wand, den »Dreißig-Meter-Überhang«, geschafft. Sie wußten jetzt, daß auch der Rest möglich war. Wie wütend und enttäuscht müssen sie gewesen sein, als sie mitansehen mußten, wie Cassin und Ratti am nächsten Tag in die Wand einstiegen, um sie schließlich erstzubegehen, nachdem doch sie die Hauptarbeit geleistet hatten. Die Deutschen eilten den Italienern zwar hinterher, um sie vielleicht noch zu überholen. Aber Cassin hatte alle Haken hinter sich entfernt . . .

Die »Cassin«, wie sie unter Extremkletterern genannt wird, blieb jahrzehntelang die härteste und gefürchtetste Klettertour der Alpen und wurde mit dem bis 1978 höchsten Schwierigkeitsgrad VI+ bewertet, damals die »Grenze des Menschenmöglichen«.

Mit dem Rücken an die kalte Wand gelehnt, blies er weiter in seine Finger und schaute über die Spitzen seiner Schuhe in die Tiefe: ein Meer von Steinen, durchzogen von schmalen Pfaden. Drüben, im Westen, schien die Sonne auf die ersten Spitzen. Ein schöner Tag war das heute zum Wandern. Weit und breit keine Wolke. Auch ein herrlicher Tag für einen Alleingang. Die Indianer pflegten am Morgen vor einer großen Schlacht zu sagen, es sei ein guter Tag zum Sterben. Zum Sterben? Alle Wände seines Lebens war er immer mit der felsenfesten Überzeugung angegangen, daß er ihnen unbeschadet entsteigen würde. Er wollte leben, kletterte, um zu leben, war noch nie geklettert, um zu überleben. Er hatte sich nie in den grauen Steinen irgendeines Kares liegen gesehen als Konsequenz seiner Ideen, unter irgendeiner Wand, mit einem letzten und endgültigen Platz in den Geschichtsbüchern. Er hatte eine Idee gehabt und war sicher gewesen, daß es eine gute Idee und er entsprechend auf ihre Realisierung vorbereitet war. Über den Gipfel, also erfolgreich oder nicht, das war nicht die entscheidende Frage. Klettern mußte Lust sein. Was immer er tat, hatte irgendwie mit Lust zu tun. Gefühle waren es, um die es ihm ging, die er allein, durch seine Visionen, seinen Einsatz ohne Wenn und Aber, und die er durch seine Besessenheit schuf. Ihm ging es nicht um das Morgen. Das Jetzt war entscheidend, die Stunden, in denen er stieg, in denen er der Wand und den Steinen für den Rest seiner Erdentage die unsichtbare Spur seiner Idee einstanzte – für immer: *Hier war ich.*

Wenn man in den Krieg ziehen mußte, konnte man nachher sagen, man hatte ihn überlebt. Ein Krieg war so wenig freiwillig wie ein Autounfall. Aber ein Alleingang? Überlebt? Vielleicht waren die Alten mit dem Bewußtsein einer Art Hinrichtungsbefehl berggestiegen. Es gab Bücher, sogar aus der jüngeren Vergangenheit des literarischen Alpinismus, die das belegten. Doch das konnte nicht der Sinn des

Alleingangs, also seines Lebens sein, davongekommen zu sein, »der Gnade eines Augenblicks halber«?

Vierzig, fünfzig Meter unter ihm klirrten die Karabiner der Seilschaft, die vor ihm eingestiegen war. Seilkommandos drangen herauf. Noch immer filmte ihn der Kameramann, obwohl er sich nicht bewegte. Er wartete darauf daß er den »Dreißig-Meter-Überhang« in Angriff nahm. Aber zum seilfreien Klettern war es einfach noch zu kalt. In Seilschaft konnte man sich an einen Haken hängen, die Hände ausschütteln, in die Finger hauchen. Der Alleingänger aber durfte nie stehenbleiben. Nicht in derart extremem und steilem Gelände. Er konnte gar nicht stehenbleiben, denn er hatte keine Zeit dazu. Die Kraft in den Unterarmen würde ihn in kürzester Zeit verlassen, mit dem Oberkörper weit aus der Senkrechten zurückgebeugt. Luft unter den Sohlen. Senkrecht, ja an dieser Stelle überhängend mußte er gegen die Zeit klettern, schnell und vor allem sicher. Nach dem Überhang kam ein Band.

In seinen Gedanken war er ganz woanders. Er träumte vor sich hin. Dachte an seine Freunde unten im Kar, an die Cafés in Cortina, an die Wanderer in der Sonne und daran, daß das Seilschaftsklettern schon sehr viel angenehmer als so ein Alleingang war. Er wußte ohnehin, daß er keine Wahl hatte, daß er hinaufklettern mußte, daß ein Absteigen in seinem Denken nicht einmal theoretisch eine Möglichkeit war. Er fror am ganzen Körper, und plötzlich, wie ferngesteuert, stieg er los. Tief im Inneren wußte er, daß er diesen Überhang und überhaupt die ganze Wand allein durchsteigen konnte, anderen wäre das vielleicht auch möglich gewesen. Aber noch nie hatte es jemand vor ihm *getan* – fünf extreme Dolomitenwände ohne Seil an einem Tag. Es kam nicht auf das Können an. Entscheidend war das Tun.

Nach wenigen Metern hing sein Körper in dem Überhang. Im Gegensatz zu seinen Formel-I-Rennfahrer-Nachbarn war da keine Bremse, auf die er hätte steigen können, wenn er Angst vor der eigenen Courage bekam. Bei ihm ging das nicht wie bei den Tennisspielern, aus der ersten Runde dieses fast 150 Meter tiefen Abgrundes zu fliegen, um an der nächsten Wand von vorne zu beginnen. Trotzdem ging er – wahrscheinlich weil die Entscheidung für diesen Tag schon vor viel zu langer Zeit gefallen war. Die Felsen, die Wände, jeder einzelne Griff, den er halten würde – oder auch nicht –, die folgenden Stunden, seine Ängste und Freuden und sein mögliches Glück, das alles stand unausweichlich festgeschrieben in dem Buch, das sein Leben war. Seinen Weg gehen. Der Spur folgen, die seine Träume vorgezeichnet hatten. Tun, was er tun mußte. Er hatte keine Wahl. Er mußte gehen.

Die nächste Stunde wurde die schrecklichste seines Lebens. Angst, in der er fast verging. Er empfand es als Frevel, als Versuchung und Sünde. Es war einfach zu kalt. Es war zu früh, er war nicht aufgewärmt. Die Angst saß nicht nur im Nacken, sie war überall: im Kopf, im Bauch, im Herzen, das ihm vor Verzweiflung bis zum Hals hinauf schlug. Graue, fürchterliche Tiefe. Einen schrecklicheren Abgrund als den in der »Cassin« der Westlichen Zinne-Nordwand gibt es in den ganzen Alpen nicht. Er hielt sich sogar an einigen Haken. Er wußte, daß sie gut waren. Vor wenigen Tagen, damals, als die Journalisten auf ihn warteten und später das Gewitter niederging, war er zum ersten Mal hier gewesen, mit Herbert, der jetzt irgendwo unten im Kar saß und ihn beobachtete.

Verzweifelt und mit viel zu hohem Kraftaufwand klammerte er sich an jeden einzelnen Griff. Platz für ein, zwei

Fingerglieder. Selten mehr, meistens weniger. Winzige Leisten für die Kanten seiner Schuhe. Jedes Weitergreifen kostete ihn unendliche Überwindung, als verließe er eine wenige Quadratzentimeter große Insel der Sicherheit, um sie gegen eine andere, vielleicht noch kleinere, einzutauschen. Sein Zögern, seine Unentschlossenheit kosteten unmäßig viel Kraft. Die Unterarme übersäuerten schnell, auch aufgrund der Kälte, und fingen zu schmerzen an. Jeder Kletterer kennt dieses Gefühl, aber sicher hatte es noch kein einziger ohne Seil in der Schlüsselstelle der Westlichen Zinne-Nordwand gehabt.

Im buchstäblich letzten Augenblick erreichte er das felsige Band: dreißig, vierzig Zentimeter breit, auf zwanzig Meter in die Wand eingelegt, unten überhängend – der größte Überhang der Alpen! –, und von oben drückte ebenso überhängend die zweite Hälfte der Nordwand herab. Unmöglich, hier aufrecht zu stehen, aber, hielt man sich mit den Händen, dann war immerhin Platz genug zum gebeugten Sitzen. Ausgepumpt, verbraucht, uralt, wie der letzte, der schwächste und an dieser geradezu perversen Stelle in seiner Verfassung auch einsamste Mensch, ließ er die Beine über die Kante des Bandes hängen und keuchte und hielt mühsam an sich.

In der Ferne hörte er jetzt den typischen Laut eines nahenden Hubschraubers. Das Echo der Maschine brach sich kaum lokalisierbar in den Wänden und hallte auf die Ebene hinaus. Unten, auf den Wegen, bewegten sich langsam einzelne Figuren. Vielleicht der eine oder andere Journalist, glückliche Wanderer in jedem Fall, die bald in der Sonne sein würden und sicher nicht wußten, wie gut sie es hatten. Überhaupt konnte nur er wissen, wie herrlich das Wandern in der Sonne ist ... Seltsam, Wandern ging er nie. Der Himmel war blau, strahlend blau wie auf einer

Postkarte, und so weit entfernt für ihn wie seine Freunde Thomas und Herbert, die gerade seine Laufschuhe vom Einstieg holten und zu ihm heraufschauten, ohne zu winken. Sie wußten, daß er keine Hand frei hatte, um ihren Gruß zu erwidern.

»Im letzten Augenblick erreichte er das felsige Band.« Dem letzten wovor: vor dem Aufgeben, dem Loslassen, den fünf, sechs Sekunden Schweben im Nichts? Wie lang fällt man gute 200 Meter durch die Luft? Unentwegt Fragen heute, so viele wie nie zuvor. Auf alle gab es nur eine Antwort. Er mußte weiter, Schritt für Schritt, Tritt für Tritt. Kein einziger würde ihm erspart bleiben. Er konnte nicht mehr zurück, und er hatte es so gewollt. Es gab keine Ausreden. Ausreden gibt es nie. Nie sind die anderen »schuld«. »Leben ist Bewegung, Stillstand Tod.« Wer hatte das wieder gesagt? Er durfte Thomas und Herbert nicht vor die Füße fallen. Er mußte leben, trotz seiner wahnsinnigen, frühmorgendlichen Kletterei.

Nach einer Weile hatte sich sein Atem beruhigt. Seine Arme begannen vom regungslosen Halten zu schmerzen. Auf allen Vieren kroch er von den paar Haken, die für Seilschaften einen Standplatz markierten, weiter. Der Fels war schlecht – gelb und brüchig. Seine weißen Hosen scharrten im Schotter, die rechte Hand riß den einen oder anderen Stein aus der Wand. Mit einer Hand stützte er sich auf, mit der anderen schob er immer wieder lose Brocken aus seinem Weg. Lautlos tauchten sie in den Abgrund weg. Nach einiger Zeit krachte es unten im Kar.

Als das Band zu Ende war, mußte er überhängend ein paar Meter absteigen. Wieder hielt er sich an Haken – den letzten an diesem Tag – hier sogar an einem kurzen, fixen Seil. Die Haken, an denen es festgemacht war, waren ausnahmsweise gut. Dieses Mal, diese zwei, drei Meter höchstens, mußte er kein Risiko eingehen. Aber sofort jagte wieder sein Puls. Noch immer war er nicht ruhig. Sein Körper hing jetzt voll über dem Abgrund. Steiler ging es nicht.

Plötzlich war der Hubschrauber da. Eine Tür war ausgehängt. Die Wand dröhnte. Der Wind der Rotoren und der Schall des Motors konnten einen Sog erzeugen, der vor allem weiter oben, in der Ausstiegsschlucht, Steine losbrach. Der Alleingänger war von der Steilheit der Wand geschützt, aber kämen sie noch näher, sie gefährdeten sich selbst. So blieben sie in einer Entfernung von vierzig, höchstens fünfzig Meter Luftlinie. Das war nahe genug. Deutlich konnte er den Kameramann erkennen. Sie kannten sich seit Jahren und hatten schon oft zusammengearbeitet. Er trug eine blaue Daunenjacke und hielt die Kamera vor sein Gesicht. Das war sicher der lauteste Hubschrauber der Welt. Wie sollte er da klettern, sich konzentrieren können bei so einem Lärm? Wußten sie denn nicht, was das bei einem Alleingang bedeutete? Wenn man Angst hatte, wenn man fror? Wie gleichgültig er ihnen war. Sie glaubten sicher, er hätte wieder einmal keine Angst. Sein Klettern, sagten sie später, sah locker aus . . . »Du warst schnell. Keine zwei Stunden.« Jetzt winkten sie ihm auch noch zu. Er kam sich verhöhnt vor.

In dieser halben Stunde war der ganze Tag unentschieden. Er schwor sich, nie wieder so dumm und verantwortungslos zu sein. Er sprach mit seiner Mutter, seinem Vater, seincm Sohn. Er entschuldigte sich. Es war ihm peinlich. Er war doch erfahren genug, der Morgen noch selten seine Stunde gewesen. Ein Profi wie er, mit fünfzehn Jahren intensiver Erfahrung, mußte wissen, daß es um sechs Uhr früh in 2 400 Metern Anfang August zu kalt zum Alleinklettern ist.

Wenig später veränderte sich der Fels, wurde grau, rauh und fest. Wieder kam ein kleiner Absatz, wieder kauerte er sich nieder und fühlte sich wie ein gejagtes Tier in der Falle. Sollte er jetzt endlich um Hilfe schreien? Unten im Kar müßten ihn seine Freunde hören können. Warten, bis sie ihn holten? Hier wäre das möglich gewesen, denn da war kein Überhang mehr über ihm, nur die schwarze Ausstiegsschlucht. Herbert auf dem Normalweg mit zwei Seilen und einem Sitzgurt zum Gipfel und zu ihm abgeseilt. Herbert war schnell, drei, vier Stunden vielleicht. Außerdem würde in ungefähr derselben Zeit die eine Seilschaft von vorhin da sein. Auch sie könnten ihn ans Seil binden. Das gäbe eine schöne Geschichte für die Journalisten. Die Konkurrenz würde sich freuen. In diesem Zustand konnte das jedenfalls nicht weitergehen den ganzen Tag. Auf den ersten nicht einmal zehn Prozent seines Tagesplans hatte er Energie und Nerven für eine ganze Expedition verbraucht. Dabei spürte er, daß es nicht so sehr die Schwierigkeit der Kletterei, sondern vielmehr die düstere Umgebung, die Kälte, der schlechte Fels, der unglaubliche Abgrund waren, die ihn so fertigmachten, auch die Hubschrauber, Kameraleute und Journalisten, der Druck, den sie alle erzeugten und der zentnerschwer auf ihm lastete. Er hatte es so gewollt, er war als Profi verpflichtet, er hatte seinen Sponsoren und den Medien fünf Wände versprochen und angekündigt. Doch diese Art von Zielen paßte nicht in die Berge. Sie rächten sich jetzt an ihm. Er zahlte einen hohen Preis.

Wenigstens lag das schreckliche gelb-brüchige Gelände hinter ihm. Wieder war er weitergestiegen. Aus dem Kopf steuerte er jede Bewegung. Wie eine langsame, schlecht funktionierende Maschine nahm er Meter für Meter. Er konnte klettern. Er trainierte es das ganze Jahr. Er würde sich nicht retten lassen, auch nicht von Herbert. Er war Alleingänger und zog seinen Kopf selbst aus der Schlinge, die er sich geknüpft hatte.

Der Hubschrauber kam noch einige Male. Einige anerkannte Bergsteigergrößen behaupten bis zum heutigen Tag, er habe die »Cassin« nie allein gemacht. Trotz Dutzender Zeugen, trotz eines Dokumentationsfilmes, der später in Deutschland und Österreich im Fernsehen ausgestrahlt wurde, trotz eindeutigster Aufnahmen aus vierzig Meter Entfernung und bei klarster Sicht im charakteristischen Herzen der Wand. Sein Freund Paul C. bezeichnet dieses Phänomen als »Psychisches Skotom«. Dabei handelt es sich um ein Unvermögen, gewisse Erscheinungen wahrzunehmen oder gewisse Situationen zu erkennen, obwohl sie für andere Personen offensichtlich sind.*

In endlosen Minuten mechanischen, kalkulierten Steigens erreichte er die Ausstiegsschlucht. Sie ist fast immer naß und daher durch einen breiten, pechschwarzen Streifen gekennzeichnet, der an seinem unteren Ende durch die riesigen gelben Überhänge abgeschnitten wird. Aus der Vogelperspektive betrachtet ein kleiner, rotweißer Punkt, hielt er sich freudlos an der schwarzen Wand, die bereits mehr als 300 Meter senkrecht und überhängend unter ihm abfiel. Er fühlte sich dabei wie einer, der für eine gefährliche Arbeit bezahlt wurde und sich dabei unentwegt fragte, warum er sie verrichtete und ob es denn für ihn keine andere Möglichkeit gäbe, sein Geld zu verdienen. Immer wieder kam der

* *»Dabei nimmt eine Person eine offenkundige Tatsache nicht wahr oder vermag eine eindeutige Situation nicht zu erfassen, obwohl ihre Intelligenz und ihr Deduktionsvermögen eine sofortige Wahrnehmung und eine sinnvolle Reaktion bewirken müßte.« aus: »Aufwärts ohne Ende«, Paul C. Martin.*

Hubschrauber, umfing die steinerne Welt mit seinem Donnern, verweilte eine Zeitlang, zog in steilen Schleifen wieder ab.

Schließlich erreichte er das Ende der »Cassin«. Ein breites Band führte nach Westen auf eine Schulter hinaus. Hier war es still, hier war gut sein. Er streckte sich auf dem warmen Fels aus. Kein Mensch weit und breit. Von nirgendwoher ein Laut. Der Normalweg zum Gipfel verlief auf der anderen Seite des Berges. Ruhe, wie man sie nur in den Bergen erlebt, wenn man weit über die Dinge hinaufgestiegen ist. Diese Stimmung hatte noch nie ihre Wirkung auf ihn verfehlt. Er beruhigte sich und hätte hierbleiben mögen, glücklich, in der Sonne zu sein, fast zufrieden, sich mit heiler Haut aus der Affäre gezogen zu haben. Für eine Weile verloren sich seine Träume im Nichts des blauen Himmels.

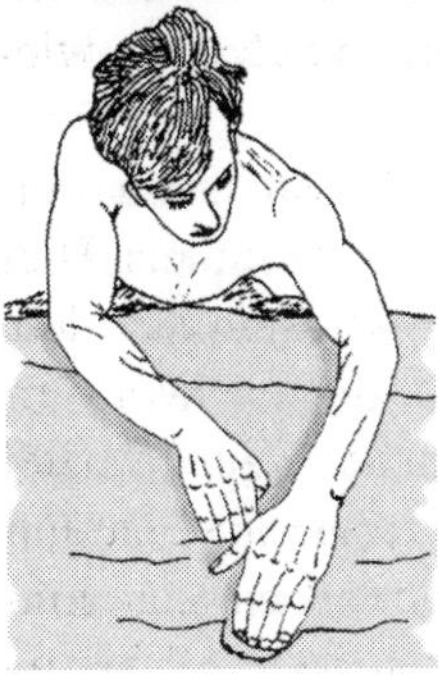

Über das Unmögliche

»Liebe Seele, trachte nicht nach dem ewigen Leben,
sondern schöpfe das Mögliche aus.«
Pindar

Drei Stunden später hatte er bereits die zweite Wand, die Nordwand der Großen Zinne, auf der »Comici«-Route hinter sich. Während er noch in der »Cassin« war, vom Hubschrauber abgeholt wurde und später einige nichtssagende Interviews gab – was hätte er ihnen erzählen sollen? –, stieg das Kamerateam, erfahrene Extremkletterer auch sie, an in den Vortagen abseits der »Comici« installierten Fixseilen auf. Wieder warteten sie, an mehreren Haken gesichert und fixiert, in der Senkrechten auf ihn. Sie filmten seine Hände, während er flüssig, ohne Zögern und ohne Hast, eine nach der anderen, extreme Stellen im VII. Schwierigkeitsgrad überwand und ohne Probleme sieben, acht Seilschaften überholte, die sich an diesem herrlichen Hochsommertag die berühmte Route hinaufarbeiteten. Mit Seilen, Haken und Rucksäcken waren sechs bis acht Stunden die übliche Aufstiegszeit. Einige, die nicht für extremes Sportklettern trainiert waren und sich nicht an den kleinen Griffen halten konnten, verwendeten wie früher – vermutlich hatte das auch Comici selbst getan hatte – Steigleitern. Andere kletterten »frei«.

Über das Freiklettern oder »Freeclimbing«, von dem in den Medien heute oft die Rede ist, gibt es viele, fast ausschließlich falsche Vorstellungen. Es stimmt zwar, daß dabei versucht wird, künstliche Hilfsmittel auszuschließen, jedoch nur in bezug auf die Fortbewegung! Sehr wohl verwenden Freikletterer künstliche Hilfsmittel wie Seile, Haken, Karabiner, Bohrhaken, Klemmkeile usw., um sich daran zu sichern. Dasselbe gilt für die – seltenen – Alleinkletterer. Der Laie meint, daß diese immer völlig ungesichert sind und selbst der kleinste Fehler unweigerlich den Tod bedeutet. Tatsächlich gibt es nur wenige Alleinbegehungen dieser Art. Die meisten Alleinkletterer verwenden sehr wohl ein Seil, an dem sie sich während besonders schwieriger und gefährlicher Kletterstellen mit einer eigenen Seiltechnik sichern. Sie ist etwas umständlich und zeitraubend, wird aber heute durch moderne Geräte immer einfacher und besser. Auch hat diese Art von Alleinkletterer natürlich die Möglichkeit, sich im Falle eines Wettersturzes oder unvorhergesehener Schwierigkeiten – oder Kälte! – abzuseilen.

Er wird in den Medien fast immer als Alleinkletterer oder Freikletterer bezeichnet oder zitiert. Korrekt ist weder das eine noch das andere, denn beide, Freikletterer am Seil, wie die Seilschaften in der »Comici«, oder herkömmliche Alleinkletterer, die sich sicherten, scheuten vor einer letzten Konsequenz des Denkens und des Tuns zurück. Er aber versuchte immer, seine Ideen bis zur letzten Konsequenz nicht nur zu denken, sondern sie auch ebenso in die Tat umzusetzen. Nur wo es alles zu verlieren gibt, gibt es gleichzeitig alles zu gewinnen, lösen sich die Gegensätze auf und verschmelzen zu einem. Die letzte Konsequenz seiner Tat – des Alleingangs – bedeutete für ihn etwas Einschließendes: die Möglichkeit des eigenen Sterbens zu akzeptieren. Deshalb war er weder ein herkömmlicher Alleinkletterer und schon gar kein Freikletterer oder Freeclimber. Denn beide vertreten eine Philosophie des »als ob« und schrecken vor der letzten Konsequenz zurück. Der Alleingänger mit dem rettenden Seil kletterte, »als ob« er allein wäre, was er in letzter Konsequenz nicht ist. Denn es macht keinen besonderen Unterschied, ob sein Sturz von einem Seil gehalten wird, das in Haken geknüpft ist, oder von einem Seil, das ein Freund hält. Er kann sich mit ziemlicher Sicherheit darauf verlassen, daß er nicht tödlich abstürzt. Und auch der Freikletterer (»Freeclimber«) klettert nur, »als ob« er keine technischen Hilfsmittel verwendete. Im Falle eines Sturzes kann er sich darauf verlassen, daß der nächste Haken ihn hält.

Er aber hatte auch in der »Comici« kein Seil mit. Er hielt sich an keinem der zahlreich vorhandenen Haken. Im Film und auf sämtlichen Fotos sieht man das genau. Außerdem beobachteten ihn die anderen, die in der Wand waren: mindestens sechzehn Personen. Es war die erste seilfreie Alleinbegehung in der Rekordzeit von zwei Stunden. Der zweite Streich!

Der Tag war doch noch ein guter geworden, zumindest jetzt und hier, in der Großen Zinne-Nordwand, die vor 1933, ebenso wie die »Cassin«, als unbesteigbar gegolten hatte. Vergessen waren Hubschrauber und Journalisten, Sponsoren und Verträge. Ein Berg, eine Wand, ein Alleingang. Einer von fünf, aber es machte keinen wesentlichen Unterschied, daß jede einzelne Wand nur ein Abschnitt, ein unmittelbarer Ausgangspunkt für den nächsten war. So war es eigentlich immer, nur bei fünf Wänden auf einmal, da fiel es auf.

Keinen Augenblick lang dachte er an einen Gipfel. Der Gipfel war ihm gleichgültig, obwohl er später wieder auf dem höchsten Punkt in der Sonne saß, bis ihn der Hubschrauber holte, und die herrliche Aussicht genoß bis nach Österreich hin zum eisbedeckten Firndreieck des Großvenedigers. Er dachte, wenn überhaupt, an den nächsten Griff. Wie hält er ihn, wie paßt er in die Abfolge des nächsten und des übernächsten hinein. Stimmten die gesamte Linie, der Winkel, der Druck, mit dem er seine Finger in die Vertiefungen, Löcher, Leisten, Vorsprünge legte. Präzises Steigen und Ansetzen der Spitzen und Kanten der Schuhe. Druck geben. Gewicht von den Fingern auf die Beine verlagern. Immer wieder, ununterbrochen.

Hunderte, Tausende stimmige Bewegungen flossen so ohne Unterbrechung ineinander über. Die Summe machte es aus.

Das war ein anderer Mensch, der hier voll motiviert, aufgewärmt, das Grauen der ersten Wand vergessen, den klettertechnisch schwierigsten Alleingang seiner bisherigen Karriere absolvierte. Einer, der keinen Gedanken an den Abgrund hatte, diesen nicht einmal sah, während es aus ihm herausbrach im Stil seiner großen Tage, als er nicht mehr dachte, kalkulierte, registrierte, einschätzte, entschied, sondern *es* kletterte, was immer *es* war, ganz sicher nicht seine Ratio, seine Vernunft, nicht sein Ehrgeiz, nicht sein Wollen, nicht seine Absicht. Es war ein Ideal-Alleingang. Der erste heute, endlich, und nicht der letzte. Er war nie davon ausgegangen, *mit dem Kopf* wegen einer bestimmten pekuniären Absicht 3 000 senkrechte Meter *irgendwelcher toter Felsen* zu bewältigen, zu denen sie dann geworden waren . . . *irgendwelche tote Felsen!*

Was war die Kunst des Alleingangs? Das Ideal zu erreichen – manchmal, gelegentlich, selten? Oder die Praxis zu überleben, immer wieder?

Sein Ideal, für das er in bezug auf die Berge lebte, war Steigen ohne Angst und Zweifel, Fragen und Absicht; war Höherkommen ohne Gedanken an Abgrund, Fehler und Tod; war Klettern, als gäbe es kein anderes Ziel als die Qualität des nächsten Meters, selbst wenn die Wand tausend Meter hoch war. Qualität bedeutete vor allem Stimmigkeit und Sicherheit. Mit einer anderen Einstellung hatte man schon verspielt, so wie er gerade vorher nur mit äußerster Mühe und Not dem Abgrund in der »Cassin« entronnen war. Die perfekten »Ideal-Alleingänge«, die er immer wieder leben durfte, führten ihm vor Augen – wenn er sie geöffnet hatte und nicht zu beschäftigt und gehetzt war in dieser Zeit mit seinen Sponsoren und den Medien u. a. –, daß dieses seltene Ideal nicht vom Zufall abhängen konnte, sondern vielmehr das Resultat einer konsequenten Einstellung sein mußte. Glasklare und nicht beugbare Regeln galten in der Senkrechten für einen Menschen ohne Seil. Es gab keine Mittelwege, Kompromisse, Halbheiten. Ausreden zu suchen war zwecklos, reine Zeitverschwendung. Man hatte seine Sache richtig zu machen, oder man war tot. Irgendwo hatte er gelesen, daß Wahrheit von Zeit unabhängig ist. Von der Zeit, ja, das schien ihm schlüssig, doch damit gleichzeitig auch vom Ort. Daraus war zu folgern, daß es wohl nur dann gelingen würde, diesen Zustand des absichtslosen Eins-mit-sich-selbst-Seins und Eins-mit-der-Natur-Seins zu erreichen, wenn es ihm gelang, dieselben Qualitätsmaßstäbe, die er an sein Alleinklettern zu legen gezwungen war, auch auf alle anderen Bereiche seines Lebens zu projizieren.

Soeben hatte er in der »Comici« wieder eine dieser klaren, selbstverständlichen Linien gelebt, die lang vorher schon für die Außenwelt unsichtbar in seinem Kopf gezogen war ohne Wenn und Aber. Ganz am Anfang Bilder, Träume, Visionen. Wer weiß, woher sie kommen. Sicher haben sie viel mit Kreativität zu tun. Mit sechzehn, noch ein halbes Kind, überlegte Einstein, spielerisch vermutlich, was wäre, würde man Licht mit Licht nachfahren. Jahre später war das Resultat dieser »Spinnerei« die berühmte »Spezielle Relativitätstheorie«. Das ist im Zusammenhang mit der Alleinbegehung von ein paar Wänden irgendwo in den Bergen ein kühnes, ja vermessenes Beispiel, aber es illustriert sehr gut die Energie, die aus eben diesen »Spinnereien« entstehen kann, die anfangs niemand, vermutlich nicht einmal der »Spinner« selbst, ernst nehmen kann. Das wirklich Interessante an Visionen ist aber weniger, wie sie entstehen oder wie sie als Endprodukt aussehen, sondern was dazwischen war: der Weg dorthin. Der Weg das Ziel? Wohl eher der Weg die Ursache für das Ziel. Und der Weg selbst bestand aus Begeisterung, Leidenschaft, Training, Schweiß, Hürdennehmen.

Heute konnte er den Alleingang durch die Große Zinne-Nordwand in eine immer länger werdende Liste von Ideal-Alleingängen einreihen: Hochkogel und Civetta-Nordwestwand, Direkter Droites-Nordpfeiler, Grandes Jorasses – Nordwand-Walkerpfeiler, Matterhorn und Eiger-Nordwand, Mount Fitz Roy, »Große Verschneidung« am Piccolo Mangart, die »Gloria Patri« am Hochkönig vierzehn Tage vorher und einige weniger bekannte mehr. Alle hatten sie oft jahrelang nur in seiner Ideenwelt als Träume und Visionen existiert, bis er sie schließlich alle leben durfte. Dann blieben sie als unsichtbare Spuren in seiner und der Steine Erinnerung. Ihr Resultat war immer Ausgangspunkt, die Spuren nichts als Selbstzweck, die aber als Nebenprodukt seines ursprünglichen Ziellos-Seins auch Belohnung für Ängste, Einsatz, Begeisterung waren.

Diese Stunden waren nicht nur sein Glück, dessen er sich nicht bewußt sein konnte, da er ja nicht dachte. Sie waren ihm vor allem Grund zum Glücklichsein, und das war noch viel mehr.

Wieder ein Hubschrauberflug vom Gipfel, wieder Fotos und Interviews. In der dritten Wand, die nicht spektakulär genug war, ließen sie ihn allein. Die Nordwand der Kleinen Zinnen war zwar senkrecht, gemessen an den ersten beiden aber aufgrund ihrer Großgriffigkeit doch leicht: IV. Schwierigkeitsgrad. Er überholte in der von Sepp Innerkofler Ende des vorigen Jahrhunderts erstbestiegenen Route wieder einige Seilschaften, wahrscheinlich Mitglieder eines Kletterkurses. Er fragte sich, wie es möglich war, daß heute, knapp 100 Jahre nach ihrer Erstbegehung, die »Innerkofler« bereits von Anfängern geklettert wurde, da sie doch damals als »die Grenze des Menschenmöglichen« gegolten hatte. Die bessere Ausrüstung allein konnte es nicht sein, denn selbst mit Halbschuhen würde heute jeder einigermaßen Geübte die Touren der damals Besten schaffen. Und auch wir heute haben nur Arme und Beine, die wir trainieren können wie die Menschen damals auch . . .

Der Körper konnte nicht den Unterschied ausmachen. Irgend etwas mußte in den vielen Jahren, seit die Menschen Berge besteigen, in ihren Köpfen vorgegangen sein, das ermöglicht, was heute machbar ist. Von Generation zu Generation mußte sich langsam und unmerklich das Denken geändert haben, die Auffassung von dem, was »möglich« und was »unmöglich« heißt. Innerkofler meinte vor 100 Jahren, daß »seine« Nordwand die Grenze des Menschenmöglichen sei, und dann kam über vierzig Jahre später Emilio Comici, der dasselbe von seiner Route an der

Großen Zinne dachte; wenige Jahre später verschoben Cassin bzw. Meindl und Hintermeier diese »Grenze« wieder nach oben. In einem bestimmten Sinn hatte jeder von ihnen recht: Zu ihrer Zeit waren *ihre* Leistungen tatsächlich die Grenze des – damals – Menschenmöglichen. Nur hatte es nie lang gedauert, und es kamen andere nach, die etwas ganz anderes darunter verstanden, und in diesem Sinn hatten sie unrecht.

Je älter der Alpinismus wird – stellvertretend für die Geschichte der Menschheit im allgemeinen –, um so mehr gescheiterte Versuche, das Unmögliche als etwas Allgemeingültiges festzulegen, sehen wir. 1975 noch hatte beispielsweise Reinhold Messner nach seiner für die damalige Zeit unglaublichen Zehn-Stunden-Begehung der Eiger-Nordwand (mit Peter Habeler) gesagt, daß eben diese Eiger-Nordwand »unmöglich« schneller zu besteigen sei. Wenige Jahre später aber kam der junge Schweizer Ueli Bühler im Alleingang und schaffte sie in acht Stunden. Er selbst kletterte sie 1983 in vier Stunden fünfzig Minuten, was bis heute ein unangetasteter Rekord geblieben ist, der selbstverständlich auch nicht auf ewig Bestand haben wird.

Wer weiß, wie oft sich das Unmögliche selbst überlebt hat? Betrachten wir diese vielen Irrtümer, dann müssen wir den Schluß ziehen, daß selbstverständlich auch heute der Versuch einer Definition von »Unmöglich« falsch sein muß. Daß er fünf Wände an einem Tag in äußerst schwierigen reinen Felswänden als erster ohne Seil klettern würde, noch dazu teilweise im VII. Schwierigkeitsgrad, hätte sicher zehn Jahre vorher als Ding der Unmöglichkeit gegolten. Es war auch ein Novum, und das sollte es zumindest bis zum Sommer 1995 bleiben. Aber es gibt keinen Zweifel darüber, daß irgendwann ein junger Kletterer kommen und etwas ganz anderes unter »der Grenze des Menschenmöglichen« verstehen wird. Die »Grenze« wird nie erreicht werden, solang es Menschen gibt. Das geht immer weiter, das hört nie auf. Daher müßte das Unmögliche den Mythos des Absoluten verlieren, der ihm in der Vergangenheit immer angehaftet hat.

Das Spannende daran ist, daß im Lichte dieser Erkenntnis das Unmögliche nicht mehr jenseits einer Grenze liegt, vor der wir Halt machen müssen, sondern es vielmehr ein Punkt ist, dem wir uns immer weiter annähern können, ohne ihn jemals zu erreichen. Und so gibt uns das Unmögliche die Richtung vor, in die wir zu gehen haben.

Gegen Mittag hatte der Alleinkletterer mit der Durchsteigung der Nordwände der Drei Zinnen noch nicht einmal die Hälfte seines Tagespensums geschafft, aber schon viel erlebt: erstens zwei der berühmtesten Wände der Alpen als erster in seilfreiem Alleingang und mit ziemlicher Sicherheit in Rekordzeit – eine davon ein Horrortrip, die andere eine reine Freude. Außerdem morgendlicher Streß wegen des defekten Weckers; Nervenkitzel auf jedem Gipfel, wenn der Hubschrauber kam. Das Einsteigen war vor allem auf der schmalen Schneide der Kleinen Zinne ein heikler Balanceakt: Tiefe in jeder Himmelsrichtung, die keinen Fehler erlaubte. Starker Sog, den die Rotoren entwickelten, und Kufen, die zentimeterweise näher kamen. Ein Hubschrauber, der jederzeit von einer Windböe erfaßt und ins Taumeln geraten konnte, während ein ungesicherter Mensch sich ihm entgegenlehnte, eine Kufe zu fassen und in die offene Tür sich hineinzuziehen versuchte . . .

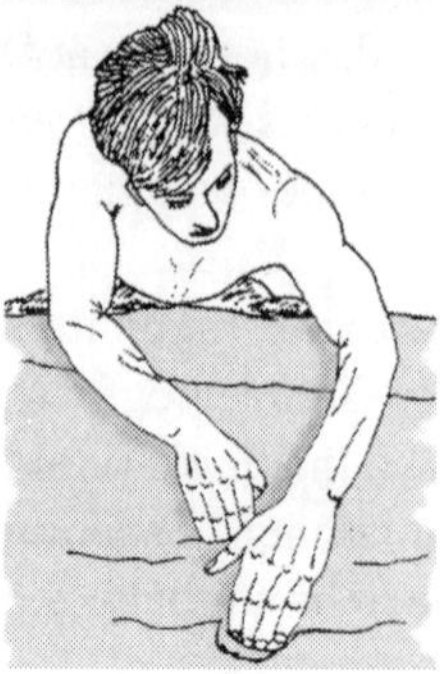

Welt aus Stein

»Um funktionieren zu können,
muß man die Angst vor dem Tod
verdrängen.
Das ist kein Heldentum.«
Salman Rushdie

Jetzt kam auf ihn, der sich in der Luft noch nie wohl gefühlt hatte, gleichgültig ob mit einem Paragleiter, in einem Jumbo-Jet oder in einem Hubschrauber, ein fast halbstündiger Flug zu. Die vierte Wand wartete: die bis zu 800 Meter hohe und drei Kilometer breite Südwand der Marmolada mit der Route »Don Quixote«. Sie ist die insgesamt interessanteste Kletterwand der Dolomiten, ja der Alpen überhaupt. Silbergrauer, fast überall eisenfester Kletterkalk. Auch in ihr wurde natürlich mehrmals Alpingeschichte geschrieben, wurden in den fünfziger Jahren Routen mit dem Schwierigkeitsgrad VI+ eröffnet. Reinhold Messner gelang 1969 als Höhepunkt und Abschluß seiner extremen Kletterzeit in zwei Tagen ein Alleingang, teilweise auf neuer Route – im »klassischen« Stil, also mit Haken und Seilen.

Fast ein halbes Jahrhundert nach der Erstbesteigung der Zinnen-Nordwand und zehn Jahre nach dem Messner-Alleingang sollte in der Südwand eine neue Epoche des Dolomitenkletterns eingeleitet werden. »So frei und mit so wenigen Haken wie möglich« lautete die Devise der Tiroler Freunde Heinz Mariacher, Luggi Rieser, der sich heute

Swami Prem Darshano nennt, und Reinhard Schiestl*, als sie Ende der siebziger Jahre begannen, neue Routen durch die Südwand zu eröffnen. Hießen die Anstiege früher »Direkter Südpfeiler«, »Direttissima«, »Südverschneidung«, so nannten sie ihre Linien »Schwalbenschwanz, Abrakadabra, Elefantenbauch« etc. Für die über zehn kühnen Erstbegehungen, die ihnen in den riesigen Wandfluchten gelangen, verwendeten sie insgesamt weniger Haken, als Comici für seine Zinnen-Nordwand benötigte. »Don Quixote«, in nur acht Stunden von Heinz Mariacher und Reinhard Schiestl erstbegangen, ist eine der Routen aus dieser »neuen« Zeit.

Als der Hubschrauber auf einer wunderschönen Wiese unterhalb der riesigen Wand landete, deren höchste Erhebung 3 300 Meter hoch ist, war es mit ungestörten Ideal-Alleingängen wieder einmal vorbei. Der Hubschrauberpilot wollte entgegen allen Vereinbarungen nicht weiterfliegen, obwohl nicht nur die vierte, die Marmolada-Wand, ausstand, sondern vor allem noch der krönende Abschluß, die »Via Niagara« in der 800 Meter hohen Nordwestwand der Pordoispitze am Sellapaß.

Es ging ums Geld. Angeblich wollte der italienische Hauptsponsor nur eine bestimmte Anzahl von Flugminuten bezahlen, und diese seien jetzt aufgebraucht. Ihn, den Kletterer, sagte er, ginge das nichts an. Andererseits brauchte er den Hubschrauber, um von der Marmolada zum Sellapaß zu kommen, zur letzten Wand, die wiederum zchn Kilometer Luftlinie entfernt lag – oder 30 auf der Straße mit sehr engen Kurven über zwei Bergpässe, und das hätte er

* *R. Schiestl kam am 18. Juli 1995 durch einen Autounfall um; er war einer der besten Berg-Kletterer seiner Zeit und einer der liebsten Partner des Autors.*

zeitlich nie geschafft –, und außerdem war er selbst Produzent eines Dokumentationsfilmes mit immerhin bedeutendem Einsatz eigener finanzieller Mittel. Wenn Marmolada und Pordoispitze fehlten, fehlte der wesentliche Teil des ganzen Filmes. Außer ihm sprach keiner seines Teams Italienisch, und so mußte er mit den sturen Italienern verhandeln. Sie hatten es nicht eilig, er schon. Schließlich forderten sie sogar Bargeld, und daß er dieses nicht bei sich hatte, schon gar nicht in der erforderlichen Höhe, wollten sie nicht einsehen. Man einigte sich schließlich auf einen Kompromiß.

Zwei Stunden später hatte er bereits wieder zwei Drittel Wandhöhe hinter sich. Bis weit hinauf den Spuren folgend, die die Tiroler als erste in die berühmten Silberplatten gelegt hatten, war er müde gewesen, von der Diskussion um die Bezahlung des Hubschraubers genervt und von seiner eigentlichen Aufgabe abgelenkt, ja teilweise gelangweilt geklettert. Steine, Steine, Steine! Er fühlte sich leer vom pausenlosen Aufbruch: die erste Wand, die zweite Wand, die dritte, jetzt schon die vorletzte. Nach der »Comici« war er sicher, daß er auch die Marmolada-Südwand schaffen könnte. Sie war höher als die Drei Zinnen, sowohl an absoluter Meeres- als auch an Wandhöhe; aber die Struktur des Felsens hier kam seinem eigenen Kletterstil entgegen, der durch kraftsparendes Schleichen, durch tanzähnliche Balanceakte gekennzeichnet war: Selten großer Kraftaufwand mit den Armen, kaum eine Stelle, wo der Fels überhängend war.

Doch dann, wie immer, wenn er zu sehr vom Ausgang einer Sache überzeugt war, wurde sehr schnell alles ganz anders. Die Stimmung um den Berg veränderte sich. Die Sonne verschwand, Nebel fielen ein. Ein Brausen stand über den Felsen von einem starken Wind, der sich am nahen Gipfelgrat brach. Keine 200 Meter bis dort hin. Es wurde empfindlich kalt. Er hatte keine Routenskizze mit und tat sich überdies mit der Orientierung schwer. An den Drei Zinnen waren alle zwei Meter Haken gesteckt, manches Mal mehr, und man hatte nur dieser Kette von Eisenstiften zu folgen. Hier dagegen war er verloren in einem unübersichtlichen und im Nebel anhaltspunktlosen Meer aus Stein. Alle zwanzig, dreißig Meter nur ein Haken, und dieser versteckt in seichte Löcher geschlagen. Sie waren ihm keine Lotsen. Er stieß immer erst mehr oder weniger durch Zufall darauf, wenn er in dem fast senkrechten Gelände wieder eine Kante, ein kleines Band, einen handbreiten Absatz erreichte. Der Hubschrauber war nur einmal zu hören gewesen. Wahrscheinlich waren den Piloten wieder Zweifel wegen des Geldes gekommen, zumal einer zu zahlen versprochen hatte, der gerade eine extreme Südwandroute ohne Seil ging . . .

An seltenen Absätzen verharrte er und schaute in Richtung Gipfelgrat, ob eine ununterbrochene Folge von Löchern auszumachen war, die zu den Ausstiegskaminen leitete. Da, ganz oben, kletterte eine Seilschaft. Sie hatte nicht mehr weit bis zum Ausstieg und verschwand gleich wieder in hellen Fetzen von Nebel, der bald die obersten 200 Meter und die Linie verbarg, die sein einziger Ausweg war. Er versuchte sich zu erinnern, die Bilder wachzurufen, die er vor vier, fünf Jahren gesehen hatte, als er die »Don Quixote« und den »Schwalbenschwanz« mit Partnern begehen konnte.

Doch das war lang her. Er war sehr viel geklettert in dieser Zeit, Abertausende Felsmeter, die sich ähnelten und deren Bilder sich in seinen Erinnerungen vermischten. Nur die besonders extremen Stellen, in denen er voll gefordert gewesen war, hatte er sich gemerkt, so zum Beispiel die letzten drei Seillängen über einen glatten, senkrechten Pfeiler. »Wilde (Seil) Längen«, hatte Reinhard Schiestl geschrieben, und diese waren jetzt sein einziger Anhaltspunkt. In den haltlosen Platten mit ihren winzigen Löchern war er im Nebel verloren. Überall konnte man klettern, aber überall konnten sich die Löcher-Linien im Nichts verlieren. Er mußte den Pfeiler finden, auf dem er nicht mehr fehlgehen konnte, da er nur wenige Meter breit war.

Nebel. Sturmtosen vom Grat. Kälte. Unsicherheit, auch Müdigkeit. Die Stimmung war unheimlich. Der Nebel wurde dunkel, die Wolken fast schwarz. Ein Licht wie in der Dämmerung. Dabei konnte es nicht viel später als vier Uhr sein. Er ärgerte sich über seine Unvorsichtigkeit, nein, eigentlich war es Hybris, die Wand nicht noch einmal in diesem Sommer gemacht zu haben. Mit den Augen des Alleingängers hätte er sie dann betrachtet, selbst kleinste Anhaltspunkte in Hinblick auf Nebel, Schlechtwetter und Streß in seiner Erinnerung festgehalten und müßte jetzt keine Minute mit Wegsuchen verlieren.

Längst war der Fluß seiner Bewegungen unterbrochen. Er fühlte sich allein in dieser hohen Wand und den Unbilden des Wetters ausgesetzt. Beinahe erschrak er darüber, daß er allein war. Er hatte immer ein Problem, wenn er beim Alleingehen zu denken anfing. Plötzlich fiel ihm auf, daß dies bereits die vierte Wand war. In seinem Hinterkopf saßen plötzlich die drei Nordwände, die er fast schon vergessen hatte. Anstrengend, Kräfte verzehrend ragten sie auf einmal in ihm auf. Er stockte, wurde unsicher, traute sich nicht mehr so viel zu wie vor einer Stunde am Einstieg, jetzt, in diesen entscheidenden Minuten, von Nebeln bedrängt, von nichts als scheinbar spurlosem, senkrechtem Fels umgeben.

Schließlich zögerliche, langsame Bewegungen abseits der Fallinie, leicht schräg nach links. Er überlegte jeden Schritt und jeden Tritt, horchte in sich hinein.

Langsam wurde es still in ihm. Der Wind toste nur mehr von fern. Da war endlich ein Pfeiler, ein grauer, dunkler Schatten im Nebel, es mußte der Pfeiler sein, über den es hinaufging auf den Grat. Kleingriffige Wandstellen, senkrechte Abschnitte, ohne die geringste Möglichkeit zu rasten. Wenige Meter weiter links verlor sich ein schwarzer, eisiger Kamin, mehr eine Schlucht als ein Spalt im Berg, in der nebeligen Tiefe. Einmal traf er auf einen Haken. Er war sich nicht sicher, auf der »Don Quixote« zu klettern, und mit einem Mal fand er keine Griffe mehr. Oben alles glatt. Es war noch dunkler geworden. Vielleicht waren das Gewitterwolken. Der Wind heulte am nahen Grat. Die Nebel verschluckten einen Abgrund von fast 700 Metern. *»Free falling«,* sprach er mit sich selbst, während seine gestreckten Arme nach Vorsprüngen suchten, seine Augen die wenigen Meter Fels, die sie sehen konnten, abtasteten, denn da mußten Griffe sein, es mußte hier irgendwo weitergehen. Aber das Englische täuschte ihn nicht wirklich über seine Situation hinweg. Abklettern war undenkbar. Nicht, wenn man 100 Meter unter dem Ausstieg war, nicht im dichten Nebel in den »Silberplatten«. Nach Hilfe rufen? Wer sollte ihn hören im Sturm? Die Seilschaft von vorhin war sicher schon oben am Grat. Jeder Schrei würde im Wind verwehen. »Wo Gefahr, da wächst auch das Rettende«, hatte Hölderlin geschrieben. Aber was könnte ihn retten? Ein Windstoß, der die Nebel zerriß und Klarheit schuf? Ein unsichtbarer Griff? Nein, er brauchte eine ganze Serie davon. Er kam keinen Meter weiter. Nach rechts nichts, gerade hinauf nichts.

Bei aller Achtsamkeit in der letzten halben Stunde hatte er einen Fehler gemacht. Vielleicht war es wie fast immer seine Überheblichkeit gewesen. Er hatte doch gedacht, daß die letzte Wand das Kriterium sein würde. Die Marmolada-Südwand ist aber eine der schwierigsten Freikletterwände der Alpen, und viele seilfreie Alleingänge in ihren Routen hatte es bis heute nicht gegeben. Mit Sicherheit wußte er von zweien, der eine schwieriger, der andere leichter als das, was er gerade tat, und ganz sicher hatte keiner der bisherigen Alleingänger bereits 1 400 Meter extremer Zinnen-Nordwandalleingänge hinter sich gehabt. Hochmut also. Er verfluchte und beschimpfte sich. Haderte mit seiner Dummheit. Wünschte sich selbst und seine großartigen Ideen zum Teufel. Schwor, nie wieder so einen Fehler zu machen – bis zum nächsten Mal. Hochmut! Er müßte es mittlerweile besser wissen und gelernt haben.

Nur, es half nichts. Es gab keinen Zweifel, daß er an einem zu tiefen Punkt von den Platten in den Pfeiler hineingequert war. Schließlich blieben ihm weder Zeit noch Wahl. Seine Unterarme begannen zu »ziehen«, lang würde er sich hier in der Senkrechten auf den Zehenspitzen nicht halten können. Er mußte etwas tun. So querte er an kleinen Griffen und Tritten, die mehr durch den Gummi der profillosen Kletterschuhe zu spüren als zu sehen waren, in den Kamin. Der war nicht steil, nicht senkrecht, wie es ausgesehen hatte – er hing über und war zum Ausspreizen zu breit! Außerdem innen mit schwarzem, schmutzigem Eis gefüllt. Das Spreizen wäre eine bequeme Art und Weise gewesen, höher zu steigen, außerdem war er darin von den österreichischen Wänden seit seiner Jugend her sehr gut trainiert: ein Fuß an der linken, einer an der rechten Seite, mit den Händen die Balance gehalten. Zwischen den weit gespreizten Beinen Luft. Eine kraftsparende, unkomplizierte Methode. Doch Kamine wie dieser hier existierten sonst nur in Horrorberichten aus der alten Bergsteigerzeit. Er sah so aus, als wäre es unmöglich, ihn zu klettern. Weit und breit kein Haken. Mit ziemlicher Sicherheit war hier noch nie ein Mensch geklettert.

Er stand auf einer wenige Zentimeter breiten Leiste. Die Wand vor seinem Gesicht war senkrecht und glatt. Mit den Fingern hielt er kleine Löcher. Das schmutzigschwarze Eis war zum Greifen nahe. In den Unterarmen hatte er noch Kraft für fünf, vielleicht zehn Minuten. Wäre seine Lage nicht dermaßen aussichtslos gewesen, er hätte sicherlich nie den Mut aufgebracht, die nächsten Schritte zu tun. Dabei fehlten nur acht, zehn Meter, bis die Steilheit sich legte, der Kamin in geneigteres Gelände überging. 2 300 Meter bereits geschafft an diesem Tag, mehr als jeder andere Alleingänger in der Alpengeschichte des Felskletterns, den größten Abgrund der Alpen überwunden, mehrere Seillängen im VII. Schwierigkeitsgrad erstmals ohne Seil geklettert. Jetzt hing sein Leben davon ab, wie und ob er acht bis zehn Meter kletterte. Er würde besser steigen müssen, als er zu können glaubte. Die einzige Möglichkeit, sich irgendwie zu halten, war ein seichter, kaum fingerdicker Riß an der rechten Seite des Kamines. Wenn er darin seine Finger verkeilte, die Füße auf Gegendruck dagegen hielt, einmal vielleicht kurz in das Eis trat und so Zentimeter für Zentimeter an Höhe gewann, dann mußte die Stelle zu schaffen sein. Das war seine einzige Chance.

Er war hochmotiviert wie selten zuvor und, nolens volens, zu allem entschlossen. Die Wand, nein, er selbst hatte sich mit seinem Alleingehen in eine scheinbar ausweglose Situation manövriert. Seit vielen Jahren kletterte er allein und ohne Seil und lieferte sich dabei sich selbst und dem Berg kompromißlos aus, obwohl er wissen mußte, daß ihm immer wieder Fehler passierten: Hochmut, Leichtsinn und dergleichen. Weniger war es also das eigentliche Klettern, vielmehr sein Kopf, der die wirkliche Gefahr darstellte. Je mehr er in den schwierigen Wänden meinte, alles perfekt unter Kontrolle und in jedem Sinn im Griff zu haben, desto schneller »reagierte« der Berg darauf und ließ sich etwas einfallen, damit sein Kopf wieder auf das ihm entsprechende Maß reduziert wurde. Das war immer ein unangenehmer, oft peinlicher Prozeß, bei dem so gut wie nie jemand Zeuge war, der aber, abgesehen von gewissen pädagogischen Effekten, die mehr oder weniger lang anhielten, insofern etwas Gutes hatte, als der Alleingänger jedesmal dermaßen in die Enge getrieben war, daß er eine Entschlossenheit und Wachheit entwickeln mußte, die er sich nie zugetraut hätte und die unter normaleren Umständen, mit einem Seil, nie in ihm hervorgerufen worden wären.

Er kletterte, wie er es nie für möglich gehalten hätte. Er war nicht mehr er selbst, er kletterte über sich hinaus. Vielleicht war diese Energie und Konzentration entstanden durch seine Todesangst. Er wußte, wenn er diesen Kamin nicht schaffte, und zwar sehr bald, dann würde er sterben. So bewegte er sich ins Ungewisse hinein, was normalerweise ein ungeheures Risiko darstellt, zitterte dennoch nicht, bewegte sich kein einziges Mal hastig, prüfte jeden Griff, kalkulierte blitzschnell jeden Bewegungsablauf voraus. Ein einziges Mal mit der falschen Hand vorausgegriffen, und der Fehler wäre nicht zu korrigieren gewesen. Nicht an dieser Stelle, nicht in diesem Leben. Vielleicht war er nie so gut geklettert wie auf diesen zehn Metern, die er damals für das mit Abstand heikelste hielt, was ihm je untergekommen war. Der Fels war brüchig, teilweise schmutzig, und er war überhängend. Es gab nur eine einzige Griffmöglichkeit, und das war dieser seichte Riß, der nicht viel mehr als seine vordersten Fingerglieder aufnahm. Mit Kraft allein war hier nichts gewonnen. Die Erfahrungen von zwölf Jahren Gebirgsklettern unter oft sehr schwierigen Bedingungen, im Frühjahr im Schmelzwasser, im Hochsommer nach Gewittern und bei Schlechtwetter, im Winter in den Westalpen mit Steigeisen an den Füßen, spielten hier zusammen. Er aber dachte nicht an das, was früher oder vorher war, er dachte nicht an das Nachher, sondern ging mit seinem ganzen Wesen in diesen nicht nächsten, sondern gerade sich abspielenden Augenblicken auf. Nebel, Eis, brüchiger Fels, Tiefe, Gipfel. Nichts davon existierte mehr in ihm. Auch nicht die eine Hand, der andere Fuß, die nächste Hand, seine Finger, die er in regelmäßigen Abständen in seinem Magnesiabeutel einstaubte. Er, seine Bewegungen, sein Herzschlag und Atem, und der Stein und die Tiefe, waren eins. *Es* kletterte ihn.

Wenn er an das Ende des Kamines und den Gipfelgrat gedacht, wenn er überhaupt nur irgendeinen rationalen Gedanken gehabt hätte, er wäre mit Sicherheit im selben Augenblick abgestürzt. Was er da tat, hätte »denkend« nicht funktionieren können.

Der senkrechte Eisschlauch verschwand zwischen seinen Beinen in der nebeligen Tiefe. Er spreizte schnell weiter. Nicht mehr weit, und es war vorbei. Wenige Meter unterhalb des Grates wurde das Gelände flach, festgefrorene Steine ragten aus dem Schnee. Der Wind blies hier sehr stark und fraß sich sofort in seiner leichten Hose und dem dünnen Pullover fest. Kein Wunder, daß vorher, unten in der Wand, dieses starke Brausen zu vernehmen gewesen war.

Wir wollen den Leser nicht allzusehr strapazieren mit der Erzählung dieses nicht enden wollenden Abenteuers. Insgesamt waren es netto zwölf Stunden Kletterzeit. Es war ein langer, buchstäblich steiniger Weg an diesem Tag, der in die Geschichte des Alpenbergsteigens eingehen sollte, ja eigentlich schon eingegangen ist. Die fünf »äußeren« Steine, die zu überwinden waren, hatte er sich selbst auferlegt. Andere stellten sich ihnen jedoch unvorhergesehen dazu als unmittelbare Folgen seiner »Fünf-Wände« –Idee, deren Realisierung an einem Tag ohne Hubschrauber unmöglich gewesen wäre und das auch immer bleiben wird. Ein Hubschrauber kostete Geld. Die Sponsoren zahlten den Preis. Die Berichte in den Medien waren ihr Lohn dafür. Doch war der Hubschrauber vorher schon ein Problem gewesen, das ihn Zeit und Nerven gekostet hatte, so kam er jetzt überhaupt nicht mehr. Er trug ein Funkgerät mit sich, war sogar in Kontakt mit dem zweiten Filmteam, das fünfzehn Kilometer Luftlinie entfernt am Fuß der »Via Niagara« an der Pordoispitze wartete; aber sein Hubschrauber meldete sich nicht.

Es war bald siebzehn Uhr. Die Zeit wurde sehr knapp, denn die »Via Niagara« ist 800 Meter hoch. An die drei Stunden hatte er für die Marmolada-Südwand gebraucht – acht Stunden waren die übliche Durchschnittszeit. Um ins Tal zu kommen blieb ihm nur die Variante mit der Seilbahn, deren Bergstation normalerweise in ungefähr fünfundvierzig Minuten vom Ausstieg der »Don Quixote« zu erreichen ist. Gerade wurde über einen Lautsprecher die letzte Talfahrt angesagt. »Normalerweise« bedeutete, sich mit den für eine Marmolada-Route üblichen zwei fünfzig Meter langen Seilen auf den flachen Gletscher abzuseilen über das steile Eisfeld, das unmittelbar unterhalb des Grates auf der Nordseite beginnt, und so zuletzt eine je nach Verhältnissen mehr oder weniger breite Randkluft zu überwinden. Sechzig, siebzig Meter höchstens, bis der Gletscher flach wurde, nicht mehr . . . dann weiter über die Skipiste zum höchsten Punkt.

Die letzte Seilbahn »fra quindici minuti«! Fünfzehn Minuten, keine Seile und eine einzige andere Möglichkeit, die kein vernünftiger Mensch, der die Wahl hat, jemals in Erwägung ziehen würde: über die besonders brüchigen Felsen und Türme des Grates so lang zu klettern, bis sich die erste Möglichkeit ergab, in zwar steilem, aber vielleicht auch mit profillosen Kletterschuhen gangbarem Schnee und Eis auf die Skipiste abzuklettern. Er dachte nicht lang an nicht vorhandene Seile und die Mühsal des Alleingängers, sondern jagte dahin, so schnell es irgendwie ging, rutschte aus, trat Steine los, die polternd in der Tiefe der Südwand oder über das blanke Eisfeld der Nordseite verschwanden. Jede Minute zählte. Erwischte er die Seilbahn nicht, war alles verloren – er wollte fünf Wände machen, nicht vier. Er konnte fünf Wände machen. Er mußte die Seilbahn erwischen, um jeden Preis. Schließlich rammte er die bloßen Finger wie Sporne als Pickelersatz in den harschigen Schnee. Immer wieder verlor er mit den für so einen Einsatz völlig ungeeigneten und viel zu engen Kletterschuhen – seine Zehen waren vor Schmerz ohnehin taub – den Halt, rutschte aus, fing sich gerade noch mit den Händen. Endlich die Ratracspur.

Jetzt war es zur Seilbahn nicht mehr weit, aber ansteigend ging es die letzten 100 Meter zur Station hinauf. Der Schnee war hier matschig und weich, immer wieder fiel er beim

Laufen hin, rappelte sich auf fiel wieder. Sein Herz jagte an der äußersten Grenze seiner Belastbarkeit, 3 300 Meter Seehöhe jetzt, aber er rannte und fiel hin und raffte sich auf und rannte. »Ultima discesa«, noch einmal die Ansage zur letzten Talfahrt, und dann war er oben, atemlos, keuchend, ausgepumpt, aber oben, und quetschte sich in die letzte Kabine, die ins Tal fuhr.

Unten wartete das Filmteam, auf einem kleinen Landeplatz der Hubschrauber. In dem tiefen Taleinschnitt war der Funkkontakt abgebrochen, und wegen des Nebels hatte der Hubschrauber nicht aufsteigen können. Nach kurzem Flug waren sie am Sellapaß.

Knapp vor dem Untergehen stand die Sonne tief im Westen über den Fünffinger Spitzen, den Nachbarn des berühmten Langkofel. Eine halbe Stunde höchstens, dann würde sie untergehen. Endlich, endlich die letzte, die entscheidende Wand: die »Via Niagara« in der Nordwestwand der 3 000 Meter hohen Pordoispitze. Auf den ersten zwei Dritteln hängt sie über. Der Fels gelb und schwarz. Eine gewaltige, eine drohende Wandflucht, viel höher und mächtiger als die der Drei Zinnen. Zum dritten Mal an diesem Tag auch eine völlig andere Felsstruktur, die wiederum eine spezielle Technik erforderte. Kleingriffig, oft überhängend und brüchig waren die Zinnen. Höchstens senkrecht die Marmolada, rauher, fester Stein, meist waren hier kleine Löcher und Unebenheiten, auf die man mit viel Reibung die Füße setzte, die einzige Möglichkeit hochzukommen. Hier wiederum, in der »Via Niagara«, waren die Griffe relativ gut und groß. Doch das überhängende Gelände drückte den Körper auf weiten Strecken aus der Senkrechten. Das bedeutete athletisches Klettern, das die Schultern und Arme besonders beanspruchte.

Die »Via Niagara« ist ähnlich der »Don Quixote« eine der großen klassischen Freikletterrouten der Dolomiten. Ihre Erstbegehung war ein Markstein: Keine zehn Haken schlug Heinz Mariacher mit seiner Freundin Luisa Jovane, als ihm nach mehreren Versuchen Ende der siebziger Jahre die endgültige Durchsteigung gelang. Im Vergleich dazu: In der »Comici« oder der »Cassin«, die beide viel kürzer sind, stecken heute weit mehr als hundert Haken! Auch heute noch gilt die »Via Niagara« als die ernsteste Route in dem an wilden Wänden nicht armen Gebiet um Langkofel und Sellapaß. Gerade heute morgen, erfuhr er am Einstieg, hatten wieder vier Seilschaften nach hundert Metern abgeseilt: zu steil, zu schwierig, zu wenige Haken, ein bißchen naß . . .

Ein letztes Mal mußte er Fragen beantworten, dann fuhren die meisten Reporter ab. Nur ein netter junger Journalist von der für den italienischen Hauptsponsor besonders wichtigen »La Repubblica« blieb bis ganz zuletzt. Wieder hatte er leere, nichtssagende Worte von sich gegeben, die in keinem Verhältnis standen zu dem, was er vorher in der Südwand erlebt hatte. Doch der große Farbbildbericht in der auflagenstärksten deutschen Sonntagszeitung sollte Thomas, Herbert, die Kameraleute, alle, die dabei gewesen waren und nicht zuletzt ihn selbst, in lang anhaltendes, maßloses Erstaunen setzen. Da war die Rede von einem Werbevertrag, den er mit einer französischen Handschuhfirma hatte, denn selbstverständlich war undenkbar, all diese Felsen mit bloßen Fingern hinaufzusteigen?! In »einem Beutel an seinem Rücken« – damit war der Magnesiasack gemeint – trug er »Schokolade für den Hunger zwischendurch«?! Seine Frau hatten sie gefragt, ob sie denn nicht zufällig ein schwarzes Kopftuch dabei hätte, »für ein Trauerfoto«, das sie gern in petto gehabt hätten in der

Redaktion in Hamburg – nein, nein, nur für den Fall, daß ...

Mit schweren und müden Beinen, steif von einer fast einstündigen Pause, die ihm nicht gutgetan hatte nach der Rennerei in über 3 000 Metern, stieg er die ersten fünfzig leichten Meter hinauf. Dann steilte sich der Fels wieder auf. Ein letztes Mal hingen Kamerateam, aber auch seine Freunde Thomas, der fotografierte, und Herbert in den Seilen. Sie hatten sich seit dem Frühstück nicht mehr gesehen. Thomas meinte, er sei »um Wände gealtert«, Herbert sprach ihm Mut zu, denn er klagte über Schmerzen und beginnende Krämpfe in den Schultern. Das war kein Wunder, immerhin hatte er fast zehn Stunden lang die Arme hochgehalten. Immer wieder mußte er sich mit einer Hand fixieren und den anderen Arm lang nach unten ausschütteln, damit sich der Krampf löste, bevor er weiterstieg. Leider konnte er nicht bei seinen Freunden stehenbleiben, denn er hatte weder die Zeit noch die Möglichkeit dazu: Überhängend stand der Fels über ihnen, senkrecht fiel er bereits mehr als zwanzig Meter ab.

Noch schien die Sonne. Noch war es warm. Unsicher und ungern bewegte er sich Meter für Meter von seinen Freunden weg. Er machte sich Sorgen wegen der Schultern, und er wußte, daß ihn das Sprinten am Gipfel der Marmolada zusätzliche Substanz, aber auch mindestens eine Stunde Zeit gekostet hatte, die in seinem ohnehin mehr als knappen Tagesplan in keiner Weise einkalkuliert gewesen war. Bei seinen Management-Vorträgen pflegte er zu sagen, daß das Erkunden eigener Möglichkeiten und Fähigkeiten eine spannende, ja höchst notwendige Sache sei, an die Grenze gehen aber sei besonders gefährlich und zu vermeiden; Doch genau darauf lief sein fünfter und letzter Alleingang hinaus.

Die anderen, selbst die Journalisten, hatten vorher einstimmig erklärt, es sei längst genug. Sie hätten eine wunderbare Story, mit oder ohne letzte Wand, für den Laien mache es sowieso keinen Unterschied. Er könne doch wirklich zufrieden sein. Keiner sei je vier riesige Dolomitenwände an einem Tag ohne Seil geklettert, geschweige denn solche. Er solle doch noch in aller Ruhe ein paar Interviews geben, sich ein bißchen fotografieren und die Wände Wände sein lassen.

Doch das hätte für ihn bedeutet, diesen ganz bestimmten Weg nicht zu Ende zu gehen. Er konnte ihnen das nicht erklären, und er wollte es auch nicht. Das Zu-Ende-Gehen dieses Tages, dieses Weges war ihm nicht zu ersparen. Der Sinn seines ganzen Lebens lag darin. Jetzt, um 19 Uhr 30, hatte für ihn die Stunde der Wahrheit endgültig geschlagen, jetzt würde sich zeigen, ob er nur für die Kameras und die Sponsoren geklettert war oder doch auch für sich selbst.

Es war eine seltsame, verrückte Tages-, eigentlich Abendzeit, um in eine der großen Wände einzusteigen – müde, allein, ohne Seil. Doch er hatte sich nicht freiwillig für das Alleinklettern entschieden. Es war immer in ihm gewesen. Er konnte seinem Schicksal nicht entrinnen – niemand kann das –, das sich vielleicht heute erfüllen würde – oder auch nicht. Er mußte sich in diesem gelbschwarzen Meer aus senkrechtem Stein verlieren, aufgehen und eins werden mit ihm, wenn es sein sollte, für immer. Er trug zwar Verantwortung, seiner Familie gegenüber, seinem Leben auch, aber sein Ich war allenfalls ein Fragment seines großen Plans, Teil seiner Symphonie, seines Bildes, das in der Idee der Aneinanderreihung der Fünf Wände bestand. Fünf, nicht vier! Felsen, die sein Leben bedeuteten. Felsen, die er in sich trug. »Manchmal handeln wir, als gäbe es etwas Wichtigeres als das Leben. Aber was?«

Es war nicht wichtig, ob er den Ausstieg erreichte, völlig unwesentlich war geworden, ob die Journalisten schrieben, er hatte nicht nur vier, sondern sogar fünf Wände gemacht. Er mußte jetzt erfahren, was in ihm steckte: jetzt, da es bald finster wurde, die Wand überhängend und riesig und er müde war.

Da, wo seine Freunde hingen, war er natürlich wieder abgelenkt gewesen, und er hatte die Griffe unnötig lang gehalten und immer wieder hinuntergeschaut, um sie sich besonders gut einzuprägen für den Fall, daß er zurückklettern mußte. Doch nichts davon. Es ging überraschend leicht. Auf ein paar hundert Metern wurde die Wand weniger steil, und er kam schnell voran. Auch die »Via Niagara« hatte er vor einigen Jahren – und nicht in diesem Sommer – wieder – gemacht, und als er halb oben war, bekam er dieselbe Rechnung wie an der Marmolada präsentiert: Seine Erinnerung wurde vage, er war sich nicht mehr sicher . . .

Die Felsen verfärbten sich jetzt. Die Sonne ging unter.

Herbert und Thomas hatten in der Zwischenzeit abgeseilt. Die Menschen im Kar waren nur mehr kleine Punkte. Lang noch hörte er Herbert, der immer wieder, aus der Routenbeschreibung vorlesend, Anweisungen schrie: »Nach links, nach rechts, gerade hinauf.« Unten wurden die Schatten immer grauer und dunkler. »Unten« war lang schon unerreichbar weit weg.

Schließlich befand er sich im steilsten Teil der Wand, ungefähr 150 Meter unterhalb eines riesigen großen Bandes, wo der Hubschrauber ihn ohne Probleme abholen konnte. Links fielen breite Wasserschleier mehrere hundert Meter in die Tiefe. Sie färbten die Felsen glänzend schwarz. Von diesen Wasserfällen hatte die »Via Niagara« ihren Namen. Die landschaftliche Szenerie war atemberaubend. Im Westen, hinter seinem Rücken, Berge und Wände. Der Sellapaß, auf den eine gewundene, enge Straße führt, an den gewaltigen, fast 800 Meter hohen Felsfluchten des Piz de Ciavazes und der Sellatürme vorbei. Dahinter, verdeckt, der Langkofel, der das berühmte Grödnertal überthront. Eine einmalige Konzentration mächtiger Felsberge. Wie viele Wochen und Monate hatte er in den letzten zehn Jahren in diesen Wänden verbracht.

Jetzt war er im Herzen der erhabenen, steinernen Welt. Er hätte sich fürchten und einsam fühlen müssen, ein Däumling in der Welt der Großen, auf den die Dämmerung, ja fast die Nacht hereindrückte. Doch weder fühlte er sich verlassen noch allein, weder groß noch klein, nicht stark und nicht schwach. Die Tiefe und die Felsen und die Ungewißheit über den Weiterweg bedrückten seine Sinne nicht. Er ging in dem Berg auf, sogar oder wahrscheinlich vor allem unter diesen Umständen. Es war, als sei er eigens geschaffen für Stunden wie diese, die ihn in die Nähe des Todes führten, der das Leben verdichtete und in seiner Klarheit das Beste in ihm forderte und aus seinem Innersten hervorbrachte. Schaffte er es nicht auf das Band hinauf, würde er zugrunde gehen. Nirgendwo konnte er sich halten, ohne die Kraft der Hände zu brauchen, und es ist unmöglich, eine Nacht lang mit gespreizten Beinen, die Finger in Griffe gekrallt, zu überstehen. Kein Absatz, kein Felsband zum Sitzen, keine Höhle.

Er fühlte, wie sich ein eisernes Band der Todesangst um sein Herz legte und dieses zuzuschnüren begann, von Minute zu Minute, in der das Licht schwand, enger und enger wurde, aber er kletterte langsam, überlegte jeden

Schritt, bog den Oberkörper weit nach hinten, um besseren Überblick über die nächsten paar Meter Fels über sich zu haben, prüfte jeden einzelnen Griff zwei und drei Mal, klopfte im Zweifelsfall mit den Knöcheln auf den Stein, ob er auch solid gewachsen klang, tat, was zu tun war, als hätte er alle Zeit der Welt. Einerseits rasten seine Gedanken – natürlich wollte er nicht sterben, selbstverständlich wußte er genau, in welcher Situation er sich befand –, andrerseits hatte sich sein Verstand ausgeschaltet. Vielleicht hatte jetzt der innere, stille Punkt die Kontrolle übernommen, um den sich alle unsere äußeren Aktionen drehen, denn in ihm war es ruhig wie im Zentrum eines Orkans.

Einmal stieg er sogar vierzig Meter in die falsche Richtung, wo es schließlich keinen Weiterweg gab. Dieser Weg schien verführerisch einfach, sicher hatten es auch Mariacher und Jovane bei ihren zahlreichen Versuchen hier probiert. Doch schließlich Überhänge, riesige, unübersteigbare Überhänge, und langsam, wieder sehr vorsichtig, kletterte er zurück. Seine weiße Hose leuchtete noch als heller Punkt in dem schwarzen Fels. Der Freund unten im dunklen Kar konnte ihn nur verzweifelt und hilflos beobachten. Er schrie schon lang nicht mehr. Seine Anweisungen drangen nur mehr als unverständliche Wortfetzen herauf. Wieder eine Viertelstunde verloren. Immer schlechter wurde das Licht, und nirgends ein Haken als Wegweiser. Er kletterte fast ununterbrochen, nach links, nach rechts, gerade hinauf, gewann aber wegen seines ständigen Irrens immer nur wenige Meter.

Endlich konnte er sich wieder an das Bild einer weiteren Schlüsselstelle erinnern: einige überhängende Meter in pechschwarzem Stein. Es war die wahrscheinlich ausgesetzteste Stelle der ganzen Wand: Ein Stein fiele hier

500 Meter durch die Luft ins Kar, immer mehrere Meter von der Wand entfernt ... gute, recht große und feste Griffe, aber unübersichtlich und anstrengend. Gleich darauf wieder senkrechter, gelber, von Löchern zerfressener Fels. Stetig und ruhig griff er zu, noch waren die Vorsprünge gut zu sehen, wenngleich die ganze Wand in der Dämmerung in ein einfarbiges Grau verfallen war. Seine Schultern schmerzten nicht mehr. Wieder war er längst durch und durch aufgewärmt. Das viele Laufen, die Gletschertouren mit den Skiern, Hunderte Stunden Klettergartentraining am Seil machten sich bezahlt. Noch immer waren die Unterarme stark genug. Doch das Licht wurde immer schwächer. Die Spannung baute sich von Schritt zu Schritt mehr in seinem Körper auf. Seine Nerven vibrierten. Es ging jetzt um Minuten. Er wäre gern geflogen, weitergeeilt von Griff zu Griff, weiter, hinauf, hinaus aus der Senkrechten, denn der Ausstieg war nahe, und gleich würde er nichts mehr sehen – aber er bewegte sich noch langsamer und noch vorsichtiger als bisher, denn in jeder seiner Bewegungen lagen gleichzeitig sein Leben und sein Tod.

Dann, endlich, bog er um eine Kante, die Struktur des Felsens veränderte sich, wurde rauher, er fühlte das mehr durch die dünn gegriffene Hornhaut seiner Fingerspitzen, als daß er es sah, und ja, da war diese Rampe, an die er sich erinnern konnte, von der er wußte, daß sie auf das Band führte, und die Kletterei wurde schlagartig leichter und weniger steil, und jetzt endlich prüfte er nichts mehr und hielt sich nicht mehr an drei Extremitäten, bevor eine vierte weitergriff oder -trat, sondern jagte, immer mit einem Bein und einer Hand gleichzeitig Tritt fassend und alles aus seinem Körper herausholend die vierzig Meter auf das Band hinauf, wo er von der Ferne die Rotoren des Hubschraubers hörte und in den scharfkantigen, losen Felsbrocken auf die Knie sank und seine von den vielen, vielen Steinen grau gewordenen Hände ins Geröll grub und schrie und schrie in das Schweigen der Wände, der Dämmerung und des Himmels und schließlich in ein endgültiges Donnern des Hubschraubers hinein, der sich die Wand heraufschraubte, und weiter schrie, bis sie da waren und er all seine Ängste und die stundenlange, ja tage-, wochen- und monatelange Spannung aus sich herausgebrüllt hatte und wieder und noch immer der war, der er ist: ein Mensch in den Steinen, die sein Leben sind.

Katharsis

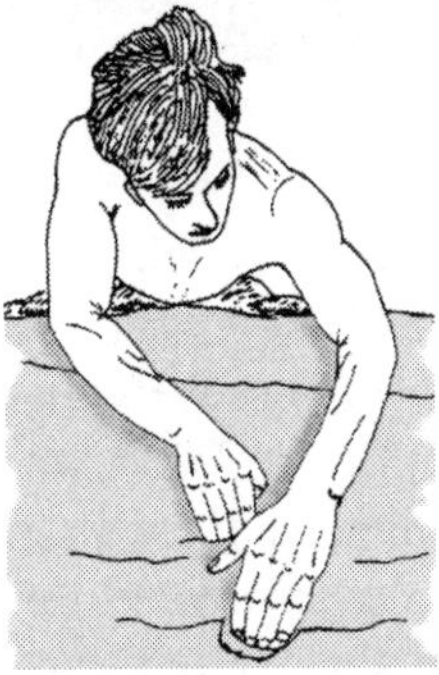

Chamonix, Januar 1990

Zwei Tage vor Weihnachten 1989, dreizehn Monate nach seinem Unfall und 48 Monate nach dem Dolomitentag, entfernten sie zwei Schrauben aus seiner Ferse. Eine kurze Routineoperation in Vollnarkose. Die dritte, quergestellte Schraube ließen sie stecken. Wie lang, das wußten die Ärzte nicht. Vielleicht für immer. Sie hatten ihn vor zwei Monaten offiziell zu 35 Prozent invalid erklärt. Acht Monate nach dem Unfall war er immer noch die meiste Zeit auf Krücken gegangen, und von einem Belasten des Fußes durch Gehen auf Zehenspitzen konnte keine Rede sein. Vielleicht hätte der Zustand seines Fußes und seines Sprunggelenkes bei einem normalen Beruf und bei anders gearteter Leidenschaft nicht allzusehr gestört, aber für einen Menschen, dessen Leben das Steigen ist, war der Zustand natürlich untragbar. Er hatte Glück, an Prof. Willi Dungl geraten zu sein, der ihn an den berühmten Chirurgen Prof. Poigenfürst in Wien verwies. Der entwickelte in monatelangem Studium eine neue Methode, wie derartige Fersenbein- und Sprunggelenkszertrümmerungen noch besser zu reparieren waren. Im Sommer wurde er in einer vierstündigen Operation ein zweites Mal operiert.

Jetzt war sicher, daß nicht nur sein vorderes Sprunggelenk fast vollständig steif bleiben und er die Zehen aufgrund der durch den Aufprall völlig zerfetzten Sehnen kaum mehr würde bewegen können, außerdem würde er in Zukunft immer Rückenschmerzen haben. Nun ja. Da konnte man nichts mehr machen, aber so schlimm würde es schon nicht werden.

Vierzehn Tage nach dem Entfernen der Schrauben fand er sich für fünf Tage in Chamonix ein. Mit der 3 000 Meter hohen Südwand des 6 956 Meter hohen Aconcagua in Argentinien, der höchsten und schwierigsten Wand der westlichen Hemisphäre, stand ein neuer, spektakulärer Alleingang in wenigen Tagen auf dem Programm. Sein Körper kam zwar mehr oder weniger gerade aus dem Spital, vor zwei Monaten erst hatte er die Krücken endgültig weggelegt, aber, so verkündete er immer wieder, Berge bestieg man mit dem Kopf. Hier in Chamonix wollte er noch schnell im Eis des Montblanc bei extremer Winterkälte ein Höhentraining absolvieren, natürlich allein. Das würde ein guter Test für den schlechten Fuß sein. Mit der frisch operierten Ferse konnte er nicht laufen, er würde nie wieder mehr als einen halben Kilometer laufen können, und auch das nur unter Schmerzen. Gegen Radfahren hatte er immer eine sehr starke Abneigung gehabt. Beim Sport Geräte zu verwenden störte ihn. Trotzdem zwang er sich ein paar Stunden pro Woche auf einen Ergometer. So war seine Kondition zwar nicht schlecht – sie war kürzlich ergospirometrisch getestet worden –, doch im Vergleich zu früher nicht besonders.

Wie das mit seinem Fuß werden würde, wußte er noch nicht so recht. Viele Gefäße waren durch den Sturz – die Ferse ein Knochenbrei – und die 25 Zentimeter lange Operationsnarbe zerstört. Wie wirkte sich das bei extremer Kälte aus, wie bei andauernd hoher Belastung? Er dachte sich aber, Gehen im weichen Schnee eines Gletschers und Klettern auf den Frontalzacken der Steigeisen in den geplanten Wänden – im besonders harten Wintereis – belasteten ja die Ferse kaum, dafür aber das kaputte Sprunggelenk, die gestörte Statik im Fuß, die zusammengeflickten Reste der Sehnen, wenn sie überhaupt welche gefunden hatten, ebenfalls. Na ja, er hatte ohnehin keine äußerst schwierigen Wände vor, also ... das wird schon gehen.

Bei gewissen Gelegenheiten pflegte sein Großvater zu sagen, daß er »das Denken den Pferden überlassen sollte, denn die hätten einen größeren Kopf«, und wir wissen heute, daß dies hier so eine Gelegenheit war. Er zweifelte keine Minute daran, daß diese gehetzte Chamonix-Aktion, schnell eingeschoben zwischen Familienfeiertagen, dem Geburtstag seines Sohnes, Präsentationsterminen und Organisation für die Aconcagua-Südwand, eine optimale Idee war, wie sie nur ein ausgeschlafener Profi haben konnte. Er zweifelte nicht, denn noch immer und trotz all dem, was er in den letzten eineinhalb Jahren hatte erleben müssen, nahm er sich keine Zeit dazu. Er ist ein Stier, er ist ein sturer Hund, und manche lernen langsam.

In Chamonix, im Tal, stand das Thermometer bei minus 16 Grad. In 4 000 Meter Höhe bei minus 28. Er wollte auf der Argentière-Hütte schlafen, in dem berühmten gleichnamigen Tal. Da oben kannte er sich aus, kannte alle großen Wände von Sommer, Winter und von Alleingängen her, bis auf die 1 200 Meter Nordwand der Aiguille Verte. Und die »Verte« wollte er morgen machen, sozusagen zum Aufwärmen, zum Eingehen. Man war schließlich nicht optimal trainiert für was richtig Schweres, ganz Extremes, wenn man gerade wieder frisch operiert und vorher auch nicht gerade prächtig in Form war, von einigem Sportklettern an der Côte d'Azur und ein paar leichten Nordwänden im Großglockner-Gebiet abgesehen. Und überhaupt: Es hatte zwar fast minus 30 Grad und er keine Ahnung, ob sein verletzter Fuß extreme Kälte noch vertragen würde so wie früher, und überdies gab es nur acht Stunden Tageslicht – diese 1200 Meter Eiswand mit anschließendem Abstieg ebenfalls über die Eiswand, die er zudem nicht kannte, das, so dachte er, würde kein Problem sein. Die »Voraussetzung« für diese seine Kalkulationen war – und deshalb war er sich so sicher, da es nämlich kein Problem sein durfte! –, daß er immerhin in zehn Tagen nach Argentinien fuhr, um die Südwand des Aconcagua zu besteigen, und die fängt in einer Höhe an, wo er bei der »Verte« nach 1200 Metern Kletterei bereits am Gipfel stehen wird. Nach 1200 Metern Kletterei wird er am Aconcagua noch nicht einmal die Hälfte der Wand hinter sich haben, die zudem klettertechnisch sehr viel schwieriger ist.

Wir sehen, daß sich ein kleiner Fehler in sein Denken eingeschlichen hatte, der ihn die nächsten Tage begleiten wird. So klein er auch sein mochte, so folgenschwer sollte er sich auswirken und nur wenig zum Wohlbefinden und Selbstvertrauen des angehenden Aconcagua-Südwand-Bezwingers beitragen. Es stimmte, daß die »Verte«-Nordwand um 1800 Meter niedriger ist als die Südwand des Aconcagua, aber vielleicht war sie um 1200 Meter zu hoch für einen frisch Operierten! Mit anderen Worten: Er sah nach vorn, und so war sein Maßstab das, was kommen wird, nicht das, was gewesen und jetzt Teil von ihm war.

Er wußte, daß der Winterraum der Argentière-Hütte offen war, und rechnete fest damit, daß einige Seilschaften, wahrscheinlich Tschechen, Franzosen oder Jugoslawen dort sein würden. Das war immer so, wenn er dort war. Warum sollte es diesmal anders sein? Das Wetter war stabil. Es würde also

Spuren geben, die zum Einstieg führten – weil das früher auch so war, dachte er. Deshalb mußte er auch keine Skier mitnehmen. Auch ein Schlafsack war überflüssig, denn im Winterraum gab es Decken. Alles perfekt geplant und ausgedacht. Doch vielleicht hätte er das Denken diesmal wirklich den Pferden überlassen und zu Hause in Monte Carlo in der Sonne bei Frau und Kind bleiben sollen.

Es war vier Uhr nachmittags, der Argentière-Kessel lag in hochwinterlich-eisigem Schatten. Um 16 Uhr 45 fuhr die letzte Seilbahn ins Tal. Jetzt war kein Mensch mehr oben, nur er selbst und ein riesiges, stählernes Gerüst. Der Gipfel der Aiguille Verte zum Greifen nahe über ihm, von der letzten bleichen Wintersonne beschienen. Weiter westlich, in Richtung Montblanc, die wilde, verschneite und vereiste Nordwand der Drus mit dem Couloir. Dort waren sie einmal, er wußte nicht mehr vor wie vielen Jahren, gescheitert, im Spätherbst war das gewesen, im November. Er mußte zwanzig gewesen sein und erinnert sich heute noch mit Schaudern daran. Ungefähr in der Hälfte der Wand querte ihre Route von einer sehr steilen Eisrinne in eine andere. Pulverschnee bedeckte dünnes Eis, darunter fugenloser Granit. Natürlich waren sie an einem doppelten Seil, aber es gelang ihm nicht, einen Haken zu schlagen oder eine Eisschraube zu setzen. Für knappe dreißig Meter brauchte er eine Stunde. Seine Waden waren vom ununterbrochenen Stehen auf den vordersten Spitzen der Frontalzacken seiner Steigeisen jenseits aller Krämpfe angespannt gewesen. Bäche von Schweiß rannen ihm trotz empfindlicher Kälte unter dem Helm in die Augen, sein Rücken war klatschnaß.

Während er sich verzweifelt an den stählernen Spitzen seiner Eisgeräte hielt und lange nicht vor und nicht zurück wußte, hatte er im November-Dunkel der vereisten Granitwand einen höllischen 60-Meter-Sturz vor Augen gehabt, der unausweichlich auf ihn zuzukommen schien. Mit den messerscharfen Steigeisen an den Füßen und zwei ebenfalls frisch geschliffenen Eisbeilen, an den Handgelenken gesichert, sah er sich in einen an sehr schlechten Eisschrauben gesicherten Standplatz fallen, sah, wie er den Freund mitriß und anschließendes Fallen, in die Seile verwickelt, von messerscharfem Stahl aufgerissen sie beide, die 200 Meter der Rinne bis hinunter auf den Gletscher. Schließlich war es ihm gelungen, Zentimeter für Zentimeter zurückzuklettern. Er war psychisch und physisch am Ende. Der Freund wollte es gar nicht erst versuchen. Sie seilten ab. Eine dieser lehrreichen Erfahrungen . . .

Die Seilbahnstation lag fast 3 200 Meter hoch. Minus 21 Grad. Bereits jetzt begann er zu frieren. Natürlich hatte er keine Daunenjacke mitgebracht, denn am Aconcagua wird er auch keine tragen. Außerdem würde es am Aconcagua sehr viel kälter sein, denn der war fast 7 000 Meter hoch, und nicht lächerliche 3 000. Das hieß für ihn, daß es ihm gar nicht kalt sein konnte, ganz im Gegenteil, geradezu warm war es hier im Vergleich zum Aconcagua. Er war schließlich Alleingänger und bewegte sich immer so schnell, daß ihm eigentlich mit egal wie leichter Kleidung bei egal wie großer Kälte nie kalt wurde. Jeder, der es wissen wollte – und die anderen auch –, konnte es von ihm hören: Es gab nicht wirklich Kälte beim Bergsteigen, es gab nur Leute, denen kalt war, und ihnen war kalt, weil sie sich viel zu langsam bewegten. Wenn er erst einmal eine Stunde gegangen und in der Hütte sein wird, da würde ihm schon wärmer sein.

Doch noch stand er vor der geschlossenen Seilbahnstation und fror wie ein Schneider. Riesig waren die Wände um ihn herum, und nirgendwo schien die Sonne mehr. Auch der Fuß tat ihm jetzt schon weh, das heißt, eigentlich hatte er immer Schmerzen . . . Aber was würde erst beim Klettern sein, nach 1000 Meter Frontzackeneinsatz im harten spröden Wintereis? Was in der Nacht, wenn es noch viel kälter geworden war, er aber klettern mußte, weil die Tage kurz waren? Diese Überlegungen, die nicht anzustellen waren, wenn man in Monte Carlo zu Weihnachten mit nacktem Oberkörper in der Sonne kletterte, begannen ihn jetzt doch zu beunruhigen, vor allem wenn er an Chamonix dachte, wo Hochsaison herrschte und der Ort voller hübscher Schwedinnen und warmer Betten war. »Es ist nicht leicht, ein Alleingänger zu sein.« Doch dann folgerte er: Er stand zwar allein in Januareiseskälte, doch am Aconcagua würde es noch viel, viel kälter sein. Das einzige, was auf ihn wartete, war eine finstere kalte Hütte, aber am Aconcagua würde er nicht einmal die haben. Morgen mußte er zwar in eine finstere Eiswand, doch die Aconcagua-Südwand ist dreimal so hoch. So schlimm ist es hier gar nicht.

Beim Gehen auf dem fast flachen Gletscher brach er bei jedem Schritt bis zu den Knien ein. Hier war schon sehr lang keiner ohne Skier gegangen, und er begann zu überlegen, ob seine Gewicht sparende Idee, keine Skier mitzunehmen, wirklich so gescheit gewesen war. Nach etwa zwei Stunden hatte er die Hütte fast erreicht. Es war bereits finster, und er freute sich darauf, dort einige Menschen zu sehen. Vor allem freute er sich auf die überraschten Gesichter, wenn er plötzlich aus der Dunkelheit in die Hütte eintrat. Sehr viele überraschte Gesichter gab es aber nicht. Nur eines, und das war sein eigenes. Als er nämlich bei der Hütte ankam, erwarteten ihn keine Jugoslawen, keine Franzosen, keine Italiener und keine Tschechen, sondern nur eine Schaufel, und die war dazu da, den Eingang, den offensichtlich schon lange niemand mehr benutzt hatte, freizulegen. Irgendwie kam er sich alleingelassen vor.

Mit seiner Stirnlampe suchte er sich durch die Hütte, legte den Rucksack im Lager ab, stieg zum großen Speisesaal hinauf. Der glich einem riesigen Abfallhaufen, überall lagen Essensreste, leere Konserven, Gaskartuschen und schmutzige Haufen Schnee herum. Kein Strom, natürlich kein Wasser, und ihm schien es hier noch kälter als draußen zu sein. Es war höchst ungemütlich.

Er stolperte die Stiegen hinunter, holte sich sauberen Schnee und schmolz ihn auf dem kleinen Kocher, den er mitgebracht hatte. Er kochte Tee, aß eine Kleinigkeit, versuchte zu lesen, immer bemüht, sich nicht zu fürchten – was sollte ihm hier schon passieren? –, und vor allem, nicht an den Gletscher und die Spalten und die Wand morgen zu denken. Irgendwann, acht Uhr war es vielleicht, wurde er müde, außerdem, mitten im Mist zu sitzen, deprimierte ihn. Er ärgerte sich über die Bergsteigerkollegen, weil sie solche Schweine waren; und weil er ohnehin früh aufstehen mußte, stolperte er ins Lager hinunter, um sich unter den Decken zu wärmen.

Er suchte vier, fünf, später eine sechste von den schmutzstarrenden Wolldecken zusammen, deckte sich zu, rollte sich schlotternd ein und wartete, daß ihm warm wurde. 10 Grad minus hatte es hier herinnen, höchstens. Irgendwann mußte ihm ja warm werden, weil es am Aconcagua sicher viel kälter war. Nach einer Stunde zitterte er aber noch immer, und ihm wurde ein Fehler seiner Kältetheorie bewußt: Er hatte nicht bedacht, daß auch Alleingänger irgendwann schlafen müssen und daß sie sich im Schlaf nicht bewegen können und deshalb notgedrungen frieren. Hätte er bloß etwas Warmes zum Anziehen mitgebracht. Jetzt, während seines sinnlosen und schließlich an Verzweiflung grenzenden Bemühens, Schlaf zu finden – morgen, in ein paar Stunden schon, ging es in die Wand, er brauchte Energie, Kraft, die nur aus der Ruhe kam, er mußte schlafen –, begann er zu überlegen, ob seine Entscheidung, keinen Schlafsack mitzunehmen, eine wirklich so gescheite gewesen war. Immerhin hatte er Gewicht gespart, aber der Preis dafür war hoch. Umsonst, es half nichts. Er war hundemüde, aber so wenig man sich zum Wollen zwingen kann, so wenig funktioniert das beim Schlafen. Er wollte lesen, aber es gab kein Licht, und die Batterien seiner Stirnlampe mußte er schonen. In der Kälte verbrauchten sie sich ohnedies viel schneller als normal. Kerzen hatte er keine mitgenommen.

Kurz nach Mitternacht hielt er es nicht mehr aus. In voller Montur, das heißt, so wie er unter den verdreckten Decken gesteckt hatte, stolperte er wieder hinauf in den verdreckten Eßraum. Erst jetzt fiel ihm auf, daß das ganze Zeug gar nicht stank und konnte so doch noch etwas Positives an der Kälte finden. Er schmolz in einigen Töpfen Schnee, trank und trank lustlos ungesüßten Tee. »Der Zucker ist ein Hund«, hatte ihm sein Freund, Therapeut und Ernährungsberater Prof. Willi Dungl immer eingeschärft, ein »Kalziumräuber«, ein »Knochenweichmacher« und weiß der Teufel was – pures Gift jedenfalls, also hatte er keinen Zucker dabei. Willi mußte es wissen. Ohne den Beistand von Willi hätte er nie wieder auf einen Berg steigen können nach dem Unfall. So tat er oft, was Willi sagte, aber Tee ohne Zucker schmeckte ihm einfach nicht; Kalziumräuber hin, Kalziumräuber her, er beschloß hier und jetzt Zucker zum Aconcagua mitzunehmen sowie Kalziumtabletten, als Kompensation etwas wärmere Kleidung und einen Schlafsack.

Der Kocher schnurrte vor sich hin und tauchte den schmutzigen Tisch in ein unheimlich fahles, blaues Licht. Mit abgeschalteter Stirnlampe hockte er daneben und blies sich mit dichtem weißem Hauch etwas Wärme in die klammen Finger. Er dachte daran, wie er letztes Mal hier gewesen war mit seinem alten Freund Reinhard Schiestl. Es war Februar gewesen, und sie hatten dann die Droites-Nordwand, die als die schwierigste kombinierte Wand der Alpen gilt, an einem Tag gemacht. Er und Reinhard. Sie hatten manch Denkwürdiges zusammen erlebt. Damals waren Tschechen hier gewesen, auch ein paar Italiener, und man unterhielt sich kurz vor Mitternacht, bevor jeder aufbrach zu seiner jeweiligen Wand. Alle hatten Kerzen mitgebracht, eine gewisse Stimmung war aufgekommen, aber jeder war irgendwie beschäftigt mit seinen Ängsten vor den riesigen schwarzen Schatten, die draußen vor der eisigen Tür auf sie alle warteten. Ja, und unten in Chamonix ging es jetzt in den Lokalen lustig zu, es gab warme Betten und Schwedinnen. Wie schön mußte es da unten sein. Andererseits – abends ging er nie weg. In zehn Jahren Monte Carlo war er ein einziges Mal in der berühmten Discothek »Jimmy'z« gewesen, und das war geschäftlich, mit Kunden.

Währenddessen saß er, der Alleingänger mit der leichten Ausrüstung, frierend im Unrat, und eine riesige pechschwarze Eiswand wartete auf ihn. Es war nicht das erste Mal, daß er sich in so einer Situation befand, Mitleid mit sich hatte und mit seinem Schicksal zu hadern begann. Warum war ausgerechnet er zum Alleingänger bestimmt? Warum mußte ausgerechnet er inmitten dieses Abfallhaufens sitzen, während andere ihren Spaß hatten? Der Schnee im Topf fiel lautlos in sich zusammen, wurde zu Wasser mit Sand, Steinchen und Schmutz als Bodensatz. Genauso lustlos wie er den Tee mit Sand und Steinchen in sich hineinschüttete, kaute er Kraftschnitten, die nicht von Willi waren. Sie waren leicht, dafür schmeckten sie auch nicht. Aber essen mußte er, es würde ein langer Tag werden.

oben: Der Autor im Alleingang im österreichischen Tennengebirge. *(Foto: Thomas Hrovat)*

unten: Der Autor auf einem Vorgipfel des Kleinen Fieberhorns im Tennengebirge. *(Foto: Dietmar Sochor)*

oben: Kletterer in der »Cassin-Route« der Westlichen Zinne-Nordwand. *(Foto: Thomas Hrovat)*
kleines Bild: Drei Zinnen, italienische Dolomiten. *(Foto: Archiv Bubendorfer)*

Der Autor beim seilfreien »Trainingsalleingang« in seiner monegassischen Wahlheimat. (*Foto: Dietmar Sochor)*

Der Autor während des »Fünf Wände«-Tages in den Dolomiten am 7. August 1988 im seilfreien Alleingang am Beginn des 3o-Meter-Überhanges in der »Cassin-Route« der Westlichen Zinne-Nordwand. *(Foto: Thomas Hrovat)*

oben: Der Autor in der Großen Zinne-Nordwand. *(Foto: Thomas Hrovat)*

unten: Anflug des Hubschraubers am Gipfel der Marmolada, im Hintergrund die Civetta-Nordwestwand. Die Aufnahme entstand bei Dreharbeiten im Herbst 1988. *(Foto: Thomas Hrovat)*

Der Autor im seilfreien Alleingang in der ersten schwierigen Seillänge der »Comici-Route« in der Großen Zinne-Nordwand. *(Foto: Thomas Hrovat)*

oben: Der Autor anläßlich der ersten seilfreien Alleinbegehung der Route »Gloria Patri« in der Hochkönig-Südwand. *(Foto: Thomas Hrovat)*
kleines Bild: Thomas Bubendorfer. *(Foto: Christian Bogensberger)*

oben: Der Autor in den »Silberplatten« der Marmolada-Südwand, anläßlich des »Fünf Wände«-Tages in den Dolomiten. Aufnahme aus dem Hubschrauber. *(Foto: Thomas Hrovat)*
kleines Bild: Der Autor anläßlich der ersten seilfreien Alleinbegehung der Route »Gloria Patri« in der Hochkönig-Südwand. Aufnahme aus dem Hubschrauber. *(Foto: Österreichischer Rundfunk, ORF)*

Gegen ein Uhr trat er vor die Hütte. Es war eine pechschwarze, mondlose Nacht, sternenklar und so kalt, wie nur frühe, sternenklare Januarnächte im Hochgebirge sind. Am nächsten Tag sollte er erfahren, daß in dieser Nacht in 3 000 Meter minus 24 Grad gemessen wurden. Im Sommer, wenn der Gletscher aper* war, ging man keine zwei Stunden zur Wand, die er mehr erahnte, als daß er sie in dieser Schwärze erkennen konnte. Er wußte jetzt schon, daß er keine Spur zu erwarten hatte, und deshalb fiel ihm das mühsame, langsame Spuren zum Einstieg nicht so schwer.

Immer das Unerwartete erwarten, dann ist es nicht so schlimm. *»Das mußt du dir merken«,* sagte er sich, während er zehn Minuten lang von der Hütte zum Gletscher hinunterstapfte, wo er erst die Stirnlampe abschaltete. Schritt für Schritt sank er bis zum Knie ein. Er verließ sich nur auf sein Gespür und hielt unbeirrt auf den westlichsten der riesigen schwarzen Schatten zu, den er richtig als seine Wand erkannte.

Ein leiser Wind trieb vom Tal Eisstaub zu den Wänden hin. Spalten waren vorerst keine zu befürchten, der Gletscher war fast flach. Ohne Pause und ohne Hast setzte er zwei Stunden lang monoton Schritt vor Schritt. Jetzt war ihm wohler. Er hielt den Kopf gegen den Eisstaub gesenkt, atmete tief und regelmäßig. Bald war die Kälte aus seinem Körper vertrieben, und er ging im leichten Pullover. Endlich war er in seinem Element; es machte ihm nichts mehr aus, allein zu sein. Im Gegenteil, er konnte sich gar nichts anderes vorstellen.

Er sah nie auf die Uhr. Zeit spielte keine Rolle. Seine Beine, auf Ausdauer und diese Art von Gehen programmiert, würden ihn so schnell und so lang tragen, wie es notwendig war. Irgendwann erreichte er die zur Wand hin steil ansteigende

* schneefrei

und zerklüftete Spaltenzone und schaltete seine Stirnlampe wieder ein. Von allen Nordwänden im Argentière-Kessel hatte die Aiguille-Verte-Nordwand den gefährlichsten Zustieg, was Gletscherspalten anbelangt. Das erkannte er jetzt, aber mit solchen Überraschungen hatte er gerechnet. Langsam und sehr vorsichtig, den Pickel immer wieder tief einrammend, um Spalten zu sondieren, tastete er sich fast zwei weitere Stunden im kleinen Lichtkegel seiner Stirnlampe durch das eisige, finstere Labyrinth. Öfter blieb er stehen, nicht nur um Atem zu holen hier an der steilen Flanke im tieferen Schnee, sondern auch um mit abgeschalteter Stirnlampe in fast vollkommener Dunkelheit sich selbst in Position zur noch dunkleren Wand abzuschätzen.

Nach fast vier Stunden war er an der riesigen Randkluft.* Er war schon oft in der Nacht an so einer Randkluft gestanden und wußte, daß hier ganz besondere Vorsicht angebracht war. Langsam tastete er die schmale, gletscherseitige Kante der Spalte, auf der er stand, ab, versuchte ihre Tiefe auszuleuchten – sinnlos, ein schwarzes Loch. Dann die andere, die Seite der Wand. Sie schien leicht überzuhängen, gute zehn Meter hoch, mit einer Schneelippe an der oberen Kante. Solides, grünliches Eis leuchtete ihm entgegen, perfekt für sicheres Einschlagen der Pickel. Endlich entdeckte er eine schmale Schneebrücke aus Preßschnee, die in drei Meter Tiefe hinüberführte, vielleicht solide genug, um sein Gewicht zu tragen. Er könnte es wagen, nein, er mußte es wagen. Nach einer halben Stunde des Suchens hatte er nur diese eine Möglichkeit entdeckt.

* *Die Stelle, wo Gletscher mit einer meist besonders tiefen A-Spalte oben schmal, an ihrer unteren Basis weit geöffnet, mit meist nicht feststellbarer Tiefe (dreißig, fünfzig Meter vielleicht und unmöglich, ohne Seil und Partner wieder herauszukommen im Falle eines Sturzes) in die eigentliche Wand übergehen*

Nach langem Zögern tat er den ersten Schritt. Er hatte jetzt die Steigeisen angeschnallt, hielt beide Pickel wie Tomahawks in Schulterhöhe in den Handschlaufen griffbereit. Wenn die Schneebrücke brach, mußte er bereit sein, sich blitzschnell zurück- oder hinüberfallen zu lassen und gleichzeitig die Pickel ins Eis einzuschlagen, bevor es ihn in den Abgrund zog. Das würde ihm schon gelingen, meinte er, obwohl ihm klar war, daß er weder die Seite des Gletschers noch die eigentliche Wand erreichen konnte, falls dieser Übergang genau dann nachgab, wenn er in der Mitte war. Er hielt vor Spannung den Atem an.

Von oben schoß ein ununterbrochenes Rinnsal von Eiskörnern herab. Der Wind wehte sie von den Graten, 1 000 Meter, einen Kilometer fast senkrechten Eises höher, in die Wand hinein. Jedesmal, wenn er hinaufschaute, stachen sie ihm in die Augen, bissen ihm ins Gesicht. Sah er hinunter, liefen sie ihm im Nacken in den Pullover, schmolzen und froren sofort auf seiner Haut. Er hatte es eilig, hier wegzukommen, endlich in die Wand hinein. Trotzdem tastete er sich unendlich langsam die Schneebrücke hinüber. Vielleicht hielt sie hundert, vielleicht nur siebzig Kilo. Mit seiner Ausrüstung war er sicher achtzig Kilo schwer. Er haßte das Risiko, das er hier eingehen mußte, aber es nützte nichts. Wie in Zeitlupe schob er sich hinüber. Sein Denken stand still, sein Atem stand still, immer näher kam die glatte Eiswand, fast konnte er sie schon erreichen, wenn er sich streckte und gleichzeitig eine schnelle Bewegung machte, aber es war noch zu früh. Ein kleiner Schritt noch, der den Schwerpunkt veränderte – tack, der eine Pickel saß mit einem perfekten, von oben nach unten gezogenen Schlag.

Jetzt war er gerettet, trotz des abgrundtief schwarzen Loches unter seinen Schuhsohlen, weil der nur wenige Zentimeter in senkrechtes Eis getriebene Stahl das seidene Band war, das ihn am Leben hielt. Für ihn war das ein Zustand, den er als Sicherheit empfand, denn in senkrechtem Eis gab es keine Unwägbarkeiten wie labile Schneebrücken, Steinschlag oder Lawinen. Wenn überhaupt, dann müßte er vor sich selbst Angst haben, davor, daß ihm die Kraft ausging, daß ihn Angst und Panik überkamen, daß er seine Pickel in ungünstigem Winkel einschlug. Er fürchtete sich aber nicht, ganz im Gegenteil, denn jetzt herrschte Klarheit und Gewißheit, und das war ein Zustand, den er liebte. Eine knapp zehn Meter hohe, leicht überhängende solide Eiswand war zu besteigen ohne einen Zweifel. Es gab kein Zurück mehr. Wenn er sich Zeit ließ – die Kraft dazu hatte er –, würde ihm weder ein Griff noch eine Eisscholle ausbrechen.

Von den Händen, die die Stiele der Pickel umfaßten, bis zu den Zehenspitzen, die die höchstens einen Zentimeter tief eindringenden Steigeisen hielten, war jede Muskelfaser angespannt. Selbst wenn es noch kälter gewesen wäre, er hätte im Hemd sein können und wäre dennoch schweißüberströmt gewesen. Schweiß brannte in seinen Augen, Schweiß lief ihm in den Rücken. Die Randkluft war vergessen, wo er war und was noch vor ihm lag, vergessen. Er dachte nichts, fürchtete nichts und verlor sich vollkommen in seinem Tun. Eine Hand hielt den einen Pickel – seinen Körper, sein Leben –, während die andere den zweiten oft ein Dutzend Mal ins Eis schlug, riesige Eisschollen losbrach, die ihm immer wieder ins Gesicht, auf die Nase prallten, polternd in der Kluft verschwanden, bis sie endlich Halt fand und er sich neuerlich hochziehen konnte.

Wie lang er für diese zehn Meter brauchte? Er hatte keine Ahnung. Zwanzig Minuten, eine Stunde, es spielte keine Rolle. Er hätte nicht auf die Uhr sehen können, und so entscheidend der Zeitfaktor bei all seinen Unternehmungen im Gebirge war – er konnte es sich nicht leisten, drei Tage für diese Wand zu brauchen –, so irrelevant wurden Sekunden und Minuten in diesen Wänden für den Alleingänger, für den nur ein Gesetz gilt: die Qualität und die Sicherheit des nächsten Schrittes; keinen Fehler zu machen, perfekt zu sein.

Als er endlich die Lippe oben erreichte, querte er zwei Meter in der Senkrechten nach links in eine schmale Röhre. Durch sie prasselten jetzt die Eiskörner, vor denen er in den Überhängen geschützt war. Sie trafen ihn hier wieder voll, während er sich in den vergleichsweise flachen Kanal hineinzog und dreißig, vierzig Meter weit darin hinaufhastete, um sich endlich mit einem Zug beider Pickel in die glatte Wand, die ihm seltsam flach vorkam, hinauszuschieben.

Hier hackte er sich eine Stufe aus dem harten Schnee, schlug die Pickel ein, so fest es ging, und hielt sich daran fest, um nicht aus der Wand zu kippen. In dieser Position verharrte er kurz und wartete, bis sich sein Atem beruhigt hatte. Während der letzten Stunde war er so konzentriert gewesen, daß er gab nicht bemerkt hatte, daß es hell geworden war. Er schaltete die Stirnlampe aus und verstaute sie im Rucksack, trank einen Schluck ungesüßten Tee aus der Thermosflasche, aß eine der besagten Schnitten. Wenn er in die Tiefe schaute, konnte er seine gezackte feine Spur, die sich um die tiefen schwarzen Spalten bis zum flachen Gletscher hinunterwand, verfolgen. Drüben, auf der anderen Seite des Tales, winzig klein, fast nicht auszumachen inmitten riesiger Felsblöcke, die Hütte.

Weit war er heute schon gekommen, trotz des tiefen Schnees und der zeitraubenden Randkluft. Die 1200-Meter-Wand, die noch vor ihm lag, streifte er nur mit einem kurzen Blick. Es würde ein weiter, weiter Weg werden, langes, eintöniges Steigen. Er schulterte den Rucksack, drückte die Pikkel meist in Hüfthöhe in den harten Schnee und stieß die Füße nach. Zum ersten Mal, seit er aufgebrochen war, dachte er wieder an den Aconcagua. Besonders steil schien ihm das vor ihm liegende Gelände nicht zu sein, doch das war relativ: Eine falsche Bewegung, eine kleine Unachtsamkeit, und es war aus.

Stundenlang ging es jetzt so dahin. Mit der Zeit wurde die Wand wieder steiler. Auf die Gipfel der umliegenden Berge schien bereits die Sonne. Er befand sich in einer Nordwand und würde noch einige Zeit im Schatten klettern müssen. Ihm konnte das nichts anhaben, denn er war immer in Bewegung und fror deshalb trotz der leichten Bekleidung nicht – was ihn in seiner Kältetheorie bestätigte, an der er gestern abend bereits zu zweifeln begonnen hatte, und schon überlegte er, ob er zum Aconcagua eine Daunenjacke mitnehmen sollte.

Irgendwann erreichte er einen Grat, der geschwungen in einem Zug steil zum Gipfel zog. Er war hier bereits so hoch, daß er die Seilbahnstation sehen konnte. Er wunderte sich, wie verlockend nahe sie zu sein schien, denn er wußte, daß ein extrem zerklüfteter und schwieriger, zahnartiger Granit-Zacken-Grat zwischen ihm und der Seilbahn lag. Sieben, acht Stunden Kletterzeit mindestens. Müde stieg er in der Sonne weiter und weiter, auf blankem Eis seit ein paar hundert Metern schon. Das bog ihm den Fuß um, der schmerzte und stach, sein Kopf wurde dumpf, die Beine schwer. Er merkte jetzt, daß seine Kondition besser hätte sein können. Sein Herz klopfte, und er atmete schnell, obwohl er nicht mehr besonders schnell ging. Er war lang auf Meeresniveau gewesen. Na ja, ein paar solche Wände, und alles würde in Ordnung sein! Er ging und ging. Wenn er hinaufschaute, schien der Gipfel immer gleich weit weg zu sein. Zehn Schritte sind nichts in einer 1200 Meter hohen Eiswand, und bei der Steilheit mußte man mindestens zwei bis drei Schritte pro Meter machen. 3500 Schritte also für die ganze Wand, ungefähr. Die Monotonie des Steigens begann ihn zu langweilen, und unnütze Sachen gingen ihm durch den Kopf. Er war verärgert, weil er sich keinen besonderen Trainingseffekt von dieser Stapferei erwartete. Er kam sich vor wie der einzige Teilnehmer an einem Volkswandertag.

Der Grat wurde immer flacher, ein paar Schritte noch, und dann war er oben. Endlich der Gipfel der »Verte«. Diese Wand hatte ihm seit vielen Jahren »gefehlt«. Stahlblauer Himmel, Ruhe, grandiose Fernsicht. Jetzt war er doch sehr zufrieden. Nicht glücklich, denn das würde er erst am Gipfel des Aconcagua sein, glaubte er, aber immerhin zufrieden, wie es sich für eine Trainingstour gehörte. Apropos Trainingstour, wie lang hatte er gebraucht? Beinahe zehn Stunden. Nicht gerade ein neuer Rekord. Aber der Schnee am Gletscher hatte ihn viel Zeit und Kraft gekostet, und er war noch in keiner Weise akklimatisiert, sondern in der Aufbauphase, da durfte man schon etwas langsamer sein.

Er war sehr, sehr weit oben hier, vor allem in Relation zu dem vor ihm liegenden Abstieg, denn die ganze Wand lag unter ihm, die ganzen 3 500 Schritte, von denen jeder sitzen mußte. Er hatte eigentlich Lust, hier eine Weile in der Sonne sitzen zu bleiben und zu dösen, um den Schlaf der vergangenen Nacht nachzuholen. Er schätzte die Temperatur auf ca. minus 30 Grad, und damit lag er ziemlich richtig. Es ging nur ein leichter, leiser Wind, doch der fuhr ihm bereits unter die Haut, kaum daß er sich ein paar Minuten nicht bewegte. Besser, er machte sich an den Abstieg. Die Hütte lag so weit unten, daß er sich gar nicht vorstellen konnte, jemals wieder dort anzukommen. Er ging also, ging langsam, vorsichtig, ohne Hast, wie einer, der weiß, daß ihn eilige Schritte nicht ans Ziel bringen. Bald mußte er sich mit dem Gesicht zur Wand drehen, die wieder steil geworden war, und folgte den Spuren, die seine eigenen Pickel und Steigeisen ins Eis gekratzt hatten.

Wieder stundenlanges monotones Klettern, vorsichtig,

langsam und bedacht. Jede Bewegung mußte überlegt sein. Pickel links, Pickel rechts, Steigeisen links, Steigeisen rechts. Langweilig, aber er befand sich ungesichert in einer 1000-Meter-Wand. An der Randkluft, die er am späten Nachmittag erreichte, fand er ganz links eine zehn Meter breite Stelle, die diese überbrückte ... An so einem riesigen Berg, mitten in der Nacht, konnte es eben passieren, daß man sich durch schwierigstes Gelände kämpfte, und einige Meter daneben war es gefahrlos und unschwierig! Er bestaunte seine Spur vom Morgen, über den kleinen Schneegrat und die Zehn-Meter-Eiswand, die er in der Finsternis hinaufgeklettert war. Er war so müde, daß er nur mehr in die Hütte, etwas trinken und etwas essen wollte. Nur nicht mehr gehen müssen. Die gefährlichen Spalten weckten ihn noch eine Zeitlang aus seiner Lethargie. Er fotografierte einige Male und wunderte sich, daß er in der Nacht einen optimalen Weg hier herauf gefunden hatte. Endlich war er unten, der Weg wurde flach. Die letzte Stunde schaffte er auch noch – wieder reichte ihm der Schnee bis an die Knie, denn die Spur vom Morgen war bereits verweht. Schließlich war er am Gegenhang, zehn, fünfzehn Minuten von der Hütte entfernt.

Es war bereits wieder finster geworden. Ohne viel zu rasten war er fünfzehn Stunden lang unterwegs gewesen. Er schaltete wieder die Stirnlampe ein. Der verdreckte Eßraum störte ihn jetzt nicht mehr. Er schmolz Wasser auf dem Kocher, trank, aß die grauslichen Kraftschnitten, döste vor sich hin, legte sich so gegen sieben Uhr wieder in voller Montur unter die schmutzigen Decken im Lager, las, bis die Reservebatterien der Stirnlampe gegen Mitternacht erschöpft waren, und mühte sich frierend, kaum Schlaf findend, durch eine lange Nacht.

Am nächsten Tag stieg er hundemüde und mit seinem linken Fuß, der so steif war wie Holz, zur Seilbahnstation hinauf. Er war so erschöpft und der Fuß schmerzte dermaßen, daß er drei Stunden dafür benötigte. Mit dem Fuß war er dennoch sehr zufrieden. Die Kälte hatte ihm nichts ausgemacht, und während der fünfzehn Stunden hatte er kaum Probleme gehabt. Daß er heute weh tat, war ganz normal bei den Verletzungen. An diese Art von Schmerzen hatte er sich bereits gewöhnt. Er lebte damit und sagte sich immer, daß es viel, viel schlimmer hätte kommen können.

In Chamonix fand er ein wunderbar warmes Fast-food-Restaurant, das noch dazu voller Schwedinnen war, und dieses Mal tat er nicht, was Willi verordnete: Er genehmigte sich zwei Pizzen, nicht zu wenig Bier und einen riesigen Eis-Früchtebecher. Dann legte er sich am späten Nachmittag in der Nähe des Bahnhofes in ein Hotel. Er schlief achtzehn Stunden ohne Unterbrechung, frühstückte in einer Bar stundenlang Croissants mit Butter und Marmelade, Schinken mit Ei, mehrere Cafés-au-lait mit nicht zu wenig Zucker und andere vollwertige Nahrungsmittel, nahm, nicht gerade leichten Herzens, von den Annehmlichkeiten der Zivilisation Abschied, hinkte zur Seilbahn und fuhr auf die über 3 800 Meter hohe Aiguille du Midi. Von hier war er in zwei Stunden in der Biwakschachtel am Col More, unterhalb der riesigen Brenvaflanke des Montblanc. Seinem Fuß ging es jetzt wieder besser.

Noch immer war es nicht wärmer geworden, und er wußte, daß er wieder frieren würde. Für nur eine Nacht hatte er sich keinen Schlafsack kaufen wollen, noch dazu für eine Nacht, die für ihn um Mitternacht zu Ende sein würde, denn dann hieß es wieder aufstehen, Schnee schmelzen, über den Gletscher gehen, den er nicht kannte, und in die Wand einsteigen, die er auch nicht kannte. Wenigstens wußte er jetzt, was ihn erwartete.

Wie ein Adlerhorst stand die Biwakschachtel im Angesicht der spektakulären, fast 1500 Meter hohen Wand. Es war eine unglaubliche Mauer aus Eis, wie er sie noch nie aus der

Nähe gesehen hatte. Hauptsächlich Eisbrüche und Gletscher. Die Routen, die auf den Gipfel führten, waren nicht besonders schwierig. Die Brenvaflanke war leichter noch als gestern, nein, vorgestern war das, die »Verte«. Aber der Gipfel war höher, der höchste Europas, die Gefahr von Eisschlag groß, an der »Verte« hatte sie praktisch überhaupt nicht existiert. Die Abgeschiedenheit hier, noch dazu im Hochwinter, wo kaum Kletterer unterwegs und alle Hütten geschlossen waren, dazu die grausame Kälte, Schnee, Schneeverwehungen, Schneebretter in der Wand, das alles machte großen Eindruck auf ihn. In jedem Fall würde das morgen wieder ein gutes Training sein. Die Aconcagua-Südwand war schließlich doppelt so hoch und klettertechnisch deutlich schwieriger ...

Bei Einbruch der Dunkelheit kam er nach einem letzten, steilen Aufstieg an. Drei Italiener waren schon da, zwei Männer, eine Frau. Sie wollten eine leichte Tour auf den Montblanc du Tacul gehen. Mit Italienern ist es immer gemütlich, sie hatten eine kleine Flasche Wein dabei – Willi, Willi! –, keinen ungesüßten Tee und Prosciutto di San Daniele – Willi, Willi! –, alles Sachen, die schmeckten, und sie luden ihn, von dem sie vor Jahren einen denkwürdigen Vortrag in Lecco gehört hatten, zum Essen ein.

Stimmung kam auf, und man erzählte sich allerlei Geschichten. Auf einmal war es elf Uhr, und die Kerzen wurden gelöscht. Auch die Italiener mußten Batterien sparen bei der Kälte, aber sie hatten vorsorglich Kerzen mit. Der Alleingänger hatte schon wieder etwas gelernt.

Wieder konnte er nicht schlafen, vielleicht wegen der Höhe, vielleicht wegen der Aufregung. Jedenfalls fing er kurz nach Mitternacht, so leise es ging, um die netten Italiener nicht zu stören, mit seiner Schneeschmelzerei an. Es ist nicht nötig, viele Worte über sein »Mitternachtsmenü« zu verlieren. Es ist bereits bekannt, was er in sich hineinschob und wie ihm das schmeckte.

Während sich die Italiener ausschlafen wollten, plante er wegen des langen Abstieges, früh am Gipfel zu sein. Ohne Skier und bei tiefem Schnee ist es aus 4 807 Metern ein weiter Weg ins Tal.

Als er vor die Hütte trat, empfing ihn die Nacht in der gleichen schwarz-eisigen Kälte wie vor zwei Tagen. Ein starker Wind zog vom Gipfel zwei Kilometer weit über die Brenvaflanke herunter und strich dabei über Tausende Tonnen Eis. Er verharrte eine Weile, bis seine Augen sich an die Finsternis gewöhnten. Bald konnte er die in mindestens eineinhalb Kilometer Luftlinie entfernten Eisbrüche als mattes Leuchten erkennen. Gespannt horchte er in die Nacht hinein. Die Stille war anders als an der »Verte«. Der Wind brach sich an den vielen Felsen und säuselte und pfiff um die Ecken, während er in dem flachen langen Tal des Argentière-Gletschers wenig Widerstand gefunden hatte. Immer wieder krachte es trocken in den fernen Eisbrüchen. Dann donnerten Lawinen 500, 1 000 oder mehr Meter die Wand hinunter. Ihm war unheimlich zumute. Kälte und Finsternis erschienen ihm bedrohlich, riesig groß, übermächtig. Er wurde unsicher und überlegte, als hätte er eine Wahl. Jedoch, in einer Woche würde er zum Aconcagua fahren, und dort war alles doppelt so hoch, doppelt so kalt und doppelt so wild. Bald drang ihm der Eiswind durch die dünne Kleidung bis auf die Knochen, und es war klar, daß ihm Bewegung als einzige Alternative blieb – theoretisch ginge es zwar auch zurück in die Biwakschachtel, aber sein Weg zum Aconcagua mußte über diese Wand führen.

Vom Grat, auf dem die Biwakschachtel stand, ging es ungefähr 100 Meter sehr steil auf das Gletscherbecken hinunter. Vorsichtig und steif suchte er sich zwischen den Felsen im Schein der Stirnlampe einen Weg zu einer kleinen Randkluft, die er ohne Schwierigkeiten übersprang. Hier fand er sogar die Andeutung einer Spur, die zwar verweht, aber doch erkennbar war. Die alten Tritte trugen ihn. In Chamonix lag im Bergführerbüro ein Tourenbuch auf. Die meisten Kletterer trugen darin ein: welche Route sie gemacht hatten, welche Verhältnisse sie vorgefunden hatten. Zwei Franzosen waren vor wenigen Tagen die berühmte Nordwand des Grand Pilier d'Angle gegangen, die die Brenvaflanke im Westen begrenzte. Die Franzosen hatten ebenfalls am Col More geschlafen, der Zustieg war teilweise derselbe. Seine Hoffnung, auf Spuren zu treffen, hatte sich diesmal erfüllt.

Das durch den vielen angewehten Schnee etwas heikle Abklettern auf den Gletscher machte ihn munter, weckte und motivierte ihn. Er kletterte gern, und Spannung tat ihm immer gut. Meistens waren es immer nur Untätigkeit und die kurze Phase, bevor er in Aktion trat, in der er unsicher und ängstlich war. Gehetzt von der Angst, hier von Lawinen aus den hohen Eisbrüchen mindestens eine halbe Stunde lang bedroht zu sein, ging er, so schnell er konnte. Bald flog sein Atem, und an seinem Sitzgurt rasselten Pickel und Steigeisen.

Kurz vor dem Einstieg ging es wieder auf einen kleinen Grat hinauf. Hier war eine riesige Randkluft, kompliziert zerklüftet, teilweise mit übereinandergelagerten Preßschneeblöcken überbrückt. Wie unter einem riesigen Dach stand er unter der überhängenden oberen Lippe des Eises, in sicherem Abstand vor der riesigen Kluft. Diese Stelle hier war viel schmaler als die an der »Verte«. Er mußte nicht lang suchen. Es war sofort klar, daß es keine leichte Stelle zu übersehen gab.

Die Spuren hatten sich verloren. Ein Eisbruch, eine Lawine hatten sie verwischt. Er schaltete die Lampe ab, um sich besser orientieren zu können, aber es war sinnlos. Es gab tatsächlich nur diese eine Möglichkeit. Unschlüssig schaute er lange, leuchtete immer wieder die sehr fragil aussehenden Schneeblöcke ab. Wie das Spielzeug eines Riesenkindes waren sie wahllos übereinandergelagert. Unter ihnen das grundlose Schwarz der Randkluft. Was sollte er tun? Vielleicht war diese Stelle bei guten Verhältnissen kein Problem – Hunderte Bergsteiger hatten sie schon überwunden –, als Alleingänger stellte sie ihn vor ein nur unter besonders großem Risiko zu überwindendes Problem. Er dachte ans Aufgeben, zurück in die Biwakschachtel, ein paar Stunden Schlaf, Frühstück mit den Italienern und vielleicht mit ihnen auf den Montblanc du Tacul. Hätte er nur einen Partner mit einem Seil. Der würde auf dem sicheren, soliden Gletscher stehen, er könnte rüberklettern auf Teufel komm raus, und wenn die Blöcke nicht hielten, tant pis, er fiele halt ins Seil. Aber allein fiele er in ein schwarzes Loch.

Umdrehen also, aufgeben, bevor er noch eingestiegen war? Es war erst zwei Uhr früh. Er mußte die Wand gehen, er mußte trainieren, er fuhr zum Aconcagua. Aber auch ohne Aconcagua wollte er die Wand gehen, vor allem ging ihm das Kapitulieren bereits am Einstieg sehr gegen den Strich. Während der ganzen Zeit seines Kletterns – siebzehn Jahre waren es schon – hatte sich nie mit Sicherheit herausgestellt, ob er ein wilder oder ein feiger Hund war. Er kletterte zwar nie, um das herauszufinden, aber interessieren würde es ihn schon, sehr sogar, denn es kam ihm oft vor, daß er sich ein bißchen zuviel fürchtete, daß – nach dem Wort von Nestroy: »Jetzt will ich sehen, wer stärker ist: ich oder ich.« – ein bißchen mehr Risiko angebracht gewesen wäre in manchen Situationen. Vor allem dann, wenn er eine Möglichkeit sah, ein Problem zu lösen, aber sein Mut nicht dafür reichte und er aufgab, nach Hause ging und sich tagelang ärgerte, daß er so feige gewesen war. Gelegentlich schien es, als müßte er Hunderte Male klettern gehen, damit ihm einmal eine Wand perfekt und ohne Angst gelang. Mit vielen solcher Tage konnte er nicht aufwarten, leider, an den Fingern konnte er sie abzählen. Entweder erlebte er diese wenigen herrlichen und selbstverständlichen Tage, oder es ging mühsam oder gar nicht, oder er war in Seilschaft, und Seilschaftklettern zählte in diesem Zusammenhang nicht. Für siebzehn Jahre Klettern ein eher mageres Ergebnis, dachte er. *Weil ich halt doch ein feiger Hund bin,* sagte er laut und deutlich in die Nacht hinein, um sich unmißverständlich aufzufordern, eben ein solcher nicht zu sein. Er fror, kaum daß er fünf Minuten stand, bei abgeschalteter Stirnlampe, um zwei Uhr morgens Anfang Januar, bei 25 Grad minus, ein paar tausend Tonnen Eis über ihm und weit und breit kein Mensch und diese Randkluft hier, die gefährlichste seines Lebens.

Das Grübeln und die Selbstgespräche brachten ihn nicht weiter, das wußte er, und so schlecht, redete er sich ein, sah die Preßschneebrücke über dem schwarzen Loch der Randkluft nicht aus. Nein, man sollte es schon probieren, meinte er, faßte sich ein Herz und schlug den ersten Pickel, so hoch er reichen konnte, ein.

Herrlich fraß sich der Stahl des Pickels in den senkrechten Preßschnee. Wunderbar, dachte er, und zog sich hoch und den nächsten Pickel hinein und den einen Fuß nachgestoßen mit den Steigeisen, zugetreten, hochgezogen, bald waren es nur noch vier, fünf Meter, sechs vielleicht, höchstens. Der Schein seiner Stirnlampe riß ihm schon die nächste Möglichkeit, weiter und höher zu kommen, aus der Finsternis. Acht Meter war er sicher schon oben, genau in der Mitte der lose übereinandergeschachtelten Blöcke über dem schwarzen Loch, als auf einmal – er ahnte es mehr voraus, als daß er darauf reagierte – das Ganze in Bewegung geriet, um in sich zusammenzufallen wie ein Kartenhaus und in der Randkluft zu verschwinden, er mitten drin auf Nimmerwiedersehen. Gedankenschnell stieß er sich mit den Beinen von seinem letzten Halt ab, riß gleichzeitig die Pickel heraus, damit sie ihn nicht mitsamt einem der Blöcke in die Tiefe zogen, fiel, sich nach hinten überschlagend, durch die Luft. Nichts von diesen Filmen des ganzen Lebens, die in solchen Momenten immer ablaufen bei anderen Menschen, nur ein einziger Gedanke in ihm: die Randkluft, das schwarze Loch und Nimmerwiedersehen. Hart landete er auf dem Rücken, im Schnee des Gletschers, ein paar Handbreit neben der Kluft. Das war knapp! Er versuchte Luft zu holen, blieb eine Weile liegen, weil ihm das ein Gefühl der Sicherheit gab – wenn man liegt, kann man nicht abstürzen –, und horchte auf das Krachen und Poltern der immer noch zusammenbrechenden Schneeblöcke, die im Schwarzen verschwanden. Schnell stellte er fest, daß er sich weder mit den Pickeln, die an seinen Handgelenken befestigt waren, noch mit den Steigeisen verletzt hatte. Nirgendwo Blut, gut. Sein Herz klopfte heftig, aber er war ruhig und seltsam zufrieden, daß er es wenigstens versucht und daß er gut reagiert hatte. Jetzt brauchte er einen neuen Plan, irgendwie mußte es schließlich weitergehen.

Das war so ziemlich das Ende seines Trainingsabenteuers. Irgendwie schaffte er es doch noch über die Randkluft mit heikler Kletterei, irgendwie, und er stieg, meist in brusttiefem Schnee und von ununterbrochener Lawinenangst geplagt, gut zwei Drittel der Wand, teilweise bis zur Brust in losem Pulverschnee, in der Nacht hinauf. Die oberste Zone der Eisbrüche war jetzt zum Greifen nahe. Rechts pfiff es gerade auf den Gletscher hinunter, und nach links hin konnte er auch nur Tiefe, Tiefe und wieder Tiefe erkennen. Auf einem messerscharfen Grat, der die beiden Abgründe trennte, ging es in die blankgefegte Ausstiegswand hinüber. Er nahm die weiße Gratschneide rittlings, stieß einen Pickel links, so tief es ging, den anderen rechts in den Schnee und schob sich vorwärts. So hoffte er, sich im Fall eines Schneebrettes halten zu können. Er kam sich sehr dumm und lächerlich vor, wie der Baron Münchhausen auf seiner berühmten Kanonenkugel, hier in der Nacht, nichts als schwarze Tiefe und schwarze Schlünde um ihn, mit seinem kleinen Herzen, das ihm zum Hals heraus schlug. Nicht, weil er schlecht trainiert war, physisch fühlte er sich ganz wohl, sondern wegen der ständigen Unsicherheit, wegen der Lawinen, der Schneebretter, die er seit Stunden schon auf jedem Schritt vermuten mußte. Die Geschichte mit der Randkluft hatte sein Selbstvertrauen zusätzlich etwas erschüttert. Mehr als 1 000 Meter hoch war er in dieser eisigen Riesenwand, eine gute Stunde höchstens unter dem höchsten Gipfel der Alpen, vier, fünf Uhr morgens. Hängegletscher auf beiden Seiten von ihm, nichts als trügerisch steile, tiefverschneite Lawinenrinnen unter ihm, und er, mit seinem winzigen, auf den Kopf geschnallten Licht, das ihm höchstens zehn Meter Weg in die eineinhalb tausend Meter hohe Wand riß.

Dreißig Meter kletterte er noch auf blankem Eis, dann ging es in dichten Preßschnee über. Wieder überlegte er lang, denn er fürchtete Schneebretter. Schließlich – es entschied sich innerhalb eines Augenblickes – konnte ihm die Wand mit ihrem tückischen Schnee, der nicht zu berechnen war, konnte ihm die noch tückischere Randkluft gestohlen bleiben, Aconcagua-Training her oder hin, schließlich sollte dies hier eine Trainingstour sein. »Too much is enough«, er kehrte um, stieg Meter für Meter wieder mit dem Gesicht zur Wand ab, übersprang – von oben kein Problem – die denkwürdige Randkluft, querte über den Gletscher und stieg zur Biwakschachtel auf. Jetzt war heller Tag, und die Italiener saßen beim Frühstück, bei heißem, starkem Kaffee. Erst als er ihnen von seinem sechsstündigen nächtlichen Abenteuer erzählte, wurde ihm bewußt, wie knapp er einem tödlichen Ausgang entkommen war.

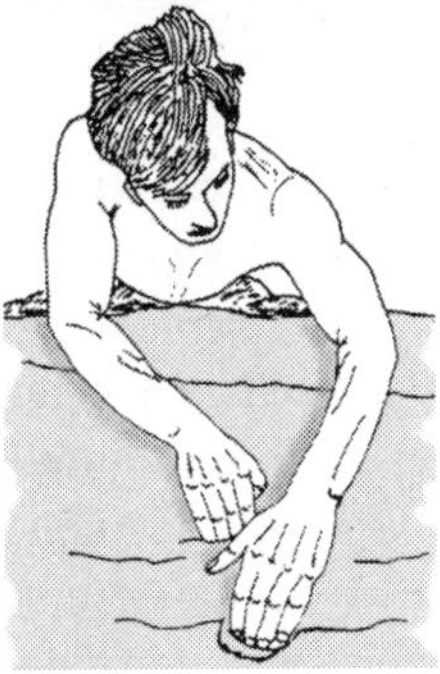

»Wächter aus Stein«

Zehn Tage später marschierte ein hinkender, mit einem gerade ausbrechenden Virus infizierter und von seinen seltsamen Wirren noch lange nicht geläuterter Alleingänger in ein einsames, staubiges und steiniges Tal in einem abgelegenen Winkel der Anden. Begleitet wurde er von einer Entourage von Fotografen, Journalisten und Kameraleuten, die, so wie er selbst, unter der Höhe von fast 4 000 Metern, einem sehr langen und anstrengenden Überseeflug und unter der Zeitverschiebung litten. Dazu kamen Kopfschmerzen, Schwindelgefühle und Durchfall. Ihre Ausrüstung trug eine Karawane von Maultieren, die erfahrene Gauchos führten. Diese kannten sich mit Touristen und Leuten wie ihnen gut aus, die sich in Europa ins Flugzeug setzten – in Nizza, Frankfurt oder Wien –, aus einem regnerisch-kalten, winterlich-trüben Europa über Buenos Aires nach Mendoza flogen und in einem sommerlich-heißen Argentinien ausstiegen. Leute, die den Streß und Erfolgsdruck, der, wie wir wissen, sie zu Hause Tag und Nacht antrieb, in eine andere Welt mitgebracht hatten. Eine andere Welt in bezug auf das Klima, die Kultur, die Menschen, vor allem aber in bezug auf die Lebenswelt. Nur eine Nacht verbrachten sie in dem wunderbaren und sehr europäisch anmutenden Mendoza, dann machten sie sich auf ins Hochgebirge. Sie waren aus ihren Städten zu einem Berg aufgebrochen, der nicht nur mit 6 956 Metern der höchste des amerikanischen Kontinents ist, sondern der seit Urzeiten ein Gott, ein Wasserbringer und Lebensspender war: Aconcagua, »der, von dem das Wasser kommt«, aber auch: Aconcagua, der »Wächter aus Stein«.

Jeder Berg ist heilig, aber so wie man sich sehr, sehr viel früher allgemein darüber einig war, daß es viele Götter und darunter zwingend auch einige größere, stärkere, bedeutendere geben mußte – selbst der jüdische Jahwe war vor knapp 3 000 Jahren nur der mächtigste einer ganzen Reihe von Göttern gewesen –, so war der Aconcagua zweifellos in der Berg-Gottheiten-Hierarchie ganz oben anzusiedeln.

Aus der seltsamen Gruppe von Städtern, die den offensichtlich indisponierten Protagonisten ununterbrochen umrundete, filmte, fotografierte, interviewte, machte sich darüber kein einziger einen Gedanken. Auch der Protagonist selbst nicht. Man hatte zu arbeiten, einen Film und Stories für die Zeitungen zu produzieren, einen Berg zu besteigen. Das war ganz normale Arbeit, ein Job, und jeder Tag, jede Stunde in diesem fremden Land war zu nützen, sinnvoll zu nützen. Darin waren sie sich unisono einig. Man war schließlich nicht auf Urlaub oder zum kontemplativen Zeitvertreib hier. Zeit war Geld, und der steinerne, eisbedeckte und fast 7 000 Meter hohe Gott allenfalls ein nützlicher Idiot, an dem eine Besteigung stattfinden würde. Selbstverständlich eine sehr spektakuläre Besteigung, die ihnen allen ein gutes Geschäft versprach.

Doch die Uhren liefen anders hier. Der Gott machte ihm, der der Motor dieser ganzen Aktion war, er machte ihnen allen einen dicken Strich durch die Rechnung. Brach die Dunkelheit ein, gab es keine Schalter oder Knöpfe, auf die man drücken konnte, auf daß es Licht wurde. Die Abende mußte man sich mit Gesprächen oder einem Buch vertreiben, denn natürlich gab es weder Fernsehen noch sonst eine Form elektronischer Unterhaltung oder Information, ohne die ein Leben in den Städten undenkbar war. Lesen aber war mühsam, wenn einem der Schädel brummte und die Augen brannten von der Sonne und vom Wind, der Staub und feinen Sand durch die Luft trug und in alle, selbst die feinsten Ritzen trieb. Essen, fremdartige Nahrungsmittel, viel Fleisch darunter, wurde auf offenen Feuern gargekocht oder gebraten. Wasser holte man morgens, wenn es klar war, aus dem Horcones-Fluß, der den riesigen Gletschern des Aconcagua entsprang. Morgens, weil am Nachmittag der Fluß, gespeist von den Schmelzwassern der Tageshitze, zu einem reißenden, braunen Ungetüm wurde. Man tat gut daran, es zu meiden, wenngleich das bei gewagten Übergängen über schmale, wackelige Brücken nicht immer einfach und oft sogar unmöglich war. Die Kleidung war sorgsam und sparsam für drei Wochen eingeteilt, und das klebrige, stinkende Hemd, in dem man gestern beim stundenlangen Gehen im knöcheltiefen Staub auf gewundenen Pfaden geschwitzt hatte, zog man auch heute wieder an und morgen und übermorgen, solange, bis sich ein besonders warmer Rasttag zum Waschen anbot. Duschen, oder gar ein Bad, gab es natürlich nicht. Alle fingen zu »riechen« an. Keiner rasierte sich, die einzige Art von Hygiene bestand aus Zähneputzen und »Hakle Feucht«.

Die argentinischen Gauchos, stolze, wettergegerbte Männer, waren dieses Leben gewöhnt. Sie kannten kein anderes und lebten das ganze Jahr über mit ihren Pferden und dem Berg, achteten und fürchteten ihn, hüteten sich, ihm allzu nahe zu kommen, verrichteten ihre Arbeit, indem sie Touristen in das Basislager führten, ihnen die Zelte aufstellten und ihnen ein, zwei Mal kochten. Abends saßen sie um die Feuerstelle

– Holz hatten sie aus dem Tal mitgebracht – und tranken picksüßen Mate, den belebenden südamerikanischen Tee. Sie saugten ihn durch dünne, ziselierte, silberne Rohre aus alten, abgenützten Blechbechern in ihre mit schneeweißen Zähnen und vielen Goldkronen geschmückten Münder, redeten im übrigen nicht viel und wenn, dann mit ihren Pferden, und überließen, einmal im Basislager angekommen, die Touristen oder Bergsteiger – was immer das für Leute waren – ihrem Schicksal.

Im Basislager waren bereits einige Extrembergsteiger aus Frankreich, Amerika, Australien und Brasilien. Die Franzosen waren jung, einige von ihnen hatten sich durch extreme Alleingangs-Enchaînements im Montblanc-Gebiet ausgezeichnet. Aber sie scheiterten bereits in 5 300 Metern an haltlosen, ausgeaperten Platten, wo es auf Hunderte Meter, wie sie erzählten, keine einzige Sicherungsmöglichkeit gab. Die einzigen, die in diesem Sommer Erfolg hatten, waren zwei amerikanische Teams. In acht Tagen kletterten sie auf der leichteren der beiden Hauptrouten, der der französischen Erstbegeher, zum Gipfel.

Die ganze Gruppe inklusive ihrem Protagonisten war mächtig beeindruckt von der gewaltigen, toten Welt. Riesige, schuttbedeckte Moränen, Gletscher in der Wand, gegen die alles, was der Alleingänger bisher in seinem an großen Wänden nicht armen Leben gesehen hatte, Spielzeug war. Eislawinen ergossen sich in unregelmäßigen, durch keinerlei Rhythmen auszumachenden Abständen donnernd, den gesamten inneren, sicherlich drei Kilometer tiefen Talkessel mit Eisstaub erfüllend, über die Grate, Schluchten, Pfeiler, Kanten, die, mit Alpenmaßstäben gemessen, ganze Welten von Gebirgen ergaben.

Er war angesichts dieser Tatsachen nicht nur sehr beeindruckt, er hatte vor allem schreckliche Kopfschmerzen, was er nicht verstehen konnte, hatte er doch gerade noch bei winterlicher Hochgebirgskälte in Chamonix ungefähr in derselben Höhe, in der hier das Basislager war, halbwegs passable Leistungen erbracht.

Der Berg-Gott, in dessen Reich sie sich niedergelassen hatten, sprach natürlich zu ihm, zu ihnen allen, aber dafür hatte er, der in einem tiefen, verborgenen oder verschütteten Grund seines Herzens ein Wissender war, keine Ohren, keine Zeit und keinen Sinn. Wenn ihm die anderen fünf Minuten mit ihrem Filmen, Fragen, Fotografieren Zeit ließen, dann rannte er weit voraus, Stechen in den Schläfen, Blei in den Oberschenkeln, Schmerz im Fuß; verkroch sich hinter irgendwelchen riesigen, mehrere Meter hohen Felsenblöcken, die der Berg irgendwann ins Tal geschleudert hatte und an denen er unter normalen Umständen vermutlich herumgeklettert wäre zum Vergnügen, und versuchte dieser grausamen, menschenverachtenden Welt durch die sinnige Lektüre des »Fürsten« und der »Discorsi« zu entfliehen.

In noch immer anhaltendes, maßloses Erstaunen versetzen uns heute seine sämtlich auf Band festgehaltenen Worte, die er in diesen dunklen Tagen von sich gab. Da meinte er, daß ihm ein ordentliches Hotel hier im Basislager schon abginge und die Seilbahn am Gipfel, den er natürlich, daran durfte allgemein kein Zweifel bestehen, besteigen würde – über die Wand, als erster an einem Tag und selbstverständlich ohne Seil; außerdem, warum man sich das überhaupt angetan habe, die ganze Staubtreterei, wo es doch billig Hubschrauber zu mieten gegeben hätte; vierzig Kilometer Schutt und Steine, Staub und Schutt und Steine, für nichts, nur daß ihm der Fuß jetzt schmerzte; für nichts . . .

Wer weiß, wo er war. Verwirrt und völlig aus seinem Gleichgewicht, ruhte er jedenfalls nicht in sich. Keine Spur von irgendwelchem Einklang mit dem Berg. Keine Rede von Hören, Fühlen, sich demütig herantasten an ein Mysterium. Seine Hauptsorge galt neben seinem Fuß und dem stechenden Pochen in seiner Schläfe den Abzeichen seiner Sponsoren, die er auf der Brust trug und die natürlich auf jedem Meter Film und auf jedem Foto zu sehen sein mußten. Er konzentrierte sich auf diese Dinge, weil er schwach war, weil ihn die Wand zu Tode erschreckt hatte und weil er bereits, wie bald festgestellt wurde, einen Virus in sich trug.

Nach der ersten Nacht im Basislager waren die Kopfschmerzen nicht mehr auszuhalten. Selbst die stärksten Tabletten nützten nichts. In den nächsten Tagen kam ein Husten hinzu, der am Morgen zu einem mitleiderregenden, schleimspuckenden Bellen geworden war, das ihm den Rachen aufzureißen schien. Er hatte fast vierzig Grad Fieber.

In der Gruppe war ein Arzt, der ihm nach kurzer Untersuchung Antibiotika gab und den sofortigen Abmarsch ins Tal anordnete. Die vierzig Kilometer zu ihrem Ausgangspunkt in der Zivilisation wurden die längsten seines Lebens. Der Arzt begleitete ihn, die anderen blieben im Lager – er wollte in wenigen Tagen zurück sein. Sie fuhren mit dem nächsten Bus nach Mendoza auf 1200 Meter Meereshöhe. Warme, trockene Luft. Hustend und schwitzend legte er sich ins nächstbeste Hotel. Fünf Tage später und mit Antibiotika vollgepumpt, marschierte er ins Basislager zurück und begann, halbwegs geschwächt und alles andere als in der nötigen Hochform, mit seinem Training in der Wand. Den höchsten Punkt, den er nach einigen Tagen erreichte, war 5 900 Meter. Kälte und Wind trieben ihn ins Basislager zurück.

Einmal biwakierte er, um sich zu akklimatisieren, in einer steinigen, fast senkrechten Rinne in 5 600 Meter Höhe. Sturm toste durch den felsigen Kanal, der in einem senkrechten, gefrorenen Wasserfall abbrach. Es gab keinen Platz zum

Liegen, und sitzend mußte er sich an einem Haken sichern, damit er in der Nacht, wäre er eingeschlafen – wovon schließlich keine Rede war –, nicht aus der Wand kippte. Sie hatte an dieser Stelle bereits fast die Höhe einer Eiger-Nordwand und fiel ohne einen einzigen Absatz haltlos bis zum Gletscher ab. Da er in seinem bisherigen Bergsteigerleben erst zwei Mal biwakiert hatte – das letzte Mal mit sechzehn in der Direttissima der Großen Zinne –, wurde ihm die Nacht ein Grausen, und er kam keine Minute zur Ruhe. Er fror, außerdem hatte er kaum zu essen und nichts zu trinken mit. Am nächsten Morgen stieg er in stundenlanger Kletterei ab. Gezeichnet, ein alter, erschöpfter Mann, erreichte er am frühen Nachmittag ein sonnenloses, düsteres Basislager, das wegen der Lawinen aus Sicherheitsgründen in einer knappen Stunde Entfernung von der Wand lag.

Zwei Tage wollte er rasten und dann auf den Gipfel gehen. Ein Teil der Mannschaft war in der Zwischenzeit an der Nordseite des Berges über den Normalweg zum Gipfel unterwegs. Oben, am Ausstieg der Südwand, wollten sie sich treffen und seinen Triumph filmen. Doch daraus wurde nichts – der Berg hatte Erbarmen. Er meinte es trotz allem gut mit ihm, denn am Nachmittag seines zweiten Rasttages wurde das Wetter schlecht. Vermutlich rettete ihm das das Leben. Der Gott hätte auch nur den Versuch eines Alleingangs nicht verziehen. Er wäre sicher zugrunde gegangen dabei. Es gab gewisse Regeln, ungeschriebene Gesetze in bezug auf Einklang, Demut, Eins-Sein, die in keinen Büchern standen, aber um die gerade er hätte wissen müssen.

Es schneite, und innerhalb einer halben Stunde lagen selbst im Basislager zwanzig Zentimeter Schnee. Am nächsten Tag schneite es wieder, und jeder kapierte, daß es unter diesen Umständen Selbstmord gewesen wäre, in die Wand einzusteigen, noch dazu allein. Drei Australier versuchten es trotzdem. Lawinen und Sturm hielten sie eine Woche lang im untersten Fünftel der Wand fest. Gauchos kamen für ein paar Stunden mit einer Gruppe Touristen, die die große Wand bestaunten, die einer der spektakulärsten Anblicke Südamerikas ist. Die Gauchos meinten, das sei der Einbruch des Winters, denn der Schnee war von Süden gekommen. Er glaubte es gern und atmete auf und war dankbar und froh, daß ihm der Berg ein so deutliches, selbst von ihm in seiner Verwirrung nicht mißzuverstehendes Zeichen gegeben hatte.

Die Journalisten, Fotografen, Kameraleute stiegen etwas weniger erleichtert ins Tal ab. Sie hatten zwar eine Geschichte, aber keine Sensation, und es würde schwer werden, denen, die sie in Europa bezahlten, zu erklären, daß der Alleingänger die Wand nicht einmal ernsthaft versucht hatte, nur weil ein bißchen Schnee gefallen war . . .

Schuld war für sie natürlich nicht der Berg oder das Wetter, sondern der Alleingänger selbst, denn er war krank geworden, er war ins Tal abgestiegen, er hatte wertvolle Zeit verloren. Sie sahen zwar nur die äußeren Umstände, aber bedingt hatten sie natürlich recht. Der Alleingänger, den sie jahrelang und mit Vorliebe als »den schnellsten der Welt« bezeichnet hatten, war großartig gescheitert. Das wenigstens gab eine Story: Sie alle hatten es erlebt.

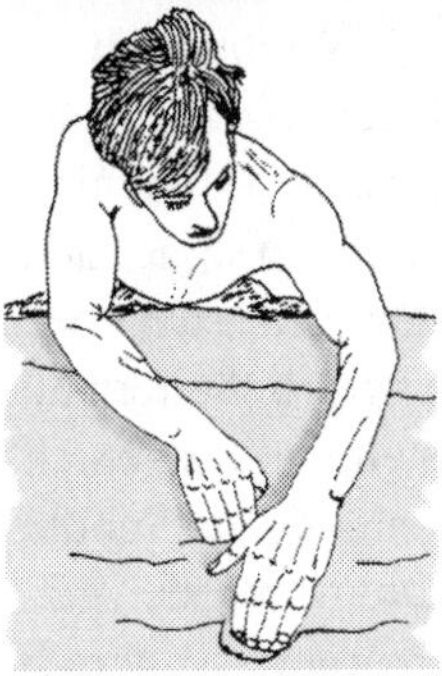

Pamir

Wieder nach Europa zurückgekehrt, verkroch er sich, ohne die zahlreichen, nicht wirklich schmeichelhaften Zeitungsberichte über sein glorreiches Aconcagua-Abenteuer gelesen zu haben, in Monte Carlo. Die Sponsoren standen begreiflicherweise auch nicht gerade Schlange, und eine Vortragstournee mußte wegen der gescheiterten Expedition abgesagt werden. So etwas passierte ihm zum ersten Mal. Seine Stimmung war, gelinde gesagt, anhaltend gedrückt, und weil offensichtlich immer alles zusammenkommt, ging seine Ehe ebenfalls in die Brüche. Im Mai war Scheidung. Seine sonnige Wohnung leer, (Ex-)Frau und Sohn gingen nach Österreich zurück. Seine Welt war schwarz, nirgendwo Hoffnung oder Licht.

Aber damit noch nicht genug. Im Juli brach er wieder auf, mit einer neuen, einer, wie ihm schien, noch viel besseren Idee: ins Pamirgebiet nach Rußland, ins Dreiländereck China-Afghanistan-Kirgisien. Mit achtzehn hatte er hier seinen ersten Siebentausender, den 7 105 Meter hohen Pik Korshenewskaja, bestiegen, und dieses Mal, nachdem es am Aconcagua nicht geklappt hatte, an einem Fast-Siebentausender also, hatte er sich gleich fünf davon vorgenommen.

Bei den Vorträgen, die er vor dem Management internationaler Konzerne in ganz Europa schon mit Einundzwanzig zu halten begonnen hatte, betonte er immer die Wichtigkeit der internen Kommunikation. Das sei im Gegensatz zur externen Kommunikation – mit anderen Menschen – diejenige, bei der jeder Mensch selbst feststellen müsse, ob seine Ziele auch mit seinen physischen und psychischen Kräften übereinstimmten. War das nicht der Fall, dann wäre Scheitern die unweigerliche Konsequenz davon. Wieder einmal zeigte sich, daß Theorie und Praxis zwei sehr verschiedene Paar Schuhe sind. Denn er selbst, der derlei gescheite Dinge von sich gab, wollte schon am Aconcagua mit einem Körper, der gerade aus dem Spital gekommen und zu 35 Prozent invalid erklärt worden war, als erster Mensch eine der drei größten Wände der Erde ohne Seil und noch dazu an einem Tag und auf der Direttissima besteigen, für die die Schnellsten bisher 46 Stunden, die meisten aber vier bis acht Tage benötigt hatten.

Seit Februar hatten ihn die Medien und die Scheidung natürlich auch nicht gerade aufgebaut, aber, wie gesagt, er kapierte es noch immer nicht. Es war noch nicht genug. Sein Freund Willi pflegte an Großvaters statt zu sagen, daß es bei manchen Menschen nicht genügte, wenn sie – aus Demut – in die Knie gingen. Nein, erst wenn ihr Kopf auf dem Boden war, würde es wieder aufwärtsgehen.

Nun, er war mit den Knien auf dem Boden. Sein Rußlandunternehmen sollte für den Rest sorgen. Ausgestattet mit einer nagelneuen, goldenen Uhr eines neuen Sponsors – ein in dieser abgelegenen Gegend besonders sinnvolles und wichtiges Utensil – und einem Vertrag mit einer großen Tageszeitung, stieg er im kirgisischen Osch aus dem Flugzeug. Hier hatte gerade ein blutiger Bürgerkrieg stattgefunden, überall begegneten einem Panzer, Straßensperren und Pässe kontrollierende Soldaten mit vorgehaltenem Gewehr. Das Personal im berühmten internationalen Basislager Atschik

Tasch auf 3 200 Metern, am Fuß des 7 105 Meter hohen Pik Lenin – der Berg heißt trotz Perestroika bis zum heutigen Tage so – erzählte grauenhafte Geschichten von erschossenen Vätern, Brüdern, Schwestern, Onkeln. Tausende sollen es gewesen sein. Die Stimmung war entsprechend gedrückt. Diejenigen aus dem Westen, die halbwegs sensibel waren, kamen sich sehr, sehr deplaziert vor, unter diesen Umständen ihrem Hobby zu frönen und die Besteigung irgendeines Berges für die wichtigste Sache der Welt zu halten.

Dazu kam das Wetter. Im Jahr 1980, als er zum ersten Mal hier war und stolz seinen Siebentausender bestiegen hatte, war vier Wochen lang keine einzige Wolke zu sehen gewesen. Jetzt aber, am ersten Tag schon, Wolken und Regen und in der Nacht Schnee. Es schneite immer weiter, tagelang fiel immer dichter, nasser Schnee. In den für Schönwetter ausgelegten Zelten stand bald das Wasser. Die Kleidung, die Schlafsäcke wurden feucht. Das Essen war so schlecht wie vor zehn Jahren. Er schlich wie ein geschlagener Hund um das Lager herum, marschierte einmal – wieder mit starken Kopfschmerzen – auf einen der kaum 4 000 Meter hohen Trainingsberge, die das Lager umgaben, und fühlte sich im allgemeinen sehr, sehr unwohl. Schließlich wurde er krank. Sie flogen ihn, der von hochoffizieller Stelle in Moskau eingeladen worden war, mit Sondergenehmigung in die militärische Sperrzone Osch. Dort war es, ähnlich wie in Mendoza, relativ niedrig, trocken und warm. Das waren aber auch die einzigen Parallelen.

Er war in einem fürchterlichen, barackenähnlichen »Hotel« untergebracht. Kaum cine Vcrständigungsmöglichkcit, keiner, der auch nur Englisch sprach. Bewohnt wurde es in erster Linie von KGB-Leuten, die selbst in die – einzige – Dusche zwar in der Unterhose, aber nur mit gehalfterter Pistole gingen. Er fühlte sich unter diesen Umständen kaum besser.

Nach einer knappen Woche war er wieder im Basislager. Sein Kopfschmerz war verschwunden, in der Lunge war nur noch ein leichtes Stechen zu spüren, der Husten hatte sich etwas gebessert. Das Wetter nicht. Meterweise lag Schnee auf den wunderschön anzuschauenden Gletscherhängen des Pik Lenin, der der erste von den fünf Siebentausendern werden sollte. Er hatte sich trotz ungezählter Ski- und Gletschertouren nie für einen Spezialisten für Schnee und Lawinen gehalten, aber man mußte kein Genie sein, um zu erkennen, daß unter diesen Umständen jeder Schritt auf diesen Berg hinauf lebensgefährlich war. Die meisten wollten es aber nicht glauben. Sie hatten ihm gegenüber unter anderem den Nachteil, daß sie gesund waren, und so stiegen sie trotzdem auf. So kam, was nicht hätte kommen müssen: Angeblich war es ein Erdbeben, das einen Eissturz irgendwo in 6 500 Metern auslöste, der die darunter liegenden gewaltigen Neuschneemassen in Bewegung setzte. Wie auch immer. Die Lawine fegte mehr als zwanzig Zelte und 45 Bergsteiger in einen wild zerklüfteten, steil abfallenden Gletscherbruch. 43 Menschen kamen ums Leben. Drei Leichen wurden gefunden. Zwei Russen überlebten in ihrer Unterwäsche und ohne Schuhe eine stürmische Nacht im Eis. Es war die größte Katastrophe in der Geschichte des Alpinismus. Völlig verstört gab der Alleingänger sein Vorhaben auf. Wieder mit Sondergenehmigung nahm er das nächste Flugzeug in die »Heimat«.

Verschreckt und verzweifelt suchte er bei Willi Zuflucht. Der diagnostizierte eine versteckte Lungenentzündung. Der Punkt war jetzt erreicht: Sein Kopf war am Boden.

Anábásis

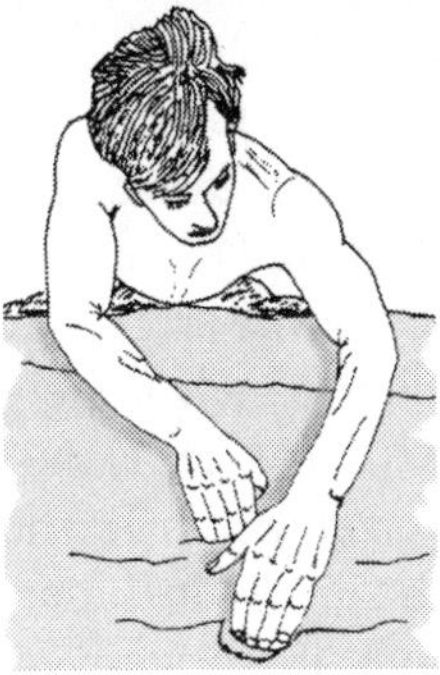

Die Eroberung des Unsichtbaren

»Totum procedit ex amore.«
Friedrich II., der Staufer

»Wahrheit ist die Übereinstimmung des Verstandes mit den Dingen.«

Steinern und kühn, eine handbreite Schneide, zog der Grat hundert Meter hinaus, ohne an Höhe zu verlieren. Links und rechts davon sonnige Tiefe. An seinem äußersten Punkt wie ein Wachtturm ein riesiger, kantiger Fels. Dort, im Osten, schwang der Grat nach unten ab, in die Richtung, die der Gletscher das Tal hinausfließend nahm. Der Fortlauf des Grates war auf weite Strecken von mächtigen, brüchigen Türmen gesäumt. Manche dreißig, vierzig Meter hoch. Einen halben Kilometer standen sie über dem Gletscherbecken – Quelle tödlichen Steinschlags. Labiler Fels, von Erosion, Hitze, Kälte und eisigen, unberechenbaren Stürmen geprägt. »Viento Blanco«. Diese Türme waren wie Zinnen eines urtümlichen Schlosses. Vielleicht hatte hier in der Vorzeit ein Gott der Azteken gewohnt – Aconcagua, »Wächter aus Stein«.

Überhaupt war dies ein unmenschliches, lebloses Land, steinig, eisig, grau. Wind, Sturm, Hitze mittags, Eiseskälte nachts. Staub, Lawinen, Schuttwüste – der Horcones-Gletscher, eine viele Kilometer lange Anakonda aus zerklüftetem Eis, Steinen, Sand. Zwei, drei winzige Wassertümpel in der Nähe des Basislagers, eingelagert in Mulden des Gletschers. Totes, eisiges Wasser, kein Tier, keine Pflanze, nichts. Der nächste Mensch vierzig Kilometer Fußmarsch durch Wildnis entfernt. Über allem die kilometerbreite Wand, die Aconcagua-Südwand, drei Kilometer hoch. *Meine Wand.* Die höchste, die schwierigste beider Amerikas, eine der drei größten der Erde. Senkrechter Fels, rot, grau, an manchen Stellen schwarz. Gewaltige Eisabbrüche in 6 000 Meter Höhe, Ursprung mächtiger Lawinen, die oft Dutzende, vielleicht Hunderte Tonnen von Eis ins Tal jagten und dieses ausfüllen konnten mit ihrem Luftdruck, ihrem Staub, ihren Steinen, ihrem Eis. Der Gipfel fast 7 000 Meter hoch – Todeszone.

Im Sommer, nach seiner Rückkehr aus dem Schrecken Rußlands, war er in ein schwarzes Loch der Motivationslosigkeit gefallen. Sein Leben hatte weder Richtung noch Ziel, und er sah keinen Sinn mehr darin.

Heute ruft das kein großes Erstaunen in uns hervor, denn Motivationsverlust ist immer zugleich auch Sinnverlust. Körperlich geschwächt fing er an, sich selbst leid zu tun und nicht nur den Unfall und seine Folgen zu verdammen als etwas, das so gar nicht zu dem Bild gehörte, das er von sich und seinem Leben hatte, sondern vor allem die wunderbaren fünfzehn Jahre leidenschaftlichen Bergsteigens, die dem Absturz vorangegangen waren. Er zweifelte nicht nur an sich selbst, sondern vor allem fragte er sich, warum er all diese Jahre so besessen Berge bestiegen hatte, fragte nach dem Sinn dieser Zeit – was ihm früher nie eingefallen wäre –, jetzt, da er als Resultat davon krank, zu 35 Prozent invalid und in jeder Hinsicht unglücklich geworden war.

Das war kein angenehmer Zustand. Selbst im Spital und trotz des Scheiterns am Aconcagua im Februar hatte er immer noch Ziele gehabt. Er wollte in den Pamir. Jetzt, nach diesem Fehlschlag, wollte er nichts mehr. Er wußte nicht mehr, was tun.

Doch dieses Zweifeln an sich selbst und vor allem die existentielle Frage nach dem Sinn – daß er sich zum ersten Mal in seinem Leben Rechenschaft ablegen mußte ohne Ablenkung durch Wände und Frauen und ohne irgendwelche selbstauferlegten Verpflichtungen Sponsoren oder den Medien gegenüber, hatte sein Gutes. Denn unmerklich, und scheinbar ohne ersichtlichen Grund, begannen wieder die Bilder in ihm Gestalt anzunehmen, die tief in seinem Inneren begraben waren, Bilder von Bergen, Bilder von Wänden, in denen er gestiegen und in denen er glücklich gewesen war. Die Spuren waren wieder da, erst unscharf und verwischt, dann immer klarer und heller, Spuren, die seine Skier auf den Gletschern und Hängen in Pulverschnee und Firn gezogen hatten, jahrelang, jahrzehntelang, und das gewaltige Eis des Montblanc und die kühnen Berge von Patagonien und die ungezählten Tage in den Felsen der Côte d'Azur, wo er sich seine Kraft geholt hatte und die ihm gleichzeitig Freude gewesen waren. Und er spürte, ohne zu wissen, warum, daß ihn nur eines aus seiner ganzen Misere retten würde, und das waren Berge, das war Klettern, das waren Alleingänge, echte, ursprüngliche Alleingänge ohne Sponsoren und Medien und Film, Alleingänge, so wie früher, so wie damals, vor dem Unfall, als alles gut gewesen war.

So hatte sein Leben wieder Sinn bekommen, konnte er sein Sein auf eine Sache hin ausrichten, wieder dieselbe gute, wunderbare Sache, und er, wieder ein Mensch geworden, nicht mehr ein unglücklicher Jammerer, fing mit dem Training an, ging in die Berge, zog sich ab Ende September nach Monte Carlo und von dort nach La Palud in der Verdonschlucht zurück, baute seine Kondition jetzt mit dem Mountainbike auf, jetzt, da das Laufen ein für alle Mal vorbei war, und kletterte sich die Finger wund.

Fünf Monate nach dem Pamir-Debakel brach er wieder nach Argentinien auf. Anfang Dezember trug ihn ein Flugzeug durch den Tag und durch die Nacht nach Santiago de Chile und löste ihn endgültig von allem, was ihn in der Alten Welt noch bedrückt hatte. Als ihn die warme, trockene Luft und die Sonne des fernen fremden Landes umfingen, wurde sein Herz weit. Er hatte wieder einen Grund zum Glücklichsein. Denn nach langer Zeit war er wieder ganz allein aufgebrochen, um »einen Drachen zu töten«, um er selbst zu sein. Kein Gedanke an Sponsoren – er hatte keine mehr – oder die Medien. Keine Sorge um Erscheinungstermine irgendwelcher Berichte und Fotos. Keine nennenswerten finanziellen Verpflichtungen. Zeit hatte er ohne Ende. Er würde bleiben, solang es notwendig war. *Ich bin frei.*

Es heißt, ein Weg entsteht durchs Gehen. Er hatte den ersten, den wichtigsten Schritt seines neuen Weges getan und alles hinter sich gelassen, was ihn bisher fest- und gefangengehalten hatte. Das Ziel, die erste seilfreie Alleinbegehung der Südwand des Aconcagua an einem Tag auf der »Direttissima«, war nur die äußere Meßlatte. Was ihn wirklich bewegte war ein großer Traum, der größte seines Lebens bisher. Aus dieser Vision war die Kraft und die Leidenschaft entsprungen, die weite Reise überhaupt anzutreten und das gefahrvolle Abenteuer zu riskieren.

Er würde es gleichsam ohne Absicht angehen, so wie früher, ohne Berechnung und Gedanken an äußere Werte. Er wollte nicht a priori auf dem Gipfel stehen, den Drachen tot sehen. Das einzige, was ihn interessierte, war, in aller Ungewißheit und Spannung allein unterwegs zu sein. Seine zweite Anábásis hatte begonnen.

Zwei Wochen später hatte ihn der Berg bereits gezeichnet, die Haut von Gesicht und Nase ausgetrocknet, wie dünnes altes Leder gegerbt. Die Unterlippe gespalten, wie immer, wenn er auf höheren Bergen in Eis und Schnee war. Manchmal brach der Riß auf, wenn er lächelte, weiß Gott, warum, oder bei der Anstrengung das Gesicht verzog. Stechender Schmerz dann und helles Blut rann in einem dünnen Streifen über sein Kinn. Diese Wunde war ihm seit vielen Jahren vertraut. Es hatte wenig Sinn, sich darum zu kümmern, solang er dort oben war. Auch die Handrücken waren von der starken Sonne, vom viele Stunden langen Hochhalten und Felsengreifen verbrannt. Ohne die Sonnencremes und die Heilsalben von Willi hätte er noch viel schlimmer ausgesehen. Das ständige Einschmieren war ihm aber lästig. Seine Hände rutschten dann, außerdem vergaß er es meistens, wenn er sich auf das Klettern, die Griffe und das Finden des Weges konzentrieren mußte.

Wirklich unangenehm waren nur die tiefen blutigen Risse, die ihm an den Spitzen der Daumen aufgebrochen waren. Das passierte ihm hier zum ersten Mal. Es waren vermutlich die extreme Trockenheit, der feine Staub auf den Felsen und der Sand im Gletscher, in den er immer wieder greifen mußte, wenn er ausrutschte. Die Folge davon war, daß er sich täglich aufs neue infizierte und die Wunden aufbrachen. Das blutete und störte beim »Arbeiten«, tat sehr weh, vor allem morgens, wenn die Haut in der Kälte besonders spröde war. Um die Schuhe zu binden, mußte er die Zähne zu Hilfe nehmen. Selbst die genialen Salben von Willi nützten da nichts. Die Regenerationszeit in der Nacht war zu kurz, und Pflaster hielten beim Klettern nicht.

In der Fallinie der großen Türme hatte er anfangs dreimal versucht hochzukommen. Dort ist das Gelände fast senkrecht. Es schien besonders sicher zu sein und vom Einzugsbereich selbst der größten Lawinen weit entfernt. Jetzt verschwendete er keinen Gedanken mehr daran. An der günstigsten Stelle war da ein langer Kamin gewesen, an den er sich hielt. Die Kletterei war extrem schwierig und heikel. Aus Vorsicht und Angst war er kaum von der Stelle gekommen. Ununterbrochen brach es unter seinen behutsamen Tritten, rissen die Brocken im Fallen bei jedem Aufschlagen neues lockeres Gestein los. Das krachte, prasselte und stank nach Schwefel. Tiefer unten waren es kleinere Felsrutsche. Mit dem Gesicht zur Wand, auf seine Hände an den spärlichen Griffen und vor allem auf das Nicht-Hinunterfallen konzentriert, hatte er weder Lust noch Gelegenheit, den Steinen nachzuschauen.

Immer wieder verharrte er lang auf ein und demselben Tritt. Die Waden begannen zu brennen, die Rückenmuskeln schmerzten von der ununterbrochenen Anspannung, und es schien ihm jeweils eine Ewigkeit zu dauern, bis er sich entscheiden konnte, wieder einen halben Meter hochzuspreizen. Die meisten Vorsprünge hielten nur auf Druck. Sein Atem war ruhig, doch in seinem Kopf rasten die Gedanken. Er durfte nicht den geringsten Fehler machen und versuchte sich jede Bewegung einzuspeichern, die besonders kleinen Griffe zu merken, die aus jeder Perspektive anders aussahen und von oben oft gar nicht auszumachen waren, weil sie oft unter kleinen Überhängen, die er bereits überwunden hatte, verschwanden. Im Abstieg mußte er die kleinsten Details wieder abrufen können, denn er hatte kein Seil, unter seinen Schuhsohlen war Abgrund und vierhundert Meter tiefer der Gletscher. Nicht, daß es eine Rolle gespielt hätte, wie hoch er war, 100 Meter, 1 000 Meter, es machte keinen Unterschied. Die Berge ließen nicht mit sich handeln, und Ausreden hatten sie ihm schon vor langer Zeit abgewöhnt.

Tagelang war er auf dem Gletscher herumgewandert und hatte aus den verschiedensten Perspektiven die Wand Meter für Meter mit dem Fernglas abgetastet und Theorien entwikkelt, wo eine sichere Route verlaufen könnte. Diese Gedankenlinien waren nur an der Wirklichkeit überprüfbar. Beim ersten Scheitern war er vielleicht die dünne Luft, den eigenartigen Fels und die Energie des mächtigen Berges noch nicht gewöhnt gewesen. Das nächste Mal hatte er einen schlechten Tag. Endlich ließen Mühsal und Gefahr jedes gewonnenen Meters keinen Zweifel daran, wie sinnlos es war, hier weiterzumachen. Trotz der trockenen Luft hier in fast 4 500 Metern rann Schweiß in Strömen durch die Wimpern in seine Augen, und das Hemd war klatschnaß. Er mußte umkehren, wollte er leben. Besser seine Theorie starb als er selbst.

Langsam, aber geordnet hatte er sich zurückgezogen durch senkrechten, zusammengefrorenen Schutt, der von zu Eis gewordenen blanken Rinnsalen durchzogen war. Stunden später, am Gletscher unten in Sicherheit, war er eine Weile lang enttäuscht. Wieder keinen Meter höher gekommen, wieder den sicheren Weg nicht gefunden. Der Weg war aber da, er wußte es. Irgendwo verlief die Linie, die er noch nicht entdeckt hatte. Insofern war der Tag doch nicht verloren gewesen, denn er kannte jetzt immerhin wieder eine Möglichkeit, die für ihn unmöglich war. Einen Tag ruhte er sich aus, studierte die Wand stundenlang mit dem Fernglas und entwickelte eine neue Theorie.

Eines Tages saß er oben, wo die handbreite Schneide des Grates an die Hauptmasse der Wand stieß. Ein Platz wie ein größerer Adlerhorst, mit wunderbarer Aussicht über das Tal.

Ein mühsames, zeitraubendes Zickzack-Rinnensystem hatte ihn schließlich heraufgeführt, in dem einmal riesige Eiszapfen den unkomplizierten Weiterweg verwehrt, dann ein nicht zu kletternder Überhang ihn weit von der Fallinie abgetrieben hatten. Einmal mußte er in einer extrem gefährlichen Steinschlagzone, die von unten nicht als solche erkennbar gewesen war, um sein Leben rennen. Plötzlich hatte ein fernes, dumpfes Wummern die Luft erfüllt, das jäh zu einem pfeifenden Sausen angeschwollen war. *Was ist das nur, ein Flugzeug vielleicht? Kann keine Lawine sein, Lawinen gehen immer in einem großen Donnern und Brausen ab.* Zu sehen war nichts, und es klang nicht nach Lawinen, doch dann pfiffen schwarze Punkte, größere und kleine, wie bösartige Insekten durch den stahlblauen Himmel und das gleißende Licht der Sonne. Er nahm den Laut wahr, sah im selben Moment auf, wie ein Blitzbild – *Steinschlag, Steinlawine!* –, riß mit einer Hand den Rucksack über den Kopf und flitzte, schneller als er denken konnte, in Richtung eines Überhanges, der zehn Meter weiter drüben war. Doch so schnell er auch reagiert hatte, das Gelände war steil, die Tritte klein, und er hatte nur eine Hand zum Klettern frei; zudem, ein Rutschen, und er würde im Abgrund verschwinden. *Aus der Traum!* Dann schlugen die ersten Brocken ein, Splitter spritzten auf seine Hand, in sein Gesicht, Schwefelgestank, immer wieder krachte es prasselnd, ganze Salven gingen um ihn nieder. *Krieg,* schoß es ihm durch den Kopf, *nein, der Berg ist kein Feind,* und er hastete, nur auf die Griffe und Tritte achtend, weiter und hatte Glück. Kein nennenswerter Treffer, nur eine Schramme auf dem Handrücken, ein Brennen am Ohr. Keuchend drückte er sich in die Nische unterhalb des Überhanges, wo er sicher war. Die Steine fielen noch lang. Zwei Minuten früher, und es wäre ihm unmöglich gewesen, ihnen auszuweichen.

Er würde sich merken, daß er dieser Zone in Zukunft auszuweichen hatte, war wieder nach links abgebogen, weg von der Fallinie, und kalkulierte bei jeder Richtungsänderung mit ein, wie weit die seitlichen Ausläufer einer zu jeder Zeit möglichen Riesenlawine seinen Aufstieg in diesem unteren, 1 000 Meter hohen Wandbereich bedrohen könnten.

Ein möglicher Weg war das hier herauf, aber noch nicht *der* Weg. Dieser verbarg sich ihm immer noch in Schluchten, Kanten, Steilabbrüchen, die in Alpendimensionen gemessen kleine, eigenständige Berge und Wände waren. Es war schwer, sich hier zu orientieren, Wandabschnitt auf Wandabschnitt so zu reihen, daß sich eine schnell zu durchsteigende und vor allem möglichst sichere Linie ergab.

Er schaute weiter von seinem Adlerhorst in die Tiefe. Von hier aus betrachtet flachten sich die Riesen-Türme nach Westen in eine extrem steile, felsig-brüchige Flanke ab. Höchstens 500 Meter bis zum Gletscher hinunter, der dort seine höchste Stelle hat. Ein wunderbar bequemer Weg wäre das, schnell und direkt. Es schien, als hätte früher Schnee diese Flanke bedeckt, vielleicht noch vor zehn oder weniger Jahren. Diese einladende Möglichkeit studierte er ohne Eile mindestens eine Stunde lang. Dreißig, vierzig Minuten, und er wäre hier heroben bei diesem Adlerhorst, wenn der Weg gangbar, sinnvoll, sicher wäre. Meter für Meter tastete er sie mit den Augen ab, bis hinunter an den Übergang zum Gletscher. Dort stand abgrundtief schwarz ein Labyrinth von meterbreiten, zackigen Spalten. Ein viel zu großes Risiko ohne Partner und Seil. Er schaute genau, wog ab, ohne verlockt zu sein. Dann ließ er wieder eine Theorie sterben und gleich darauf die nächste, denn die andere Himmelsrichtung, die Ostseite der Riesen-Türme, war ebenso ungangbar.

Was tat er hier? Er, David, Däumling, einer, der ausgezogen, einen Drachen zu töten, der in diese Wüste gekommen war aus freien Stücken, um für wenige, verschwindende Tage eine Spur zu hinterlassen in Staub, Steinen, Eis und um – vielleicht – für ein paar Augenblicke, die im Sturm verwehen würden, König zu sein.

Er lehnte sich zurück und schob sich eine Kraftschnitte in den Mund. Er war ruhig, denn zur Zeit konnten ihn Steine und Lawinen nicht treffen: Die Wand hinter seinem Rücken war senkrecht. Ihn hetzte nichts, und was er tat, tat er mit Bedacht. Die Berge hatten ihn gelehrt, die Dinge geschehen zu lassen, und er wußte, was gut geschah, geschah rechtzeitig. Mittelwege erhöhten nur das Risiko, und Gefahren gab es bei Alleingängen und an so großen Wänden ohnehin genug. Nie ist das Leben ein »sicheres«, für niemanden, und nur Narren verleugnen seine Unwägbarkeiten. Er war ein Profi, spezialisiert und seit Jahrzehnten trainiert, sein Leben sehr bewußt einzusetzen; aber da er wie wenige andere um die Gefahren wußte, setzte er es kaum aufs Spiel. Er setzte es nur immer wieder in einer besonderen Dimension ein, weil sonst wenig zu gewinnen war. Risiken hatte er nie gesucht, aber gelernt, mit ihnen zu leben. Sie waren ein fixer Bestandteil der Regeln des – viele nennen es ein Spiel. Er war sich nicht sicher, und es war ihm nicht wichtig. Für ihn war »das Spiel« das Leben, sein Leben. Nicht weniger, aber auch nicht mehr. Die Bedingungen hatte er nicht aufgestellt. Oft paßten sie ihm nicht, aber sie waren nicht zu ändern. Besser, man sagte von vornherein ja dazu. Auf alle Fälle gehörte das Risiko dazu wie das Grauen, das ihn jedesmal lähmend überfiel, wenn ihn der Wecker aus der traumlosen, warmen Sicherheit seines Schlafes riß in die Wirklichkeit eines bevorstehenden Wandtages an eisigen, noch nachtschwarzen Morgen mit gefrorenem Wasserkanister, Flammen spuckendem, rußigem Benzinkocher, mit dem schmerzenden Fuß starr wie Holz und den wunden, blutigen Daumen. Wie betäubt trat er aus, taumelte frierend im Schein der Stirnlampe um sein Zelt herum. Bei der herrschenden Kälte war es ihm fast unmöglich zu denken, und wenn er mit sich selber sprach, dann geschah das gleichsam stammelnd: *Gut, daß mich keiner hört und keiner sieht.*

Doch wie die Gefahren nahm er auch diese Morgen als etwas Gegebenes hin, das nicht zu ändern war, und obwohl es um fünf, sechs Uhr morgens für ihn unvorstellbar war, daß ihn jemals wieder die Sonne wärmen oder er Lust bekommen würde, auf irgendeinen Berg zu klettern – geschweige denn auf diesen –, so war nach einer halben Stunde genau das der Fall. Er hatte Lust. Er spürte Kraft. Er lebte die Idee, die mit dem Berg verbunden war, und genoß die große Aufgabe, aus der »ersten seilfreien Alleinbegehung an einem Tag durch die höchste und schwierigste Wand der westlichen Hemisphäre« eine vor allem *sichere* Alleinbesteigung zu machen.

Langsam kaute er an der konzentrierten Mischung aus Trokkenfrüchten, Getreide und Honig und dachte über den Weg nach, der ihn heute endlich hier heraufgeführt hatte. Mehr als 500 Meter Wand lagen bereits unter ihm – aber zweieinhalb Kilometer höher erst war der Ausstieg. Eine Eiger- und die Hälfte der Matterhorn-Nordwand. Ein wenig quälte ihn die Aussicht, das schreckliche Gelände wieder abklettern zu müssen, Meter für Meter, Griff für Griff, den Großteil davon mit dem Gesicht zur Wand. Ein weiter Weg in so einem Kletterstil. Aber auch das ließ sich nicht ändern, außerdem würde es auf alle Fälle ein gutes Training sein.

Gedankenverloren blickte er von seinem Adlerhorst in die Runde, ging immer wieder die sich anbietenden, aber schließlich als nicht realisierbar erkannten Möglichkeiten mit den Augen ab. Den Weg gab es. Er war da, genau vor seiner Nase, unter seinen Händen, aber er spürte ihn noch nicht.

Abgenommen hatte er auch, aber nicht viel. An den frostigen Klettermorgen hatte er kaum Appetit, und während des Steigens vergaß er nicht nur die Sonnencreme, sondern auch das Essen. Er achtete nur darauf, sehr viel zu trinken. Vier, fünf Liter waren es fast jeden Tag. Doch an fester Nahrung nahm er selbst an den Rasttagen verhältnismäßig wenig zu sich. Der Körper braucht nicht viel, wenn eine Idee ihn bestimmt.

Der Berg, weder böse, gefährlich noch gut, schien ihn mit seinem ungeheuren Selbst-Sein zu verneinen. Er war, der er war: einfach ein Berg, der gelegentlich seine Lawinen und Steine ins Tal schickte, ungerührt Sonnenglut und Eiswinde über sich ergehen ließ, sich nachts unter einen Mantel aus alles erstarrendem Frost zurückzog und sich nicht im geringsten um den Menschen kümmerte, der die Nächte zu seinen Füßen verbrachte und sich in regelmäßigen Abständen mit seinen Fingern und Füßen an ihm hinauf- und wieder hinunterarbeitete, langsam, zögernd und auf Linien, die für ihn, den Berg, weder gute noch schlechte waren. Denn diese Linien waren durch nichts gekennzeichnet und unsichtbar. Sie existierten nur im Kopf dieses einen zerbrechlichen Menschen, der sich leise und leicht, kaum wahrzunehmen in den Dimensionen des Berg-Gottes und auslöschbar durch das leiseste Zittern, Aufbrechen, Erbeben seines geringsten Teiles, eingenistet hatte an ihm mit der Selbstverständlichkeit, ja Anmaßung des Eroberers, der nicht jemandem, sondern ausschließlich sich selbst Heil bringen will.

Ein Egoist? Vielleicht, aber dann waren sie alle Egoisten gewesen, die aus Begeisterung und mit der Kraft ihrer Herzen Drachen töteten, Erdteile eroberten, die Lehren von Kreuz, Halbmond oder Hammer und Sichel verbreiteten, die Staaten in Krieg oder Frieden führten, Bilder malten, Bücher oder Symphonien schrieben, große oder kleine, berühmte oder weniger bekannte, etc. etc. Jeder von ihnen hatte seine mehr oder weniger vergänglichen, aber immer zuerst unsichtbaren Linien gezogen durch die weißen Flecken von Traum-Landschaften, die anfangs nur ihnen selbst erkennbar gewesen waren. Ideen-Landschaften waren es, die durch Bestimmung entstanden waren, vor allem aber aus Vision und Leidenschaft, mit Tälern und Klüften, reißenden, unüberwindbar scheinenden Strömen und, ja, natürlich Bergen und Gipfeln. Bergen und Gipfeln. »Totum procedit ex amore – Alles entspringt der Liebe« . . .

Es läßt sich heute nicht mehr genau bestimmen, wann er begonnen hatte, an die Südwand des Aconcagua zu denken. Wie alle seine Abenteuer, so war auch dieses zweifellos einer Laune, einem Gedankenspiel entsprungen. Vielleicht war der Keim dazu im Januar 1986 gelegt worden, als er den Mount Fitz Roy in Patagonien als erster allein an einem Tag bestieg. Er wird als einer der schönsten und schwierigsten Berge der Erde bezeichnet und wurde damals von einer polnischen Bergsteigergruppe versucht. Anschließend wollten die Polen, die ein riesiges, mit ihren zwei großen Zielen – Pitz Roy und Aconcagua – bemaltes Wohnmobil hatten, weiter zu dessen Südwand fahren.

Nach dem Dolomitenalleingang der Fünf Wände 1988 und vor dem Unfall wenige Monate später nahm die Idee eines Alleingangs am Aconcagua konkretere Form an. Damals sah er in den Alpen keine neue Herausforderung mehr. Da jeder erreichte Gipfel nur der Ausgangspunkt für den nächsten ist, hatte er nach dem »Abstieg« von den Fünf Wänden eine Idee, nein: die Vision eines seilfreien Ein-Tages-Alleingangs, die mit einem sehr hohen Berg – mit einer sehr hohen und extrem schwierigen Wand – zusammenhing.

Warum unbedingt an einem Tag? Vor allem, weil es am sichersten ist. Biwakiert man am Berg, noch dazu an einem so hohen, braucht man dafür zusätzliche Ausrüstung: Zelt, Schlafsack, Biwakmatte – wenigstens sechs Kilogramm –; Gaskocher und entsprechend viele Kartuschen, außerdem natürlich mehr Proviant – ca. vier Kilogramm, dann Seil und Haken – ca. drei bis vier Kilogramm. In jedem Fall wiegt ein Rucksack für so eine Wand wenigstens fünfzehn – es sei denn, die Besteigung ist auf einen Tag angelegt, dann wiegt er keine sechs Kilogramm. Und nur mit diesem Gewicht ist ungesichertes Klettern möglich.

Man kann auch, wenn man sich das traut, die extremsten Stellen ohne Rucksack hinaufsteigen und diesen am Seil nachziehen. Je mehr Gewicht aber zu tragen ist, desto ermüdender ist das. Man ist von vornherein langsamer. In der

Nacht schläft man schlecht. Ab einer gewissen Höhe kann sich der Körper nicht mehr erholen. Angeblich werden in der »Todeszone« Hormone ausgeschüttet, die depressiv machen. Man wird achtlos und macht unnötige, tödliche Fehler. Die Gefahr steigt buchstäblich mit jeder Stunde, die man in dieser Höhe ist.

Für den Alleingänger, der nur einen Tag für die Wand plant, fallen viele Unwägbarkeiten weg. Vor allem kann er sich viel schneller bewegen und ist in der Zeit, die er unterwegs ist, bestens ausgerastet und konzentriert. Auch ist für ihn die Gefahr, daß das Wetter schlecht wird, wesentlich geringer.

Zuerst hatte der Berg keinen Namen. Das war noch nicht wichtig. Er würde nur die Kulisse für ein großes Abenteuer sein, der Ort, an dem – fast zufällig – eine Besteigung stattfinden würde.

Die Wand hatte bestimmte Voraussetzungen zu erfüllen. Sie sollte relativ leicht erreichbar sein, ohne wochenlang mit Dutzenden Sherpas oder Trägern in der Wildnis unterwegs sein zu müssen wie im Himalaja. Trockenes Klima war ein weiteres Kriterium, denn häufiger Schneefall war nicht nur gefährlich, er würde vor allem schnelles Vorwärtskommen und damit eine Ein-Tages-Besteigung schwer möglich machen.

Alle diese Bedingungen erfüllte der höchste Andengipfel. Höchstens zwei Tage Anmarsch, wenn man akklimatisiert und in Form war, nur zwölf Stunden. Weder Gipfelgebühren noch Wartezeiten wegen Genehmigungen, keine Begleitoffiziere wie in Pakistan oder Nepal, eine verhältnismäßig kurze und billige Anreise. Eine der drei bedeutendsten Wände der Erde. Die größte Europas, die Nordwand des Eiger, hatte er bereits mit 21 als erster allein und ohne Seil bestiegen. Noch dazu in der seit 1983 unangetasteten Rekordzeit von vier Stunden und fünfzig Minuten. Er fühlte sich bereit für einen neuen, großen Schritt.

Dann kam ihm der Unfall dazwischen. Den Ärzten, die ihm bleibende Schäden und Beeinträchtigungen voraussagten, glaubte er lange Zeit nicht. Noch im Spital besorgte er sich Bilder, Berichte und Bücher vom Aconcagua und verkündete jedem, der es hören wollte – und auch den anderen –, daß er im Herbst zum Aconcagua fahren und einen neuen Rekord aufstellen würde. Wie ganz anders sich seine folgenden eineinhalb Jahre abgespielt haben, davon wurde bereits in der »Katharsis« berichtet.

Wie dem auch gewesen war, der Aconcagua saß in seinem Kopf. Dabei hatten ihm die Fotos von der Wand nie sehr gefallen. Das sind keine steilen, kühnen Granit-Kathedralen wie am Fitz Roy in Patagonien. Keine schlanken, eleganten Formen wie an den Drei Zinnen und vielen anderen Bergen der Dolomiten; auch nichts vom Matterhorn oder dem Eiger. Der Aconcagua ist ein wuchtiger, gleichsam gedrungener Berg, dessen feine Linien von Schneegraten, und Pfeilern und Kanten auf den vielen Bildern, die er in die Hände bekam, untergingen in Dimensionen, die nicht vorstellbar waren und keinen Vergleich fanden mit Bergen und Wänden, die er bisher erlebt hatte. Man kann die Höhenmeter von Matterhorn und Eiger im Kopf addieren und *denken,* daß die Aconcagua-Wand eine ungeheuer große sein muß. Sie sich halbwegs realistisch *vorstellen,* ohne dort gewesen zu sein, das kann man nicht.

Durch den gescheiterten Versuch hatte er bereits klare Bilder und Vorstellungen von der Wand und dem Umfeld im Basislager. In den letzten Wochen und Monaten, während er in Europa trainierte, da nahm die Vision des Berges und seines Steigens immer konkretere Formen an. Damals, noch in den Felsen der Côte d'Azur, begann er die Eiswinde zu fühlen, das Felsengreifen zu spüren, in der dünnen Luft zu keuchen. In seiner Phantasie fror er in eisigen Nächten, erschrak er vor dem Donner der Lawinen, zuckte zusammen, wenn der in diesen Höhen ewige Riß in seiner Unterlippe stechend aufbrach, sobald er das Gesicht verzog.

Es gab keinen Zweifel daran, daß er seine Südwand auf seine ganz spezielle Weise besteigen mußte – trotz seines Scheiterns beim ersten Mal. Tausend Fragen nach dem Warum, ebenso viele Antworten. Es war so. Ihm war es zur Zeit das einzig Wichtige.

Und überhaupt, wer würde verstehen können, daß er mittlerweile diese überdimensionale, wenn auch sehr imposante und 7 000 Meter hohe Anhäufung aus senkrechtem Schutt, Fels, Eis, Schnee *schön* fand? Zweifellos ruft sie nur bei wenigen Menschen Begeisterungsstürme hervor. Doch es heißt, die Schönheit liege im Auge des Betrachters. Für die meisten Menschen war sie eine eisige, todbringende Wüste. Ein unnahbarer, mystischer Ort, den man zu meiden, allenfalls aus sicherer Entfernung zu betrachten hat. Für ihn aber damals der Inbegriff seines Denkens und seiner Träume. Was machte den Unterschied aus? Warum wird ein und dasselbe Ding von verschiedenen Menschen völlig unterschiedlich wahrgenommen?

In seinem Fall schien die Antwort eindeutig: Er sah etwas in dieser Wand, oder besser, er projizierte etwas in sie hinein, das in ihr zu sehen oder in sie hineinzuprojizieren andere nicht fähig oder willens waren. Dieses Etwas war seine Theorie: daß es möglich sei, an einem einzigen Tag ohne Seil durch diese Wand steigen zu können. Seine Idee war es, die bestimmte, was er erkannte. Kein Mensch hatte sie je vor ihm gehabt – zumindest hatte sie noch niemand zu realisieren versucht –, und so sah er die Wand auf eine Weise, wie sie noch nie ein Mensch vor ihm gesehen hatte.

Schon lange hatte er aufgegeben, bei anderen Menschen Verständnis für sein Tun zu erwarten. Er wußte auch, daß sie nicht nur nie verstehen würden, warum er das Alleinsein, die

Strapazen und die vielen Gefahren auf sich nahm – nicht, daß das für ihn einen Unterschied macht, er braucht niemanden, um sein Glück zu teilen –, sondern daß sie ganz im Gegenteil Gründe für sein Tun hier annahmen, die mit dem tatsächlichen Motiv seines Abenteuers überhaupt nichts zu tun hatten. Denn anfangs sah niemand die Idee, die für ihn die Brücke zum Aconcagua und seiner drei Kilometer hohen Wand schlug.

Nun kann eine Idee wahr oder falsch sein, verifiziert – wenn er hinaufkletterte – oder falsifiziert werden – wenn ihm das nicht gelang –, aber niemals kann eine Idee *schön* sein. »Schönheit ist Wahrheit.« War es Keats, der das sagte? Wahrheit aber ist die Übereinstimmung des Verstandes mit den Dingen. Er war so von der »Wahrheit« – dem Sinn und dem glücklichen Ausgang seines Abenteuers – seiner Idee überzeugt, daß für ihn die Schönheit der Wand in dem Maße wuchs, in dem er merkte, wie ihm die absolute Hingabe an den Berg und wie ihm vor allem sein Sich-Wohlfühlen in dieser wüsten Welt jene gangbare Linie offenbarte, die ihm eine Verifikation seiner Idee versprach. Wenn Schönheit Wahrheit ist, dann ist Wahrheit gleich Schönheit. Er kam der Realisierung seiner Idee immer näher. Die Wand war jetzt untrennbar mit ihr verknüpft. Also war sie schön – für ihn.

Die Pioniere des Alpinismus hatten es mit dem Erklären und Verständlichmachen leichter. Sie konnten auf unbestiegene Berge zeigen, deren Gipfel es zu erobern galt. Die Menschen im Tal hielten das zwar meistens für verrückt – sie tun es heute noch –, und nur wenige wollten es den Pionieren nachmachen. Aber dieses »sichtbare« Erobern stellt etwas allgemein Nachvollziehbares dar. Der Laie meint vor allem, daß es um die Befriedigung des Oben-Stehens und In-die-Runde-Schauens geht.

Für Sir Edmund Hillary, den Erstbesteiger des Mount

Everest, und seine Generation war der Berg selbst noch der Grund, warum man ihn bestieg. Auf die Frage, warum er auf den höchsten Berg der Erde wollte, zeigte er auf ihn und antwortete: »Weil er da ist!« Für den Alleingänger aber genügt der Berg allein nicht. Er ist nicht mehr der Grund für eine Besteigung, sondern zuerst allenfalls der Ort, an dem sie stattfindet.

Längst hatte er erfahren, daß Trauer, zumindest Melancholie, das vorherrschende Gefühl ist, wenn die Wirklichkeit an die Stelle des Traumes tritt. Daher ging es ihm nicht um den Gipfel und das Obenstehen. Wenn das so wäre, wenn es ihm nur um den höchsten Punkt ginge, dann käme er ziemlich gemütlich von der Nordseite des Aconcagua über den Pfad des Normalweges und würde ohne senkrechtes Klettern, ohne Lawinen- und Steinschlaggefahr auf seine Spitze steigen.

Er brauchte zuerst nicht einen Berg, der »da« war, sondern eine Idee, die »unsichtbar« nur in seinem Kopf existierte, um sie dann – oft Jahre später – an einem Berg in der Wirklichkeit zu überprüfen. Nicht daß Hillarys Generation, und auch die nächste, keine Theorien hatte, wie man am besten einen Gipfel besteigen könnte. Aber am Anfang stand da ein Mount Everest, und dieser löste erst das Suchen nach dem Abenteuer aus.

Er lebte also a priori nicht wegen der Aconcagua-Südwand wochenlang mutterseelenallein in über 4 000 Metern in der für jeden zivilisierten Menschen »letzten Welt« eines steinigen, wüstenhaften Andenberges, sondern weil er eine Idee hatte. Daher gab es nichts »Sichtbares«, auf das er hätte zeigen können, wäre er nach dem Warum gefragt worden.

Wenn die Bergsteiger von Hillary bis Messner »Eroberer des Sinnlosen« (Sir Edmund Hillary) waren, dann ist er heute ein »Eroberer des Unsichtbaren«.

Der Autor mit zwanzig Jahren bei einem Versuch der Besteigung des Petit Dru Nordcouloirs. *(Foto: Peter Rohrmoser)*

oben: Das Horcones-Tal unweit des Basislagers der Aconcagua-Südwand, argentinische Anden. *(Foto: Thomas Bubendorfer)*

unten: Schlechtwetterstimmung im Basislager der Aconcagua-Südwand. *(Foto: Thomas Bubendorfer)*

oben: Das Basislager des Autors (»Plaza Franzia«) bei seinem zweiten, erfolgreichen Versuch der Ein-Tages-Alleinbesteigung der Aconcagua-Südwand. *(Foto: Thomas Bubendorfer)*
kleines Bild: Der Autor nach seinem ersten, gescheiterten Versuch der Alleinbesteigung der Aconcagua-Südwand. *(Foto: Udo Schreiber, US Press Vienna)*

oben: In den Bergen um Puente del Inca. *(Foto: Thomas Bubendorfer)*

unten: Bergsteigerfriedhof bei Puente del Inca, argentinische Anden. *(Foto: Udo Schreiber, US Press Vienna)*

oben: Föhnstimmung am Aconcagua. *(Foto: Thomas Bubendorfer)*

unten: Der Autor im Basislager »Plaza Franzia« an der Aconcagua-Südwand. *(Foto: Archiv Bubendorfer)*

Der Autor im Gletscherspaltenlabyrinth des Einstiegs der Aconcagua-Südwand. Die Aufnahme entstand bei Dreharbeiten zu einer TV-Dokumentation nach der erfolgreichen 16-Stunden-Besteigung im Alleingang. *(Foto: Hans Oberhofer)*

Der Autor in den Gletscherbrüchen der Aconcagua-Südwand.
(Foto: Hans Oberhofer)

links: Der Autor wenige Tage nach der geglückten 16-Stunden-Alleinbesteigung der »Direttissima« der Aconcagua-Südwand.
(Foto: Hans Oberhofer)

unten: Der Autor in den Eisbrüchen des Kaunertalgletschers in Tirol.
(Foto: Dietmar Sochor)

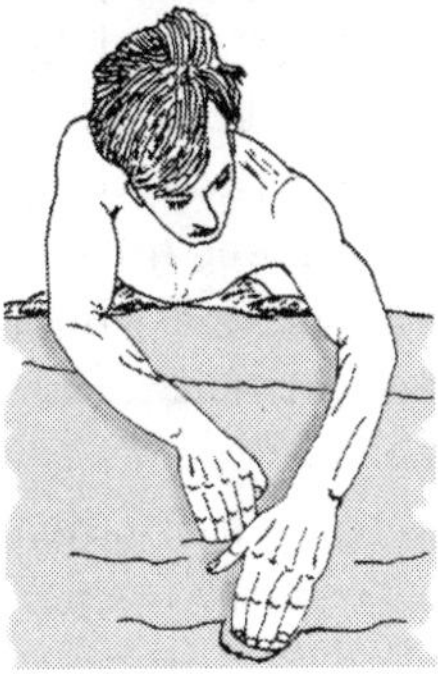

Tue, was du tun mußt

»Im übrigen riskieren wir ja das
Abenteuer nicht allein,
denn die Helden aller Zeiten haben
es bereits vor uns gewagt.
Das Labyrinth ist wohl bekannt.
Wir müssen nur dem Faden folgen,
den sie ausgelegt haben, . . .
Und wo wir uns vor dem Alleinsein
gefürchtet hatten,
werden wir mit der ganzen Welt
sein.«
Joseph Campbell

Als er vor knapp elf Monaten zum ersten Mal zum Aconcagua kam, hatte die Anreise mit zeitraubendem und wegen des Gepäcks mühseligem Umsteigen in Buenos Aires nach Mendoza und von dort erst zum Ausgangspunkt für die Besteigung geführt. Santiago dagegen wurde direkt aus Frankfurt angeflogen und liegt nur etwa vier Stunden Autobusfahrt vom Aconcagua-Massiv entfernt.

Die Nacht verbrachte er in der chilenischen Hauptstadt im berühmten Hotel Carreras. Hier wurden wesentliche Teile des ausgezeichneten Films »Missing« mit Jack Lemmon gedreht, der die Schrecken der Militärjunta unter Pinochet zum Thema hat. Das berüchtigte weiße Regierungsgebäude stand nicht weit davon. Die Stadt war sehr sauber und ruhig. Er hatte keine Eile und schlenderte lang durch die Straßen.

Einige wenige Einkäufe, die er noch zu erledigen hatte, waren in kürzester Zeit getan. Ein sehr freundlicher Angehöriger der österreichischen Botschaft half ihm dabei. Militär war nirgendwo zu sehen. Auf den Plätzen tummelten sich viele Menschen. Alle waren besonders höflich und hilfsbereit. Trotz der langen Reise und der Zeit- und Klimaumstellung war er zu aufgeregt, um Müdigkeit zu verspüren. Bald wurde es Abend und die Luft von den nahen Anden her angenehm kühl. Er genehmigte sich ein berühmtes chilenisches Fischgericht, eine Flasche argentinischen Weines und ging früh und endlich todmüde zu Bett.

Zeitig am nächsten Morgen stieg er neben dem Hotel in einen Linienbus, der täglich auf dem Trans-Andino Highway zwischen der Stadt und dem ca. 500 Kilometer entfernten Mendoza verkehrte. Er löste ein Ticket nach Puente del Inca, einer kleinen Siedlung in knapp 3 000 Meter Seehöhe. Sie liegt gleich nach der chilenisch-argentinischen Grenze, ungefähr auf halbem Weg nach Mendoza. Während der Fahrt schaute er in die immer kahler werdende Landschaft, las viel, aber seine Gedanken waren weder bei den baumlosen Bergen noch bei seinem Buch. Er war jetzt unruhig, gespannt, nervös. Endlich ein 3 200 Meter hoher Paß, die Grenzkontrolle. Nach fünfzehn Kilometern Abfahrt die Zollkontrolle. Einen Augenblick lang hätte er den Berg von der Straße aus ein erstes Mal sehen können, aber dichte, weiße Wolken und Schneegestöber versperrten die Sicht. Er war da.

Puente del Inca – Inkabrücke. Die gleichnamige Hosteria war ein steinernes Gasthaus, eine bessere Schutzhütte mit einem Restaurant, einer kleinen Bar, Zimmern mit Stockbetten und Dusche. Treffpunkt aller Bergsteiger und ihr Ausgangspunkt, wenn sie zum Aconcagua gehen. Eine Kaserne, Hubschrauberhangars der Armee, Hütten, Lagerhallen aus Wellblech,

Pferde- und Maultierkoppeln des Militärs und der zwei Trekkingunternehmen. Hier können sich die Bergsteiger Tragtiere mieten für den Transport ihrer Ausrüstung in die Basislager der Normalwege an der Nord- und Westseite (»Polengletscher«) und der Südwand. Jeweils ca. vierzig Kilometer. Karge, kahle Berge, über 4 000 Meter hoch. Antoine de Saint-Exupéry hat die Gegend in einigen Erzählungen in »Wind, Sand und Sterne« genial beschrieben. Außerdem die Ruine einer alten Kirche, die vor Jahren von einer der großen Lawinen zerstört worden war. Staub, Wind. Autobusse und riesige, stinkende Lastwagen donnerten in den Tagesstunden vorbei. Ein Telefon in der Hosteria, das sogar alle paar Tage funktionierte. Ununterbrochen flogen Hubschrauber – im Basislager an der Nordseite wurde, von der Regierung finanziert, in 4 100 Metern Höhe ein Hotel gebaut!

Neben den Bergen und *seinem* Berg eine einzige Touristenattraktion: ein mächtiger, natürlicher Bogen aus versteinertem Schwefel, meterdick. Er war die einzige Möglichkeit, auf die andere Seite des vor allem am Nachmittag tosenden Gletscherflusses Horcones zu gelangen. Von den riesigen Gletschern des Aconcagua kommen seine Wasser. Keine 250 Kilometer weiter bewässert er die berühmten Weingärten und Felder der fruchtbaren Ebene des argentinischen Mendoza – Aconcagua, »der, von dem das Wasser kommt«.

Über die Brücke lief rot-gelber Sud, heißes, stinkendes Wasser trat immer noch in größeren und vielen kleinen Löchern an den Tag. Hier gab es ein altes, verfallenes Schwefelbad, in dem man sich noch in steinerne Wannen in eine gelbe Brühe setzen konnte, die unendliche müde machte und der heilende Kräfte nachgesagt wurden.

»Inkabrücke« – für uns und unser Verständnis von Zivilisation eine letzte Welt. Für ihn aber war es im Vergleich zu dem, was ihn in den nächsten Wochen und Monaten im Basislager und in der Wand selbst erwartete, der letzte Vorposten der Zivilisation. Hier gab es noch keine Probleme mit dem Alleinsein an langen Abenden, gefrorenen Wasserstellen, Flammen spuckenden Benzinkochern, klammen schrundigen Fingern, mit denen man kaum die Schuhe binden konnte – geschweige denn klettern, Felsen greifen, Griffe fassen.

Noch nicht. Solang er zwei Mal täglich duschte – herrlich fließendes, heißes Wasser in dickem, starkem Strahl, Wasser, so viel und so lang er wollte, solang er Kaffee mit heißer Milch, Toastbrot mit Marmelade und Butter, zwei Eier mit Schinken bestellen konnte, solang dachte er gar nicht daran, daß es so etwas überhaupt gab – gefrorene Wasserstellen, Flammen spuckende Benzinkocher, klamme, schrundige Finger, . . . Die freundlichen Ober brachten ihm, was immer er verlangte. Einige kannten ihn von der letzten Saison her. Sie alle hier wußten, was er vorhatte, wieder vorhatte, sie, für die der Berg ein Gott und zu achten und zu fürchten, ja, und zu meiden war. Manchmal kam ihm vor, als behandelten sie ihn wie einen Todgeweihten, dem man seine Henkersmahlzeit bringt.

Er radebrechte auf Spanisch. Das war nicht schwer, wenn man Italienisch konnte und sechs Jahre lang mit Latein gequält worden war – dafür war er in den letzten zehn Jahren, in denen er viel gereist war, sehr oft sehr dankbar gewesen.

Da waren viele Menschen, und wenn er sich auch die ganze Zeit mit kaum jemandem unterhielt, so hätte er das jederzeit tun können. Sogar Mädchen sah er manchmal, wenn sie aus den Bussen stiegen, die hier für eine kurze Rast Halt machten. Mädchen aus Argentinien und Chile, die für ihre Schönheit berühmt sind. Ihre schwarzen Haare wehten im mittags einsetzenden Wind. Sie waren immer gut aufgelegt, und ihr Lachen hing oft ungewöhnlich lang in der Luft. Doch kaum hatten die

Fahrer ihren Kaffee getrunken, die Gäste sich mit belegten Broten und Getränken versorgt, brausten sie in ihren Bussen wieder davon. Mit ihnen verschwanden die duftenden Kleider, die im Wind wehenden Haare, das Lachen . . .

Ein paar Kilometer den Highway Richtung Mendoza hinunter gab es ein im Sommer verlassenes riesiges Hoteldorf. Schilifte, eine kleine Seilbahn, alte, rostige Pistengeräte standen einsam herum. Früher hatte es Winter gegeben, da lag der Schnee fünf Meter hoch. Einige Fotos in der Hosteria erinnerten daran. Diese Zeiten waren, vorderhand wenigstens, vorbei. Im vergangenen Juli und August waren die Lifte aus Schneemangel nicht in Betrieb genommen worden. Diese Information beruhigte ihn, denn wenig Schnee im Winter bedeutete eine relativ trockene Wand, und das war die Voraussetzung für seinen auf Schnelligkeit ausgerichteten Kletterstil. Über das Schneegestöber an seinem Ankunftstag regte er sich nicht auf. Es war noch früh im Sommer. Er hatte Zeit.

Während der ersten Tage verlor er sich stundenlang wandernd in den Hügeln, die das Tal umgeben, folgte irgendwelchen namenlosen und staubigen Pfaden, stieg über lange Grate auf Gipfel, nach deren Namen er nicht fragte, bis an die 4 000 Meter hinauf.

Immer hatte er ein wenig Proviant, Wasser und ein Buch mit. Auf andere Wanderer traf er nie. Wenn er müde wurde, legte er sich in den Schatten eines Felsens, badete seine Füße in kleinen, eisigen Bächen oder Seen und las, bis er wieder Lust bekam, weiterzugehen. So gewöhnte sich sein Fuß an das lange Gehen, und sein Herz an die dünne Luft. Meistens stand ein tiefblauer Himmel über ihm. Gegen die sengende Sonne schützte er sich mit einem Tuch, aber sie brannte ihm trotzdem die Nase, die Handrücken und den Nacken auf. Ab

Mittag wurde der Wind immer stärker und trieb ihm Staub in die Augen. An die Wand dachte er selten, an den Gipfel nie. Er genoß jeden Augenblick, und oft streckte er ohne ersichtlichen Grund vor Freude die Arme aus.

Am Abend kehrte er für eine Weile in die Hosteria zurück. Er freundete sich mit dem Leiter des »Aconcagua-Trekking«, Fernando Grajales, und seiner Familie an. Fernando organisiert für fast alle Expeditionen und Normalwegbesteigungen am Aconcagua die Maultiere und Verpflegung. Von ihm bekam er auch den letzten Rest Ausrüstung, der ihm noch fehlte. Vor allem einen angeblich besonders effizienten amerikanischen Benzinkocher, der in Europa nicht lieferbar gewesen war. Das Gerät war nicht neu, aber es schien zu funktionieren. Leider hatte er keine Gelegenheit, es bei tiefen Temperaturen zu testen . . .

Fernando war ein sehniger Mann Ende sechzig, mit wettergegerbtem, braunem Gesicht und dichtem, weißem Haar. Vor vielen Jahren hatte er selbst am Aconcagua eine Erstbegehung über den Ostgrat gemacht. Er lebte für und von diesem Berg, wenn er ihn auch seit vielen Jahren nicht mehr bestiegen hatte. Für sie beide, den Alten und den Jungen, war er zu einem Lebensberg geworden.

Seine Ausrüstung hatte er in einer von Fernandos Lagerhallen untergebracht. Wann immer er bereit war – in ein paar Tagen, in einer Woche –, würden zwei Gauchos und fünf Maultiere seine Utensilien ins Basislager tragen. Da war nicht viel zu organisieren. Er würde bis dahin ganz gut akklimatisiert sein und an einem Tag hinaufgehen, ohne Zwischenstation wie mit dem Fernsehteam beim ersten Mal.

Abends aß er im Restaurant. Jede einzelne Dusche genoß er, als wäre sie die letzte. Manchmal plauderte er bei einem kurzen, starken Kaffee mit den Kellnern oder ein paar Touristen. Dann ging er mit seinem Schlafsack und einer Unterlage in die Nähe des Flusses, hinter ein paar Koppeln mit Pferden und den Hütten der Gauchos. Er wollte im Freien schlafen, die Erde spüren und die Sterne sehen.

Die Nächte waren kalt und klar. Ein leichter Wind strich ihm übers Gesicht und durch die Haare. Manchmal trieb es den herben Geruch der Pferde vorbei. Es war sehr still, Gauchos gehen früh ins Bett. Obwohl er meistens todmüde war, horchte und schaute er lang mit wachen Augen in den ausgesternten Himmel. Anfangs schlief er schlecht. Das Land, auf dem er lag, und der freie Himmel, das alles war ihm noch fremd. Seine Gedanken kamen nur langsam zur Ruhe. Unnötiges, Überflüssiges ging noch eine Weile lang in seinem Kopf herum. Nach einigen Nächten ging die Ruhe, die in den Sternen lag, auf ihn über.

Morgens, wenn es schon hell war und er besonders tief schlief, kam immer ein Welpe, schleckte über sein Gesicht, weckte ihn auf und schleppte in seiner kleinen Schnauze seine Schuhe davon, die er oft lang suchen mußte. Im Liegen machte er einige Dehnungsübungen für die Wirbelsäule – seit Tagen hatte er keine Schmerzen mehr – und frühstückte dann in der Hosteria.

Später ging er wieder auf die Straße hinaus, verließ sie nach ein paar Kilometern nach links oder rechts auf einem der Pfade in die Berge, irgendwohin, wo er noch nicht gewesen war. In diesem täglichen stundenlangen Gehen und Schauen und Horchen und Lesen und wieder Gehen löste sich etwas in ihm, wenn er irgendwann gegen Spätnachmittag hungrig, müde und sonnverbrannt in die Hosteria zurückkam, und er begann langsam nur noch auf seine ursprüngliche Weise in seiner eigenen Welt zu existieren, von außen in keiner Weise gestört. Es war wie eine geistige Akklimatisation an sein ursprüngliches Bergsteigen, das einherging mit dem körperlichen Sich-Gewöhnen. Unaufhaltsam fiel er auf sich selbst zurück. Er hatte das noch nie in dieser Dimension erlebt und begann erst jetzt zu verstehen, einen wie weiten Weg er gegangen war.

Am 19. Januar 1995 stieg der bekannte französische Profikletterer Hugues Beauzille allein in die 3 000 Meter hohe Südwand des 6 956 Meter hohen Aconcagua ein. Er galt im heutigen, an solchen Protagonisten nicht armen Frankreich als einer der herausragendsten Vertreter des extremen Hochgebirgsklettern und hatte vor allem mit wilden Winteralleinbegehungen durch schwierigste Wände im Montblanc-Gebiet von sich reden gemacht. Für den Aconcagua war er ausgerüstet mit Zelt, Schlafsack, Seil, Haken, Eisschrauben, Gas und Nahrung für fünf Tage.

Offensichtlich kannte er die Wand kaum und war nur mäßig akklimatisiert. Vielleicht war ihm auch deshalb der Berg-Gott nicht gnädig. An seinem vierten Tag wurde er in den »Felsigen Türmen«, einer markanten Zone in ca. 5 600 Metern, von einer französischen Seilschaft eingeholt. Gemeinsam stiegen sie auf der Route der Erstbegeher weiter. Beauzille begann in der fünften Nacht zu delirieren. Die Gasvorräte seines Kochers und sein Proviant waren erschöpft. Am elften Tag erreichten sie den Gipfel. Beim Abstieg über den Normalweg an der Nordseite, wenige Minuten, bevor ihn die alarmierten Rettungsmannschaften erreichten, starb er am Abend des zwölften Tages an Erschöpfung. Er war 29 Jahre alt.

Die Dimensionen dieser Riesenwand lassen sich vielleicht auf folgende Weise verdeutlichen: Wenn man auf die größte Wand der Alpen, die berüchtigte Nordwand des Eigers, die auch nicht gerade leichte Nordwand des Matterhorns stellte, wäre man immer noch nicht am Ausstieg der Aconcagua-Südwand. Außerdem beginnt letztere in einer Höhe, in der die Eiger-Nordwand bereits endet: in ca. 4 000 Metern – und sie ist klettertechnisch deutlich schwieriger. Entscheidend dabei ist, daß die größten Schwierigkeiten zwischen 6 000 und 7 000 Metern bewältigt werden müssen.

Bis über die Eisabbrüche, die auf dem großen Gletscherplateau in 6 300 Metern enden, gibt es eine Hauptroute: die der französischen Erstbegeher von 1954. Die Wand hatte damals neben den größtenteils noch unbestiegenen Achttausendern als eines der größten alpinistischen Probleme gegolten. Wie das bis zu Beginn der achtziger Jahre üblich war, hatten die Franzosen an die 2 000 Meter Fixseile verlegt, an denen sie immer wieder auf- und abgestiegen waren, und hatten wenigstens fünf Hochlager mit Zelten und Proviant, Haken, Seilen, Schlafsäcken, aufgestellt. In acht Tagen hatten sie sich auf den Gipfel gekämpft, wobei sie in den berüchtigten, weil unberechenbaren Eissturm »viento blanco« gerieten. Alle hatten schwere Erfrierungen an Händen und Füßen davongetragen.

Eine neue Epoche in der Geschichte des Alpinismus war mit dieser Besteigung eingeleitet worden. Die Bergsteiger konzentrierten sich von nun an nicht mehr ausschließlich auf die berühmten Achttausender des Himalaja, von denen die meisten von nicht nennenswerter klettertechnischer Schwierigkeit sind, sondern auf die Schwierigkeit der jeweiligen Anstiege.

Im Januar 1974 war Reinhold Messner mit einer Südtiroler Expedition am Berg. Messner, der als erster alle Achttausender der Erde bestiegen und zu seiner Zeit immer wieder Maßstäbe im Extrembergsteigen – vor allem zwischen 1968 und 1980 – gesetzt hat, bezeichnet die Aconcagua-Südwand als eine der großen Wände der Erde. Das Ziel der Südtiroler war eine »Direttissima« durch die Südwand. Sie folgten bis auf das große Gletscherplateau dem einzig halbwegs objektiv (= lawinen-) sicheren Weg im unteren Teil der Wand, dem der Erstbegeher. Es gibt heute mehrere schnellere Varianten dort hinauf, aber sie alle sind aufgrund der extremen Lawinengefahr, die von den Eisbrüchen ausgeht, russisches Roulette.

Während die Linie der Franzosen-Route auf den letzten 700 Metern nach rechts über einen relativ einfachen Grat der extrem steilen und schwierigen Gipfelwand ausweicht – stellenweise dennoch extreme Kletterei –, hielten sich die Südtiroler mit Messner an der Spitze nach links und gingen die Gipfelwand in ziemlich direkter Linie an. Auch sie verwendeten noch im klassischen Stil Fixseile bis in ca. 6 000 Meter Höhe und drei Hochlager. Doch ab hier hatten sie, wie die Erstbegeher zwanzig Jahre früher, keine Zeit für Fixseile mehr. Reinhold Messner kletterte mit seinem Partner, am Seil gesichert, wie in einer Alpenwand durch die 200 Meter hohe, senkrechte und felsige Schlüsselzone seiner »Direttissima«. In 6 200 ließ Messner seinen müde gewordenen Partner an einer lawinensicheren Stelle zurück und stieg die letzten fast 500 Meter allein zum Gipfel. Das Gelände hier ist reines Eis und an Steilheit mit der Nordwand des Ortler vergleichbar. Diese gilt auch heute noch als schwierigste Eiswand in den Ostalpen – nur ist der Ortler 3 000 Meter niedriger als der Aconcagua! Messner erreichte den höchsten Punkt, kletterte bis zum späten Nachmittag zu seinem Partner zurück und seilte sich mit ihm zum obersten Hochlager ab, wo die beiden von ihren Kameraden erwartet wurden und über Nacht blieben. Am nächsten Tag erreichten alle das Basislager. Mit dieser außergewöhnlichen Besteigung hatte die Südwand neben der deutlich leichteren, französischen Originalroute einen zweiten Anstieg.

Anfang der achtziger Jahre gelang dem Franzosen Yvan Gherardini die erste Alleinbegehung der »Südtiroler-Route«. In wie vielen Tagen ließ sich nicht genau feststellen, es waren aber mindestens sieben.

Spitzenkletterer verwenden heute Fixseile höchstens noch im untersten, dem besonders brüchigen und daher heiklen Wandbereich. Die meisten der zwölf bis fünfzehn Expeditionen aus aller Welt, die sich jedes Jahr um die Weihnachtszeit im Basislager »Plaza Franzia« einfinden, planen von vornherein die Route der Franzosen. Doch immer wieder gibt es Jahre, in denen es kein einziges Team schafft, die Wand zu durchsteigen. Es sind die fürchterlichen Eiswinde, die unglaublichen Dimensionen, die dünne Luft, Lawinen und Schneefall, der brüchige Fels und die extremen Schwierigkeiten, die den Kletterern auch auf der Franzosen-Route zu schaffen machen.

1989/90 gelang nur zwei amerikanischen Seilschaften die Route der Erstbegeher – ohne Fixseile – in jeweils acht Tagen. Von zahlreichen Firmen gesponsert, war ein Team junger, französischer Spitzenkletterer aus Chamonix vor Ort. Außerdem waren da sechs bis sieben andere Expeditionsgruppen, darunter der Autor selbst, die alle am schlechten Wetter oder an der im unteren Wandbereich auf Grund von Ausaperung äußerst heiklen Kletterei scheiterten – oder an sich selbst . . .

1990/91, als sich die letzten Kapitel dieses Buches zutrugen, versuchten mehr als zehn internationale Gruppen die Wand. Die meisten hatten kein Glück, vor allem wegen der starken Eiswinde und der außergewöhnlichen Kälte. Am Normalweg wurde z. B. in 6 000 Metern die Temperatur auf minus 40 Grad geschätzt, die Windgeschwindigkeiten betrugen bis zu 140 km/h. Hochlager wurden weggerissen, sämtliche Zelte zerfetzt, und die Bergsteiger krochen mitten in der Nacht, viele mit schweren Erfrierungen, auf allen Vieren ins Tal . . .

Auch Barry Blanchard, der bekannteste kanadische Hochalpinist und Kletterer, der mit einigen extremen Erstbegehungen im Himalaja in der Szene aufgefallen war, scheiterte bei seinem Versuch, im Januar 1991 die Südwand auf der Franzosen-Route allein zu begehen. Er benötigte dreizehn Stunden, um bis in 5 900 Meter zu gelangen, biwakierte dort und stieg am nächsten Tag wieder ab.

Immerhin gelang einem Chilenen eine Alleinbegehung in vier Tagen. Erfolg hatten außerdem eine koreanische und eine japanische Gruppe, in vier bzw. fünf Tagen – alle hatten die Route der Erstbegeher gewählt.

Tiroler Kletterern gelang im Januar 1986 die mit Abstand schnellste Begehung der »Direttissima« in 46 Stunden. Sie wurde seit mindestens 1988 nicht wiederholt. Damals wurde ein argentinisch-amerikanisches Team in der Gipfelwand von einer Lawine weggefegt.

Angesichts der äußeren Umstände und der oft tragischen Geschichte des Berges und vor allem der Wand, erschien es unwahrscheinlich, daß eines Tages einer kommen würde, um sie ausgerechnet allein und an einem Tag zu versuchen. Noch dazu einer, dem die Ärzte prophezeit hatten, er würde nie wieder einen schwierigen Berg besteigen können. Aber Arme und Beine allein sind es nicht, die uns die höchsten Gipfel ersteigen lassen. Es sind vor allem die Vision, das Herz und die Leidenschaft, die uns nach oben tragen . . .

Seine Wanderungen in den ersten Tagen in Puente del Inca führten ihn immer wieder an einem berühmten Bergsteigerfriedhof vorbei. Von einer steinernen Mauer umzäunt, liegt er auf freiem Feld unweit der letzten Hütten. Eine große Zahl von Grabsteinen erinnert an jene Bergsteiger, die nicht mehr vom Aconcagua zurückkehrten. Weit über sechzig müssen es bisher sein . . . Dicke, weiße Kreuze, die hell in einen tiefblauen Himmel ragen. Selten eine frische Blume, nirgendwo eine brennende Kerze. Die meisten Toten waren von weither gekommen, um sich ihren Traum zu erfüllen.

Auf dem Grabstein eines jungen Amerikaners las er die Inschrift: »Age quod agis.« Seltsam betroffen stand er davor. »Tue, was du tun mußt.« Was ihn berührte, war die Aufforderung zu handeln auf einem Symbol der Vergänglichkeit für einen, der nicht mehr handeln konnte. Einer von vielen Grabsteinen und ein Imperativ, wie es viele gibt.

»Age quod agis.« Selbst wenn es den eigenen Tod zur Folge haben kann? Aber gerade weil wir sterben können und irgendwann mit Sicherheit sterben werden, hat diese Aufforderung ihre Gültigkeit. Das Entscheidende ist das Müssen. Das Können gehört ins Reich der Ewigkeit, denn nur die Ewigkeit kennt ein immerwährendes Morgen. Doch die Natur verweigert uns dieses. Das Müssen entsteht durch die Grenze, die uns der Tod zieht. Irgendwann müssen wir alles getan haben, weil dahinter keine Zeit dafür ist. »Tue, was du tun mußt, und tue es heute, weil du nicht weißt, ob du ein Morgen hast!«

Der Amerikaner, dem diese Inschrift gewidmet ist, wurde nur 23 Jahre alt. Er tat, was er tun mußte, oder, besser gesagt, er hatte es versucht und war dabei gestorben. War die Erfüllung des Imperatives den Preis wert? Wäre er im Tal geblieben, er lebte vermutlich heute noch. Aber in seinem Bewußtsein hätte sich unauslöschlich eingeprägt, daß er unterlassen hatte zu tun, was er hätte tun müssen . . .

Für die meisten Menschen ist Sterben etwas, das immer anderen passiert. In erster Linie hört man davon in den Nachrichten. Der eigene Tod scheint in weiter Ferne. Nur manchmal erschrickt man vor der Möglichkeit eines Unfalles, einer Krankheit, die einen aus dem Leben nehmen könnte, so wie ein Kellner ein leeres Glas von einem Tisch. Dadurch änderte sich nichts – das Leben ginge weiter, nur eben ohne uns.

Er mußte an seine vielen Alleingänge, vor allem in der Schulzeit, denken. Wenn er von einem der vielen Steine erschlagen worden wäre, einem der ungezählten Griffe abgerutscht, wenn er von einer der Lawinen mitgerissen worden wäre, irgendwo zerschmettert in einem Kar läge, begraben von zehn Metern Schnee – ausgelöscht, eine bald nur mehr vage Erinnerung –, nichts hätte sich geändert. Keinen Sekundenbruchteil lang wäre die Zeit stillgestanden, außer seiner eigenen, und die für immer. Ausgespielt. Nie wieder. Was ihn in bezug auf den Tod schmerzte, war seine Endgültigkeit: nie mehr lachen, klettern, lieben, Träume haben. Das Sterben selbst hatte für ihn schon lang seinen Schrecken verloren. Zu oft war er bei Alleingängen an der Schwelle zwischen Sein und Nicht-Sein gestanden, um später erstaunt zu erkennen, daß das nicht so schlimm sein konnte, wenn man plötzlich nicht mehr ist. Ein Wimpernschlag, und es ist vorbei. Auch wenn man Zeit hatte, dem Aus ins Gesicht zu sehen, waren es nur die Wut und der Ärger darüber, einen Fehler gemacht zu haben, und ein großes Staunen, daß es nun soweit war. Aber nie hatte er bei diesem Auf-der-Schwelle-Stehen Angst.

Er stand in der Sonne, seine Nase und sein Nacken brannten, die Muskeln seiner Oberschenkel vibrierten leicht vom stundenlangen Gehen, und der starke nachmittägliche Wind fing sich in seinem Kopftuch. In der Ferne brausten die großen Trucks. Bald würde er ins Basislager gehen. Vierzig Kilometer weit, nichts als Bergwüste zwischen ihm und dem, was man wohl als Zivilisation bezeichnen konnte. Sein Zurück würde nur über die Durchsteigung der Wand führen. Oder auch nicht. Das war sein Traum. Welchen wohl der Amerikaner gehabt hatte, für den er vor beinahe zwanzig Jahren mit seinem Leben bezahlt hatte?

Es war immer typisch für ihn zu handeln, ohne lang nach einem Warum oder dem Sinn zu fragen. So passierten all seine Abenteuer in jener Selbstverständlichkeit, die wahrscheinlich notwendig ist, um sie überleben zu können. Jetzt aber, da er allein in den Bergen um Puente del Inca umherwanderte, kreisten seine Gedanken oft um den Tod. Wenn man eine 3 000 Meter hohe Wand im seilfreien Alleingang an einem Tag besteigen möchte, scheinen solche Gedanken nicht besonders abwegig; doch für ihn, der sich bisher unschuldig wie ein kleines Kind am »Abenteuerspielplatz« Berg herumgetrieben hatte, war es ungewöhnlich.

Er wußte, daß er ein anderer, daß er ein Mann geworden war, der um seinen Schatten wußte. Der »Knabe mit dem goldenen Haar«, der wir alle einmal sind, lag in der Schlucht in seiner Heimat. Trotzdem blieb er glücklich, denn ihm ging es vor allem darum, Träume und Visionen zu haben und diese in allem Abenteuer immer wieder zu leben.

Der Aconcagua war der erste schwierige und gefährliche Berg, zu dem er mit dem Bewußtsein der Möglichkeit des eigenen Sterbens aufbrach. »Tue, was du tun mußt« – er schien von der Wahrheit dieses Satzes mit seinem ganzen Sein erfüllt zu sein, denn als er eines Abends in der Hosteria Puente del Inca spürte, daß er jetzt bereit war, packte er mit der gewohnten Selbstverständlichkeit und ohne zu zögern seine Sachen und organisierte für den nächsten Morgen fünf Maultiere. Er trank ein letztes Bier, genoß eine abschließende, ausgiebige heiße Dusche. Plauderte mit Fernando und spielte mit dessen Sohn, der nur wenig älter als sein eigener war, setzte sich eine Weile vor die Tür der Hosteria und schaute den wenigen Autos zu, die um diese Zeit noch unterwegs waren. Er würde lange keine Autos und keinen Asphalt mehr sehen. Früher als sonst ging er zu seinem Schlafplatz und las, bis ihm die Augen zufielen.

Als die ersten Sonnenstrahlen auf die Berge fielen, die er jetzt alle kannte, ging er auf die Straße hinaus. Wie eine gläserne Glocke lag kühle, klare Luft über dem Tal. Es war windstill. Selten ein schwerer Lastwagen. Von der Hosteria geht es eine knappe halbe Stunde den Highway entlang. Dann zweigt der Weg nach rechts, nach Osten ab. Nicht lang, und er kam an einem kleinen See vorbei. Pferde grasten hier, zwei Urlauber hatten ihre Zelte aufgestellt. Wenig später zog er am Ufer des um diese Zeit noch still und klar fließenden Horcones seine Schuhe aus und überquerte ihn im knietiefen Wasser, vorsichtig mit den Skistöcken jeden nächsten Schritt sondierend. Jetzt holten ihn zwei Gauchos mit den fünf Maultieren ein, die seine Ausrüstung trugen. Bis zuletzt reitend würden sie das Südwand-Basislager, den »Franzosenplatz«, in acht Stunden erreicht haben. Er hatte seinen Namen nach den Erstbegehern von 1954 und lag in wenig mehr als 4 100 Metern in lawinensicherer Entfernung von der Wand, unweit einer der wenigen Wasserstellen.

Es war ein langer Weg für ihn. Dicker Staub, Sand, Steine. Sehr unangenehm, wenn man ein steifes Sprunggelenk hat. Sein Fuß glich die Unebenheiten des steinigen Pfades nur schwer aus, er wirkte unbeholfen beim Gehen.

Und er wußte: Wenn er Hilfe brauchte, dann würde er zuerst denselben Weg, die fast vierzig Kilometer, zurückgehen müssen – wie vor zehn Monaten mit dem Arzt. Er hatte kein Funkgerät bei sich, um Hilfe anzufordern, wenn er krank wurde, wenn er sich den Fuß brach, wenn er in eine Spalte fiel. Niemand und nichts würde ihn im Basislager erwarten. Es war noch viel zu früh im Jahr. In der Wand mußte vom Winter her noch viel Schnee liegen. Bergsteiger, die die Südwand machen wollten, akklimatisierten sich zuerst am Normalweg und errichteten dort meistens Depots für den Abstieg mit Nahrung und Gas für die Kocher. So sparten sie etwas Gepäck in der Wand. Für ihn kam diese Methode nicht in Frage, denn das Basislager des Normalweges war ebenfalls vierzig Kilometer Fußmarsch vom »Franzosenplatz« entfernt, und der Aufstieg von Norden bedeutete ödes, endloses Gehen über einen häßlichen, 3 000 Meter hohen Schutthang – äußerst unangenehm, besonders für sein steifes Sprunggelenk.

Er würde also allein am »Franzosenplatz« sein, auch zu Weihnachten und vermutlich noch zu Neujahr. Sein Sohn Laurens würde am 4. Januar seinen fünften Geburtstag haben, und er konnte mit Sicherheit diesmal nicht bei ihm sein. Doch dies war sein Leben. Er hatte ja dazu gesagt.

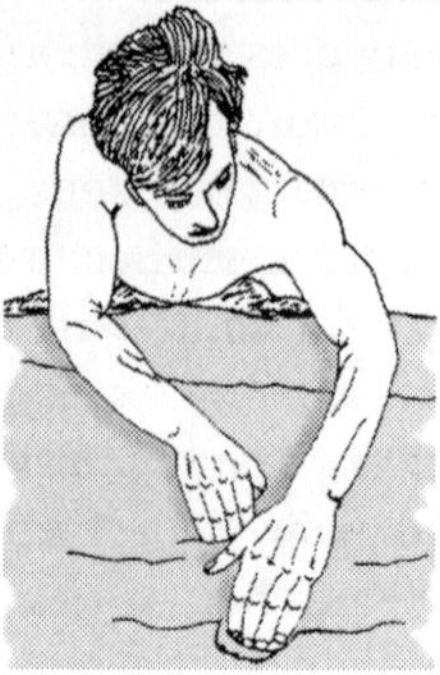

Eine letzte Welt

»Das einzige, was zählt, ist das Alleinsein.«
Ed Ruscha

»Was sich überhaupt sagen läßt, läßt sich klar sagen;
und wovon man nicht reden kann, darüber muß man schweigen . . .
Die Grenze wird also nur in der Sprache gezogen
werden können, und was jenseits der Grenze liegt,
wird einfach Unsinn sein.«
Ludwig Wittgenstein

In ihrer kältesten Stunde wich die Nacht dem neuen Tag. Kalte, klare Sterne begannen zu verblassen, ein Hauch Hell legte sich über den Frost und das endlose Schwarz des Alls, das seine Tiefe und sein Geheimnis zu verlieren begann, und schließlich gingen alle Schattierungen von Blau über in ein glanzloses, sonnenloses Weiß.

Am Gipfel war jetzt Tag. In der Wand, die unter ihm lag, fahles Scheinen der Eisbrüche und Gletscher. Sie waren eingebettet in riesige Wände aus dunklem, senkrechtem Stein und hervorgehoben durch Klüfte und Kanten, Spalten, Pfeiler und Grate kleinerer Gebirge, die unzählbare Teile des

»Wächters aus Stein« waren. Gliedmaßen eines Wesens also, das in all seiner Vielfältigkeit doch immer nur eins gewesen war, immer eins bleiben würde, trotz der verschiedenen Jahreszeiten und der Erosion, die es ständig veränderte, formte und schliff, das keine Menschen-Zeit kannte und aus der Zeit war – ist – sein wird: ein Gott, der in seinem Selbst-Sein ruhte, der die Kälte der Nacht, ihr Atem und ihr Ursprung war und das Schweigen und die Stille des Eises und der Steine und der Zufall des in einer Lawine ausbrechenden Chaos, Schall und Wahn, unter seltenen Umständen Tod, wenn es tonnenweise ins Tal raste, jetzt oder bald, heute oder morgen, wann immer es ihm gefiel, wann immer er überdrüssig wurde des jeweiligen Teiles seiner selbst, dessen er sich entledigte.

Es war die letzte und zugleich die erste Welt. Eine Nicht-Welt, in der der menschliche Dualismus von Leben und Tod nicht existierte. Sein und Nicht-Sein hoben sich auf, denn hier war Ewigkeit – Gestern, Heute, Morgen. Der Gott blieb, was er immer gewesen war und immer sein wird – unnennbar, unbeschreibbar, eine Metapher, ein Sinnbild, das sich nicht denken ließ.

Noch weiter unten bildete die wenigstens fünfzehn Kilometer lange, zwei, drei Kilometer breite und kein Mensch weiß wie tiefe Schlange aus Eis die Mitte des Tales. Eine schlafende Anakonda, ein Gletscher (der den Namen Horcones trug) mit unendlich vielen Spalten, zum Großteil bedeckt von grauem Schutt, haushohen Hügeln, großen und kleinen Tümpeln, deren Oberfläche um diese Zeit überzogen war mit einer wenigstens fingerdicken Schicht von Eis.

Kalte Stille. Weder Krachen von Steinschlag noch Donnern einer Lawine. Nicht Säuseln und Brausen von Wind oder Sturm. Kein Sand, der auf das um die zwei winzigen Zelte verstreute Blechgeschirr und die Skistöcke rieselte und sang.

Kein Vogel, keine Maus. Nichts. Das violette Halbrund der federleichten Behausungen – in einem schlief er, im anderen lagerten Proviant und Reserveausrüstung – sowie Kochtöpfe, Bergschuhe, Benzinkocher, alles unter einer Decke aus feinen Kristallen von Reif. Ein klein wenig menschliches Chaos und Unordnung in einer scheinbar leblosen Wüste. Basislager Aconcagua-Südwand.

In dieser grauen Stunde das fremdartige, elektronische Geräusch des Weckers. Ein Signal aus einer anderen Welt für den Menschen, der erschöpft, traumlos und tief, geborgen im Dunkel des Zeltes und in der Wärme seines vertrauten Daunensackes geschlafen hatte ohne Ahnung von Himmel und Universum, Wand, Berg und Gott. Ein nackter Arm, der aus dem blauen Schlafsack hervorkam, tappte schwer auf den Wecker, um ihn zum Schweigen zu bringen, blieb ausgestreckt liegen wie gelähmt. Wieder war es still. Die bleiernen Glieder des Menschen rührten sich nicht. Er war in einem halben Wachzustand – noch nicht in Schmutz, Sand und Kälte eines zum Stehen viel zu niedrigen Zeltes, das ihm in den letzten Wochen Schutz und Heimat, Wärme und Vergessen geworden war.

Längst hatte er aufgehört, die Tage seines Hierseins zu zählen. Sie waren ineinander verschmolzen und zu Bildern geworden, die für immer Teil seines Ichs bleiben würden. Er war dankbar, allein sein zu dürfen, keine Fragen beantworten, nicht reden zu müssen. Was er erlebte, fühlte und sah, gehörte ihm. Es wäre auch nicht zu beschreiben gewesen. Im Angesicht des Berg-Gottes, seines immer wechselnden Lichts, mit dem er sich morgens, mittags, abends umgab, der Winde und Stürme, die ihn umbrausten, von Hitze und Kälte, die er ausstrahlte, erübrigte sich jedes Wort.

Die ersten Tage im Basislager waren trotz seines Glücklichseins in Puente del Inca voller Verzweiflung gewesen. Zum ersten Mal in seinem Leben unwiderruflich abgeschnitten von der Außenwelt, hatte er sich allein mit dem Berg auf sich selbst zurückgeworfen gefunden. Es war zuviel für einen kleinen Menschen in einer leblosen Gebirgswüste, in der es nichts gab außer Sand und Staub und Steine, zwei Zelte, etwas Nahrung und viele Bücher. Ein paar Tage lang hatte er sein Wollen, seine Absicht verdammt, und ihm war, als stünde er allein gegen eine der drei größten Wände der Erde, die er noch dazu auf eine Weise besteigen wollte, wie sie noch von niemandem zuvor erprobt worden war: ohne Unterstützung und nennenswerte künstliche Hilfsmittel. Die Tage waren lang gewesen, die Abende noch länger. Immer wieder überredete er sich, eine Nacht noch zu bleiben, nun wirklich die letzte Nacht, und am Morgen den Rückweg ins Tal anzutreten, egal, was er selbst von sich oder die anderen von ihm dachten.

Die Aufgaben, die ihm der Berg und die Wand ununterbrochen stellten, waren ihm unüberwindbar erschienen. Er hatte sich von dauernden Gefahren bedroht gefühlt, mit denen er zuerst nicht umzugehen gewußt hatte. Da waren Gletscherspaltenlabyrinthe am Einstieg, Tonnen von Eis, die in rasender Geschwindigkeit, Felsbrocken vor sich her schleudernd, auf ihn zukamen. Felsen und Pfeiler, ganze Wände in der Wand, in denen er sich verirrte, in fünf-, bald sechstausend Meter Meereshöhe und mehr, am Abend war da niemand, der auf ihn wartete, für ihn kochte, seine Eindrücke mit ihm teilte. Am Morgen keiner, mit dem er einen Kaffee trinken und den Verlauf einer möglichen, sicheren Route durch den unteren Teil der Wand hätte diskutieren können. Die Stunden an den Rasttagen schienen ohne Ende. Vor allem in der Hitze des Mittags verkroch er sich schweißüberströmt in sein Zelt, lag dann regungslos. Draußen war es zwar windig, aber die Sonne, die im Zenit stand, war nicht zu ertragen. Drinnen brütende Hitze, die seinen Körper ausdörrte, sein Denken erstickte und Lesen unmöglich machte. Die Eingänge konnte er nicht öffnen, weil der Wind sich ständig drehte und ganze Wolken von Staub und Sand durch die Luft trieb, die er ohnehin schon überall in seiner Kleidung, seinem Schlafsack, seinen Nahrungsmitteln und Büchern hatte. Vor dem Alleinsein an den langen Abenden graute ihm, noch mehr vor dem Weckerläuten, dem morgendlichen, eisigen Aufbruch, dem Zweifeln und Suchen in den trügerischen Dimensionen der Wand, die ihn ständig irreführte, die er immer wieder unterschätzte, die ihn bedrohte mit Steinschlag, mit brüchigem Fels und ihren zahllosen, unsichtbaren Linien, vor allem der einen, ihm noch nicht sichtbaren, von deren Existenz er aber unbeirrt überzeugt war.

Trotzdem blieb er, trotzdem harrte er aus. Und immer und immer wieder stieg er in die Wand ein. Schließlich war es gerade das Alleinsein gewesen, das ihn stark gemacht hatte. Es ist die Voraussetzung für jedes Kon-*Zentrieren*, für das Bewußt-Werden des Zentrums. Damals hätte er es nicht zu beschreiben oder zu erklären gewußt, aber im Rückblick erkannte er ohne Zweifel, daß er erst nach einigen Tagen, und zwar gerade wegen dieses absoluten Auf-sich-selbst-gerichtet-Seins – ein »Ego-*Zentriker*« – seine Aufmerksamkeit in aller Intensität dem Berg zuwenden konnte. Erst dann hatte er begonnen, im Einklang mit dem Berg-Gott über sich selbst hinaus zu wachsen, Teil des Berges, ja der Berg selbst zu werden, der seine Unnahbarkeit in dem Maße verlor, in dem es ihm gelang, seine Idee in ihn hineinzuprojizieren und sich selbst in ihm zu erblicken.

So verloren die Wand und ihre Gefahren ihren Schrecken. Er ging nicht mehr auf den Berg hinauf, sondern in sich hinein. Er bestieg nicht mehr die Wand, sondern sich selbst. Sein Steigen wurde zu einer für ihn einzigartigen Reise nach innen, wo er sich immer wohler zu fühlen begann. Der Alleingänger war nicht mehr allein. Die Öde seiner Katharsis, seiner Reinigung, lag hinter ihm. Die vier Wochen an der Südwand des Aconcagua wurden die schönsten seines Lebens.

Von den Zelten führte eine Viertelstunde lang ein ebener Pfad bis an den Rand der Moräne. Bevor ein kurzer Abstieg begann, deponierte er zwei leere Wassercontainer hinter einem großen Stein. Am Abend würde er sie an einem kleinen, glasklaren Tümpel füllen, der nicht weit von dem Hauptweg verborgen am Abhang der Moräne lag.

Er stolperte die sechzig, siebzig Höhenmeter hinunter, rutschte mehrmals aus, fing sich knapp mit den müden, steifen Muskeln seiner Oberschenkel, fand mühsam Balance mit den Skistöcken, fluchte, stolperte weiter.

Wie Schneckenhäuser trug der Gletscher gewaltige Hügel aus Schutt. Zwischen spiegelblanken und mehreren Quadratmeter großen Flächen von durchsichtigem Eis lagen überall Steine, große und kleine, die jetzt, um sechs Uhr früh, hart aneinander oder an das Eis gefroren waren. Sein schmerzender Fuß stieß sich daran.

Die bis zu siebzig Meter hohen Schutthügel erschienen ihm wie kleine, ununterscheidbare Berge, zwischen denen sich eine halbe Stunde lang ein mäanderhaft verschlungener Weg wand. Ein Weg – als wäre das ein ausgetretener Steig! Nicht einmal eine Spur war es in Wahrheit, eine Ahnung höchstens, ein hingekratztes Zeichen allenfalls, gesetzt für ein paar Stunden, für die wenigen Tage und Wochen, in denen seine Füße traten, stolperten, schlurften. Die äußere Spur von ihm würde da sein, solang er selbst da war, solang ihn sein Glaube an das Abenteuer aufrecht hielt. Eine Woche später, eine große Lawine später, nach ein paar Nächten und

Stürmen und dem Erlöschen seiner Energie würde der »Weg« verschwunden sein wie er selbst, ausgelöscht, verwischt, als hätten sie beide, die äußere Menschen-Spur und der Mensch selbst, nie existiert.

Wie müde er war. Es war noch viel zu früh und viel zu kalt, um zu denken und sich vielleicht über irgend etwas zu freuen. Er wußte nicht einmal, warum er hier war. Er hatte es vergessen, und es war ihm auch egal. Als er ankam – vor einer Woche, vor zehn Tagen, auch daran konnte er sich im Augenblick nicht erinnern –, da war er ununterbrochen voller Energie gewesen. Sobald die Gauchos mit den fünf Maultieren, die seine Ausrüstung getragen hatten, wieder ins Tal abgestiegen waren, hatte er begonnen, sein Leben zu organisieren. Er hatte die Zelte aufgestellt, die Pfosten für sein Finger-Trainingsbrett im felsigen Sand verankert, und Pläne für den nächsten Tag gemacht. Was er essen, welches Buch er lesen, welchen Weg in der Wand er nehmen würde. Er hatte seine Zeit in Erkundungs- und Klettertage, in aktive und kontemplative Phasen eingeteilt und eine Zeitlang gemeint, er könnte allein mit seinem Willen in dieser zuerst fremden, lebensfeindlichen Welt bestehen. Doch der Berg-Gott hatte seine eigenen Gesetze und seine eigene Energie, und jetzt war es der Aconcagua, der ihn zu bestimmen und zu beherrschen begann.

An diesen frühen eisigen Morgen aber, wenn er wieder in die Wand mußte, spürte er nichts von alldem. Er war nur müde, und er fror, und so stolperte er scheinbar willenlos, wohin ihn seine Beine trugen. Das Wetter war schön, und er meinte, keine Zeit verlieren zu dürfen. Die Wandtage dauerten bis zu vierzehn Stunden, in denen er fast ununterbrochen in Bewegung war, immer auf der Hut vor Lawinen, Steinschlag, Gletscherspalten. Er kletterte zwischen 4 100 und zuletzt fast 6 100 Metern auf und ab. Sonne, Wind, Kälte, dünne Luft, ununterbrochene Konzentration. Er verordnete sich Ruhe, aber der eine Rasttag, den er sich jeweils zwischen den Aktionstagen zugestand, war viel zu kurz. Jeder Schritt, den er die drei Kilometer Eis und Fels höher kam, war ein gewonnener Schritt, der ihn ein Stück weiter brachte. Wohin, auch das hätte er in der Früh nicht zu sagen gewußt.

Er wurde nie krank, er war nicht einmal verkühlt, aber seine Muskeln erholten sich in den 36 Ruhestunden nie vollständig, trotz der raffinierten, von Willi ausgeklügelten Diät. Freilich erfüllten Arme und Beine ununterbrochen ihre Funktion. Seine Augen brannten vor Müdigkeit. Wie gern hätte er noch eine Weile geschlafen, vor sich hin gedöst.

Auch heute morgen hatte er nach dem Weckerläuten, zuerst wie betäubt, mühsam versucht, seine Gedanken zu ordnen, ein Gerüst in seinem Kopf aufzubauen, das ihn tragen könnte in den nächsten Minuten und Stunden. Die höchste Priorität hatte das Wetter, das sein heutiges Tun bestimmen würde. Kaum hatte er die Augen aufgeschlagen, hörte, spürte, wußte er, daß es gut war. Trotzdem öffnete er die Reißverschlüsse der beiden Zelthüllen. Dabei war nicht zu vermeiden, daß Eiskristalle hereinrieselten und ihm auf Gesicht und Nacken fielen. Kurz nur streckte er den Kopf hinaus, verschaffte sich der Ordnung halber Gewißheit. Enttäuscht zog er sich wie eine Schnecke in seine Behausung zurück. Wolken und Sturm wären ihm Entschuldigung und Vorwand gewesen, liegenzubleiben, weiterzudösen, in der Wärme des Schlafsackes seinen Träumen nachzuhängen, später zu lesen, Kaffee zu trinken, was er nur an den Rasttagen tat, ein paar Klimmzüge auf dem Trainingsbrett zu machen und vielleicht, wie zivilisierte Menschen das tun, sich irgendwann mit der wunderbar duftenden Creme und dem feinen Pinsel zu rasieren.

Er tastete im Dunkel nach den Streichhölzern, zündete die

Kerze an, in deren Schein er jeden Abend las, und schlüpfte Stück für Stück in die Kleidungsstücke, die er sich vor dem Einschlafen sorgsam zurechtgelegt hatte. Das dauerte eine Weile, denn er fühlte sich erschlagen wie alle Menschen mit niedrigem Blutdruck und Puls. Er hatte Mühe, sich zu konzentrieren.

Draußen wurde es immer heller. Stetig sank das Licht vom Gipfel ins Tal herab. Er schob einen fünf Liter fassenden Wassercontainer vor sich ins Freie. Hätte er ihn in der Nacht draußen stehengelassen, das Wässer wäre gefroren gewesen. Dann kroch er auf allen Vieren hinaus. Wie ein Schlag warf sich die beißende Kälte gegen seinen Körper – wenigstens 15 Grad minus. Er suchte den Kocher, putzte ihn oberflächlich vom Reif, riß ein Streichholz an und versuchte ihn in Gang zu setzen. Er hatte keine sehr glückliche Hand dabei. Er pumpte, schüttelte, ruckte den Behälter mit dem Benzin. Plötzlich spuckte eine der Düsen aggressive gelbe Flammen. Vielleicht machte er etwas falsch, vielleicht waren es die extreme Kälte oder der Ruß, der die Düsen verstopfte. Er fluchte kurz, beherrschte sich aber schnell und war dann dankbar, wie jedesmal, wenn er endlich eine blaue, stetig fauchende Flamme bekam und einen Topf mit Wasser aufstellen konnte.

Seine sonnenverbrannten Hände waren jetzt noch schmutziger geworden. Unter den Fingernägeln hatte er schwarze Ränder, und in der von der extremen Sonneneinstrahlung faltig gewordenen Haut war der Ruß des Kochers wie eingebrannt. Seine Handrücken waren von kleinen Wunden und Kratzern übersät, die er sich beim Klettern zugefügt hatte oder die von Steinschlag herrührten. Überall waren jetzt Spritzer von frischem, hellem Blut aus den tiefen, vertikalen Rissen an den Spitzen seiner Daumen. Die Haut war bei der morgendlichen Kälte besonders spröde, und was in der Nacht heilte, brach beim Frühstückmachen jedesmal wieder auf. Selbst die fabelhaften Salben von Willi konnten da nichts mehr ausrichten.

Vor Kälte zitternd, mischte er automatisch verschiedene Getreidesorten in einem nicht sehr sauberen Topf, rührte das erste bißchen warme Wasser dazu, einen Löffel Weizenkeimöl, ein wenig Honig und aß den Brei langsam, Bissen für Bissen, unter sorgfältigem Kauen. Er hatte keinen Hunger, und das Frühstück schmeckte ihm auch nicht. Er aß, weil er Kalorien und Vitalstoffe brauchte. Den Tee trank er lauwarm und ungesüßt – »der Zucker ist ein Hund« –, fast einen Liter. Er hatte keine Geduld zu warten, bis das Wasser heiß war. Trinken war das Wichtigste. Dann schüttelte er den ebenfalls von einer dicken Rauhreifschicht bedeckten Rucksack, packte die wenigen Sachen hinein, die er heute in der Wand brauchte – einen Pullover, ein paar Kraftschnitten, ein Seidentuch als Sonnenschutz. Er schmierte die Willi-Creme in seine Daumenrisse – verzichtete auf Pflaster, die beim Klettern nicht hielten – und Sonnencreme mit hohem Schutzfaktor auf seinen Nacken und ins Gesicht. Endlich füllte er noch zwei Thermosflaschen, schloß den Reißverschluß des Zeltes, packte die Skistöcke und trottete hinkend an den Rand der Moräne, über die er auf den Gletscher hinunterstieg.

Der Frost unterdrückte hier jegliches Geräusch. Nur manchmal ging ein dumpfes, drohendes Knacken durch das Eis der mächtigen Riesenschlange unter ihm. Es war wie eine Warnung, als hätte eine lauernde und unsichtbare Kraft, die stärker als alles andere war, dem viele Kilometer langen Gletscher einen unterirdischen Riß verpaßt. Anfangs war er erschrocken, hatte sich sprungbereit geduckt wie ein Tier, um in Deckung zu gehen, wo gar keine war, um in Sicherheit zu laufen, wo es keine geben konnte; doch beim dritten oder vierten Mal reagierte er nicht mehr darauf. Er hatte nie feststellen können, wodurch dieses Geräusch hervorgerufen wurde und was es bewirkte.

Er war schon oft hier gegangen und wußte, daß eine Expedition Stangen mit bunten Fahnen zur Orientierung aufgestellt oder Farbmarkierungen an größeren Felsen angebracht hätte. Ihm aber waren kleine »Steinmänner« kaum auszumachende Anhaltspunkte. Immer wieder hatte er neue am Abend, am Rückweg von der Wand, aufgebaut, drei, vier Steine, flache Steine übereinandergestellt an Kurven und Biegungen seines Weges. Sie hielten nie lang, denn der Luftdruck einer besonders großen Lawine, der Wind und die Sonne, die das Eis ihres Unterbaus schmolz, machten ihnen den Garaus. Sie fielen einfach um oder in sich zusammen und blieben als ungeordnete Haufen liegen inmitten einer chaotischen Schuttwüste.

Mit diesen Veränderungen hatte er nicht immer gerechnet, und er hatte sich vor allem in der ersten Zeit oft verirrt. Da war es ihm besonders wichtig gewesen, diese Legion von kleinen Wächtern zu schaffen, die ihm so etwas wie ein menschliches Zeichen war, wenn auch von kurzer Beständigkeit in einem steinig-eisigen Meer, das sich ununterbrochen veränderte und das doch immer es selbst blieb. Es war erstaunlich, daß er morgens zur Wand hin und abends zum Lager zurückfand. Doch von Tag zu Tag verzichtete er mehr darauf, Pläne zu haben, hierhin und dorthin zu wollen, sich darüber den Kopf zu zerbrechen, welcher Weg hier und welcher später in der Wand der richtige war, und immer seltener kam es vor, daß er sich trotz der über Nacht verschwundenen Steinmänner verirrte.

Er stellte sie immer an den Abenden auf, wenn er nach langen Wandtagen müde und erschöpft ins Lager zurückkehrte. Außerdem war er hungrig und hatte genug von den Steinen und all der Ungewißheit. Unschlüssig schaute er dann in die graue Welt und erfüllte diese letzte Pflicht, bevor er endlich zur Ruhe kam. Alle hundert, zweihundert Meter, etwas öfter vielleicht, wenn der Pfad sich um die Sockel der Moränenhügel wand, bückte er sich ächzend und unwillig, eine Hand auf dem Knie aufgestützt wie ein müder, alter Mann, der sich ungern bückt, weil ihm etwas zu Boden gefallen ist, und türmte mit seinen schmutzigen Händen ein paar Steine aufeinander.

Seine graue Hand tastete herum, hob Platten auf, drehte sie um, begutachtete sie, suchte eine Stelle, die für die nächsten Tage wenigstens eine solide Unterlage zu sein schien, und schichtete die Steine übereinander. Dann ging er ein paar Schritte weiter, drehte sich um und versuchte sich den Standpunkt des neuen Steinmannes aus verschiedenen Perspektiven einzuprägen.

Über fast blankes Eis führte eine letzte Steigung auf den freien Gletscher hinaus, der, zuletzt immer steiler und von tiefen Spalten zerklüftet, zum Einstieg führte. Mittlerweile hatte er sich warm gegangen, und er verspürte keine Müdigkeit mehr. Die Muskeln funktionierten jetzt gut, und die Schmerzen im Fuß waren verschwunden. Endlich war auch der Berg wieder zu sehen, den bisher die – Schutthügel verdeckt hatten.

Die Ausläufer der größten Lawinen konnten ihn hier bereits erreichen. Eine halbe Gehstunde lang blieb er in ihrem Einzugsbereich. Das Risiko wuchs mit jedem Schritt, und am größten war es direkt am Einstieg. Dort mußte er über handbreite Schneebrücken dutzende Spalten überqueren, aus denen schwarze Abgründe gähnten. Bei aller Vorsicht blieb jeder Schritt ein Wagnis. Er tastete sich voran mit angehaltenem Atem und eingezogenem Bauch, in dem die Angst saß vor dem zu erwartenden Unausweichlichen, das sich zuerst zwei Kilometer höher in fernem Krachen ankündigen, dann aber schnell zu donnerndem Tosen anschwellen und weit das Tal hinaushallen und den Gletscher und die Felsen erzittern lassen würde.

Durch den Druck, den die Lawinen erzeugten, wurden Felsbrocken losgerissen, die als Vorboten durch die Luft flogen, einschlugen, ihre unberechenbare Bahn änderten, weiter wirbelten, wieder aufprallten. Ihnen folgte die Hauptmasse des Eises. Nach den ersten 200 Metern – von 6 100 auf 5 900 Meter – fiel diese auf einen steilen Gletscher, wo ihre Energie neues Eis losbrach. Dann raste sie weiter neben einem markanten Teil der Aufstiegsroute, den sogenannten »Senkrechten Kaminen«, und einem riesigen, weit über 1 000 Meter hohen Pfeiler – so hoch ist die Matterhorn-Nordwand –, vorbei bis zu den zerklüfteten Spalten des Bergschrunds. Die kleinen Lawinen stauten sich dort vielleicht kurz, die großen brausten hinweg über diese dreißig Meter hohe, senkrechte Stufe, die er jedesmal übersteigen mußte, wenn er in die Wand wollte, und rauschten weiter, noch tiefer, bis sie schließlich den flachen Grund des Gletscherkessels erreichten, den sie ausfüllten, und den Hang des nächsten Berges, des Mirador, ein paar hundert Meter weit hinaufwalzten, langsamer geworden, aber immer noch jedes Hindernis wegfegend und vernichtend.

Am beeindruckendsten war die Geschwindigkeit dieses Schauspiels. Zu den Eisbrüchen in 6 100 Metern hinaufzukommen, wo alles immer seinen Anfang nahm, brauchten die meisten Kletterer zwei bis drei Tage, er selbst zum Schluß, in Hochform, sechs Stunden. Die Lawinen aber, sogar die größten, waren nach höchstens 15 bis 20 Sekunden vorbei. Breite, helle Spuren aus Schnee und Eis hinterließen sie für eine Weile in der Wand. Eine riesige, weiße Wolke, die sich langsam auflöste, stand über dem Tal. Tischgroße, grün-blaue Eisbrocken blieben tagelang weit über den Gletscher verstreut liegen wie eine Mahnung.

Der Alleingänger nahm die Lawinen hin wie die Menschen in den Städten Regen, Verkehrsstau und Smog. Lawinen gab es eben in solchen Wänden. Er mußte lernen, sie zu berechnen und mit ihnen umzugehen. Er wußte mittlerweile genau um sie Bescheid, war ständig auf der Hut vor ihnen, beobachtete sie an seinen Rasttagen stundenlang durch das Fernglas, machte in seinem Tagebuch minutiöse Zeitpläne und Aufzeichnungen: wie breit sie waren, welche Spuren sie hinterließen, wie tief ins Tal sie reichten, wann sie welche Zonen der Wand bestrichen. Die ersten Wochen seines Hierseins hatte er ganz dem zeitraubenden und enervierenden Suchen nach einer sicheren Route in den ersten 1 000 Metern der Wand gewidmet.

Insgesamt lag dennoch ein gewisser Fatalismus in seinem Tun, denn wenn es sein sollte, dann war ihnen selbst mit der schnellsten Reaktion, vor allem an der Randkluft, nicht zu entrinnen, wo er wegen der gefährlichen Spalten nicht laufen konnte. Außerdem, was hätte das in den 15, maximal 20 Sekunden, die ihm Zeit geblieben wären, für einen Sinn gehabt, wenn man auf einem kilometerweiten Gletscherfeld ging, auf dem es keine Erhebung, keinen Stein, keine Deckung gab, wenn man sich gerade von einem heiklen Eisspaltenübergang in den handbreiten und fast senkrechten Felsriß hineinzog, der, soweit er das hatte feststellen können, den einzigen vernünftigen Einstieg bildete in die wenigstens vier Kilometer breite Wand.

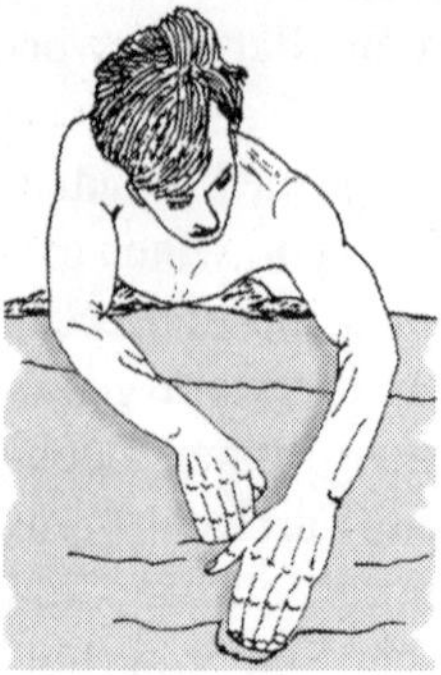

»Segen«

»Das Äußerste liegt der Leidenschaft zu allernächst.«
Goethe

Zu Weihnachten war es mit seinem Alleinsein im Basislager vorbei. Eine koreanische Expedition schlug ihre Zelte in einiger Entfernung von den seinen auf. Zwei Mitglieder kämpften sich bei teilweise schlechtem Wetter in fünf Tagen zum Gipfel. Einem chilenischen Alleingänger gelang eine Begehung in vier Tagen. Zwei Japaner waren genauso lang unterwegs. Sie hielten sich alle an die Route der Franzosen. An eine Begehung der »Messner-Direttissima« dachte niemand.

Keines der Teams hielt sich lang mit Beobachtungen oder intensiverem Studium der Wand auf. Am Normalweg akklimatisiert, hatten sie den Gipfel bereits einmal gemacht und waren sofort in die Wand eingestiegen. Zu seinem großen Erstaunen hielten sich bis auf die Koreaner alle auf den ersten 800 Höhenmetern sehr weit rechts von seiner Einstiegsvariante und waren somit die ganze Zeit direkt im gefährlichsten Lawineneinzugsbereich. Dort kamen sie zwar schneller voran, weil die Schwierigkeiten geringer sind, aber das Risiko war enorm. Sie hatten Glück. In diesen Tagen gingen keine nennenswerten Lawinen ab.

Der Expeditionsleiter der Koreaner, Mr. Kim, und der

Koch, Mr. Pak, bildeten die Basislagermannschaft. Sie hatten komplizierte asiatische Vornamen, die er sich nicht merken konnte, und hatten sich als »Mister« vorgestellt, so wie er für sie »Mr. Thomas« war. Beide waren Studenten aus Seoul. Ihre Gruppe war streng organisiert, Mr. Kim hatte das Sagen, Mr. Pak kochte und war für den Gipfel nie vorgesehen, die anderen gingen in die Wand. Sie freundeten sich schnell an, er schenkte ihnen Kaffee und wurde von ihnen fast jeden Tag zu für ihn exotischem koreanischem Essen eingeladen, von dem sie genügend für einen weiteren Monat hatten. Das war sehr angenehm, denn er hatte in den letzten Wochen keine einzige normale Mahlzeit zu sich genommen, und außerdem kochte der sehr nette Mr. Pak hervorragend.

Vom 29. auf den 30. Dezember verbrachte er die einzige Nacht außerhalb des Basislagers in 5 100 Meter Höhe. Dort gab es den einzigen ebenen Fleck zwischen Einstieg und großem Gletscherplateau in 6 300 Metern, der groß genug für das Reservezelt der Koreaner war. Es bot gerade Platz für zwei Personen, und sie hatten es für einen eventuellen Notfall stehengelassen. Äußerst exponiert, aber vor jeglicher Lawine sicher, stand es wie ein Adlerhorst an der Kante eines senkrechten Abbruchs.

In seinem Rucksack hatte er Sachen dabei, die er weiter oben deponieren wollte. Aber immer noch trug er viel weniger Gewicht als die anderen, die mehrmals in der Wand biwakierten. Er wollte für alle Eventualitäten gerüstet sein, selbst für den Fall eines Wettersturzes während des Gipfeltages, wenn er bei einem unvorhergesehenen Abstieg in die Nacht oder in einen Sturm geriet. Mit einem Gaskocher, Biwaksack und einigen Packungen gefriergetrockneter Astronautennahrung würde er einige Tage überleben können. Diesmal hatte er auch die schweren Schuhe dabei, die »Koflach«*, und ein paar Steigeisen. Er würde sie für die Gletscher oben, für die senkrechten Seracs und die Gipfelwand brauchen.

An den bisherigen Trainingstagen war er meistens in einem ökonomischen Tempo unterwegs gewesen: mit höchstens 140 bis 150 Pulsschlägen pro Minute. In den ersten Tagen hatte er sein Herz ständig mit der Uhr kontrolliert, aber dann hatte sein Körper ein Gefühl für das richtige Gehen entwickelt, und er konnte den ganzen Tag lang unterwegs sein, ohne besonders müde zu werden.

Am Nachmittag verließ er das Basislager und stieg auf den Gletscher ab. Er fühlte sich ausgeruht und frisch. Das ungewohnte Gewicht auf den Schultern störte ihn nicht. Der Schutt war um diese Zeit natürlich nicht gefroren. Der Aconcagua und das Tal mit dem Horcones-Gletscher lagen in der Sonne. In der Wand krachte es ununterbrochen von Steinschlag, und riesige Wasserfälle, die in der Nacht zu gigantischen Eiskaskaden erstarrten, waren selbst aus der Entfernung mit freiem Auge zu sehen. Er dachte an nichts besonderes, horchte dabei aber ständig auf die Geräusche aus der Wand, in Erwartung des Donnerns großer Lawinen. Wie nebenbei wunderte er sich, wie schnell und ohne das geringste Zögern seine Beine ihn zwischen den riesigen Schuttkegeln trugen und den kaum sichtbaren Pfad fanden, als leitete sie ein Instinkt wie von selbst. Einer nach dem anderen zogen die Steinmänner an ihm vorbei. Er ging, rasch, immer rascher, bis der Schutt hinter ihm lag und der Gletscher anzusteigen begann, steiler und spaltenreicher wurde bis in die letzte Zone am Einstieg, wo er, von Lawinengefahr gehetzt, zu laufen anfing. Er verharrte kein einzi-

* *Kältefeste Kunststoffbergschuhe mit steifer Sohle und besonders wärmedämmender Innenschuh*

ges Mal, zog sich blitzschnell in die Felsen hinein und kletterte ohne Pause weiter, immer weiter, wie von einer unsichtbaren Schnur gezogen. Nach 200 Metern hielt er auf eine schwarze, scharfe Felskante zu, die er vor einer Woche als absolut lawinensicher erkannt hatte. Der Pfeilerkopf, auf dem sie nach einer halben Stunde schwieriger Kletterei endete, war wie ein Schiffsbug, der im schlimmsten Fall eine große Lawine teilen würde. Ohne zu denken, jagte er dahin. Es war ein phantastisches Hetzen, obwohl er sich von nichts verfolgt fühlte. Sein Körper brauchte diese maximale Belastung zum ersten mal, seit er am Aconcagua war, und er ließ es geschehen. Er wußte auch, was ihn so antrieb: Dies war die Generalprobe. Am Gipfeltag würde das die meiste Zeit sein Tempo sein.

Anfangs hatte er fast fünf Stunden vom Lager bis zum Adlerhorst gebraucht, in der letzten Zeit waren es nur mehr knappe drei. Heute belastete er Herz und Muskeln bis an ihre Grenze – und war nach knappen zwei Stunden oben.

Hier ist man bereits 200 Meter höher als der Montblanc, der höchste Berg Europas, doch die dünne Luft merkte er so wenig, als wäre er auf Meeresniveau. Sein Herzschlag war nach drei Minuten wieder auf unter neunzig gesunken, und das war ein weiteres Zeichen, daß seine Kondition sehr gut war. Entspannt genoß er abends die wunderbare Aussicht auf das Gletschertal mit dem fernen Basislager. Links, rechts und unter ihm brach der Grat mit senkrechten Rinnen und Flanken auf den Gletscher ab. Steinschlag krachte fast ununterbrochen in diesem Kosmos aus Stein und Eis, und kleine schmutzige Lawinen schossen wie Bäche ins Tal. Er erschrak nie, wenn es wieder irgendwo losbrach, denn er wußte, daß er in Sicherheit war. Auch Wasserfälle rauschten, und Nebel und Wolken zogen schwerelos die Senkrechten hinauf. Überall schien Leben zu sein, Leben, das sich am Tag in durch Schwerkraft und Hitze hervorgerufener Bewegung und Veränderung äußerte, die von Menschen kaum wahrzunehmen ist. In der Nacht setzte die Kälte diesen ewigen Mechanismus fort. Sie erzeugte die Spannung, die neue, noch gewaltigere Kräfte hervorrief, die den Berg zittern, knacken, stellenweise abbrechen ließen. Donner, Krachen, Beben, Laut. Zahn der Zeit. Er saß auf seiner Biwakmatte auf der schmalen Fläche, die vor dem Zelt mit ein paar zusammengetragenen Felsbrocken gegen den Abgrund hin abgegrenzt war, kaute an getrockneten Zwetschgen und spuckte die Kerne über die Kante, wo sie einige Sekunden lang frei durch die Luft fielen, und hatte seine Freude. Er kannte diese Schauspiele nun schon zur Genüge, und doch bekam er nie genug, wurde ihm nie langweilig davon. Es war eine Gnade, hier oben sein zu dürfen, noch dazu allein.

Bevor alles Licht entschwand, brach die Abendsonne durch und tauchte die archaische Welt für Minuten in unwirkliches gelbes Leuchten. Das war das letzte Schauspiel des sich verabschiedenden Tages. Fast ohne den Übergang einer Dämmerung wuchsen die ersten blassen Sterne aus einem hellen, endlosen Himmel hervor, und die Nacht senkte sich herab. Es wurde kalt, er zog sich in das Zelt zurück, stellte Wasser auf, trank wie immer Unmengen, aß aber fast nichts und las bis spät in die Nacht. Er fühlte sich wohl wie selten zuvor. Dann schlief er ohne Unterbrechung und traumlos elf Stunden lang.

Als er aufwachte, war es taghell. Die Sonne erwärmte bereits das Zelt, und ein kurzer Blick auf die Uhr ließ ihn erschrekken. Gleichzeitig fühlte er sich erschöpft, und selbst im Liegen spürte er die Schwere in seinen Beinen. Wie gern wäre er liegengeblieben und hätte gedöst und gelesen, Tee gekocht und gewartet, bis sich die Muskeln erholt hatten und Geist und Körper wieder bereit sein würden für das, was er als letzte Vorbereitung für den Gipfelsturm vorgesehen hatte: die letzten Materialdepots anlegen; die 200 Meter der extrem schwierigen »Sandsteinfelsen« kennenlernen, die in die Seracs führten; hinüberqueren zu den Seracs und einen optimalen Durchstieg auf das große Gletscherplateau finden; einmal biwakieren irgendwo da oben, in 6 300 Metern, wo es sicher war, um sich noch besser zu akklimatisieren.

Doch aus irgendeinem Grund, über den er sich zuerst nicht klarwerden konnte, ging das heute nicht. Er mußte hinauf, so weit hinauf wie noch nie, und zwar heute – nicht morgen oder irgendwann. Es war, als gälte es eine Arbeit zu verrichten, die unaufschiebbar war, obwohl niemand ihm einen Zeitplan vorgab. Das Wetter war immer gut gewesen, warum sollte es heute anders sein? Ob er in vier oder fünf oder sechs Tagen durch die Wand stieg, machte nicht den geringsten Unterschied. Trotzdem fühlte er sich aus unerklärlichem Grund schuldig, wie auf frischer Tat ertappt. Mit großer Überwindung raffte er sich auf und schaute aus dem Zelt hinaus. Das ganze Tal lag bereits in der Sonne. Es war zehn Uhr vorbei. Vor drei Stunden schon hätte er aufbrechen sollen.

Dann fiel ihm sein gestriger Höhenflug im physischen Grenzbereich ein, und er verfluchte seine Dummheit. Nach mehr als zehn Jahren Leistungssport hätte er wissen müssen, daß nach einer Maximalbelastung ein Rasttag notwendig ist. Jetzt lag Blei in seinen Beinen, und jeder Handgriff wurde ihm zur Mühe. Selten war er weniger leistungsbereit.

Lustlos, ohne Frühstück und ohne einen Schluck getrunken zu haben, packte er in Eile den Rucksack, wärmte Wasser für eine Thermosflasche und ging eine Kletterstrecke an, die die Höhe und die Schwierigkeit einer Matterhorn-Nordwand weit übertraf.

Das stundenlange Steigen wurde ihm zur Plage, jeder Schritt zu einer Überwindung. Er bewegte sich ungeschickt und lustlos. Langsam und besonders vorsichtig durchstieg er die »Roten Kamine«, die von gefrorenen Wasserfällen durchzogen waren, senkrecht sind und Stellen extremer Schwierigkeiten aufweisen. Hier hingen Hunderte Meter lange zerfetzte Seile von früheren Expeditionen, weiß und dick, aus grob geknüpftem Nylon. Er war versucht, sich an ihnen hochzuziehen oder wenigstens zu halten, während er kurze Pausen einlegte. Aber weder den Seilen noch ihren Verankerungen war zu trauen. Das Klettern, noch dazu mit dem schweren Rucksack, machte keinen Spaß, und er begriff jetzt, warum die beiden amerikanischen Seilschaften im letzten Winter einen ganzen Tag für diese paar hundert Höhenmeter gebraucht hatten.

Trotz allem erreichte er irgendwann nach Mittag in 5 700 Metern einen markanten, nicht viel mehr als 100 Meter langen und kaum ausgeprägten Grat. Die Kletterei war hier sehr heikel und brüchig. Handgroße Felsplatten bedeckten den Fels wie aufgeklebt. Belastete man sie falsch, brachen sie ab, und man hätte keine Chance, sich an einem festen Griff zu fangen. Er war froh, die leichten Kletterschuhe mit den dünnen, profillosen Sohlen zu tragen. Ein Steigen in schweren Schuhen mit dicker Sohle, durch die man den Fels nicht spürt, war für ihn nicht vorstellbar.

Während er stundenlang mit seinem müden Körper und den oft senkrechten Felsen beschäftigt gewesen war, waren milchige Schleier aufgezogen und hatten die Sonne verdeckt. Überrascht stellte er fest, daß sich ein Wettersturz ankündigte. Ein tosender, kalter Wind brauste durch die überhängend abfallenden Rinnen unter ihm. Fast 1 700 Meter ging es ohne Unterbrechung auf den Gletscher hinunter. Beinahe die Höhe der Eiger-Nordwand. Nirgendwo fand das Auge Halt. Ein Stein, eine Gaskartusche – ein Mensch fiele ohne eine einzige Unterbrechung bis auf den Horcones-Gletscher und würde in den riesigen Spalten der Randkluft verschwinden. Die Zehenspitzen auf kleinen Käntchen aufgesetzt, die bloßen

Finger in wenig Vertrauen erweckende Vertiefungen gelegt, fühlte er sich ausgesetzt und exponiert wie noch nie. Der Wind wurde zum Sturm und riß an seiner dünnen Kleidung. Er fühlte sich klein, und die Kraft, die aus seinem Körper kam und die er in die zentimeterkleinen Leisten legte, schien ihm lächerlich. Wie ein Blatt Papier konnte es ihn wegblasen von dieser glatten Kante. Seine Zehen wurden kalt und die Finger langsam gefühllos. Er trug seinen alten, dichten Kaschmirpullover, der ihm schon so oft gute Dienste geleistet hatte, doch jetzt fuhr ihm der eisige Sturm bis in die Knochen. Er hätte dringend die winddichte Jacke überstreifen müssen, aber nirgendwo war ein Absatz, wo er den Rucksack hätte absetzen können.

Er war müde, es fror ihn, und er fühlte sich allein. Den Berg empfand er heute als stark, gewaltige fast übermächtig. Vielleicht spürte der Aconcagua seine Schwäche und wollte ihn auf die Probe stellen? Eine Zeitlang legte er die Stirn an den Felsen und horchte auf seinen Herzschlag und auf das Brausen des Windes. Er versank in seinem Inneren, wo ein ruhiger und weiter Raum war, eine Welt für sich, seine Welt. Seine Seele und sein Sein fühlte er, oder was immer es war, was er ist. In dieser vertrauten Weite verharrte er eine Weile, bis das Sehnen nach der Wärme und Sicherheit eines Zeltes, nach dem Schein einer Kerze und einer warmen Mahlzeit wieder stärker wurde und der Sturm und die Kälte und der Berg die Oberhand bekamen. Dies war eine Prüfung, er wußte es. Er durfte nicht aufgeben.

Den riesigen Eisabbrüchen war er bereits ziemlich nahe gekommen. Wie weiße Zinnen standen sie wenige hundert Meter über ihm. Von ihren Kanten zogen lange weiße Schneefahnen waagrecht in den Himmel. Da oben hatte der Wind sicher noch viel mehr Kraft. Bis zum Eis des Gletschers war es nicht mehr weit. Auf ihm würde er gut stehen, die »Koflach« und die

Windjacke anziehen können. Aus den porösen Felsen, an die er sich klammerte, war zu schließen, daß der Gletscher noch vor zehn, fünfzehn Jahren bis hier herunter gereicht haben mußte. Das Steigen war damals sicher viel problemloser gewesen. An einer Kante, die er auch in der Nacht nicht verfehlen konnte, steckte ein alter rostiger Haken. Dies war eine gute, markante Stelle für sein wichtigstes Sicherheitsdepot. Zwei Gaskartuschen für den Kocher, Geschirr aus Aluminium, Teebeutel und zwei Packungen Trockennahrung verpackte er in einen Plastiksack und band das Paket an dem Haken fest. Beim Abstieg würde er die »Koflach« dazustecken, die er erst ab hier verwendete.

Der Gletscher war nicht sehr steil. Zumindest hier würde er nicht klettern müssen. Er war eingelagert zwischen dem untersten, 1 700 Meter hohen und hauptsächlich felsigen Teil der Wand, und dem »Sandsteingürtel«, einer senkrechten Wandzone, die – von großen und kleinen Überhängen durchsetzt – äußerst schwierig ist und unterhalb der großen Seracs liegt. Die Distanz schien nicht besonders groß, die Seracs mit ihren Schneefahnen in greifbarer Nähe. Eine halbe Stunde für den Gletscher, eine ganze vielleicht für die Felsen. So rechnete er, während er in einem Meer von hüfthohen, leicht gekrümmten Schwertern aus Eis stand, die wegen ihrer Form »Penitentes« genannt werden – »Büßereis«*. Vor neun Monaten hatte er es hier am Aconcagua kennengelernt. Das Gehen auf so einem Büßereis-Gletscher ist besonders mühsam, vor allem wenn es so wie hier steil bergauf ging. Die Penitentes können Mannshöhe erreichen. Hier waren sie gerade zum Übersteigen zu hoch. So war er gezwungen, sie jeweils niederzuschlagen, mit dem Pickel, mit der Faust, bevor er einen Schritt weiterkam.

* *Eine für südliche Breiten spezifische Gletscherform, die die steil stehende Sonne in großer Höhe geschaffen hat*

Endlich konnte er die Windjacke und die »Koflach« anziehen. Der Sturm tobte unvermindert, doch bei der monotonen Anstrengung wurde ihm warm. Das Wetter verschlechterte sich, aber er wußte, er konnte jederzeit absteigen. Das Tageslicht reichte noch für viele Stunden, und durch die Schneise, die er in die »Penitentes« schlug, würde er selbst bei dichtem Schneefall oder Nebel zurückfinden.

Aus der geschätzten halben Stunde wurden mehr als zwei. Er versank in die mühsame und öde Tätigkeit des Beinehebens und Eis-Niederschlagens. Seine Fäuste begannen nach einer Weile zu schmerzen, obwohl er natürlich Handschuhe trug. So hackte er die »Penitentes« mit dem Pickel um. Die Eisblätter klirrten, splitterten und brachen in sich zusammen. Zu den »Sandsteinfelsen« hin wurde der Gletscher immer steiler. Es war bitter kalt und das bißchen Schnee auf dem Eis hart gefroren. Um nicht noch schwerere Beine zu bekommen, hatte er es bis jetzt vermieden, die Steigeisen anzuschnallen. Doch immer öfter rutschte er aus, fing sich mühsam, was noch mehr Kraft kostete. Jetzt zog er sie an, fand guten Halt. Aber dann wurde er wieder nachlässig. Wenn er nicht aufpaßte, verfingen sich die Zacken in den großen Schollen, und er stolperte, fiel, mußte sich wieder mit den Händen fangen. Sein Atem ging keuchend, und sein Rücken war schweißnaß. Schneeflocken jagten jetzt durch die Luft, und die Sonne war bereits unerkennbar hinter dicken dunklen Wolken verschwunden. In bleichem Weiß standen die gewaltigen Eistürme der Seracs gegen den gleichfarbigen Himmel. Sie waren noch gut 200 Meter oberhalb von ihm, und obwohl er im Februar bei seinem gescheiterten Versuch bereits einmal hier heroben gewesen war, erschrak er vor ihrer Mächtigkeit.

Irgendwann stieß der Gletscher an die senkrechten rötlichen Felsen des »Sandsteingürtels«. Eine höchstens ellenbreite, spiegelblanke Eisrinne zog in einen kaum breiteren Kamin hinauf. Dies war die einzige, wenn auch extrem schwierige Möglichkeit, direkt in die Felsen zu gelangen. Von den Anstiegsskizzen der Messner-Expedition von 1975 wußte er, daß die ursprüngliche Route viel weiter links verlief und auch keine nennenswerten Schwierigkeiten aufwies. Aber weder wollte er viel Zeit mit einer mühsamen Querung verlieren, noch hatte er Lust, direkt unter einen besonders zerklüfteten Abschnitt der Seracs zu queren. Hier schützte ihn der teilweise sogar überhängende Fels vor Lawinen. Alle Eisstürze, die er jemals am Aconcagua beobachtet hatte, waren links oder rechts dieser Linie abgegangen.

Mit beiden Pickeln und den Steigeisen arbeitete er sich vorsichtig die schmale Eisrinne hinauf, die auf den letzten Metern senkrecht war wie die Felsen, die sie umgaben. Wie er mit dem eigentlichen Felsklettern beginnen, wie er die profillosen Schuhe aus dem Rucksack holen, die »Koflach« aus- und die Kletterschuhe anziehen sollte, das war ihm zuerst nicht klar, denn er sah keinen Absatz, wo er die Steigeisen hätte abschnallen können. Da war wieder eines der uralten zerschlissenen Seile. Teilweise war es durch das durchsichtige Eis hindurch zu erkennen, in das die Pickel und Steigeisen kaum zwei Zentimeter tief eingedrungen waren. Seine Waden begannen zu brennen, während er lang schaute und überlegte, was er tun sollte. Es gab zwei Möglichkeiten. Das Seil nehmen und sich ein paar Meter daran hochziehen, ohne sicher sein zu können, daß es halten würde; oder einen Pickel besonders fest einschlagen, ein Steigeisen ausziehen, den Fuß in die Felsen setzen und irgendwie hochspreizen, bis da ein Absatz war, wo er sich für die weitere Felskletterei vorbereiten konnte.

Langsam wurde ihm heiß, aber seine Nerven blieben ruhig. Er wußte natürlich, daß er nicht viel Zeit hatte, um sich zu entscheiden. Fünfzehn Meter tiefer der Gletscher, wo er stehen könnte. Die anderen hatten sich zweifellos am Seil hochgezogen, also mußte es halten. Drei, vier Meter, und da oben war ein tiefes, großes Loch, in das er sich kauern und die profillosen Kletterschuhe anziehen konnte. Er spielte mit dem Gedanken, kurz zum Gletscher abzuklettern, seine vom langen Körper-Fixieren brennenden Muskeln auszurasten und dann erst entschlossen diesen heiklen Übergang von der Eisrinne in die Felsen anzugehen. Doch wegen des immer schlechter werdenden Wetters wollte er keine Zeit verlieren, und als er wenige Meter über sich einen schmalen Spalt im Fels entdeckte und eine Möglichkeit, eine Hand in ihm zu verklemmen, hieb er wieder einen Pickel ein und stieg hoch. Das alte Fixseil verlor sich in einem Überhang oberhalb von ihm. Es verlief zwischen seinen Beinen, aber er hielt sich an Fels und Pickel. Sturm und Kälte und der Umstand, daß er fast 2 000 Meter über dem Einstieg war, berührten ihn jetzt nicht. Er war auch nicht mehr müde oder erschöpft wie am Morgen. Die Konzentration auf jede einzelne Bewegung, die perfekt auf die nächste abgestimmt sein mußte, hatte alles Wissen um Wetter und seine Situation verdrängt.

Nach 100 Metern senkrechter Kletterei wie in einer extremen Alpenwand stand er keuchend unter einem sicherlich eineinhalb Meter weit ausladenden Überhang. In dieser Höhe war das extreme Klettern zu einer besonderen Anstrengung geworden, und er wunderte sich, wie schnell seine Muskeln übersäuerten, kaum daß er ein paar Minuten lang einen kleinen Griff hielt.

Der Sturm ließ alte zerfetzte Seilstücke an der Kante des Überhanges zappeln, der im letzten Jahr für ihn unmöglich zu überwinden gewesen war. Er hatte damals einige Ausrüstungsgegenstände an einem markanten Absatz verstaut, der vor elf Monaten flach gewesen war und sich ideal für das Aufstellen eines Zeltes geeignet hätte. Jetzt aber lag die Stelle unter einer zwei Meter dicken und steil abfallenden Schneeschicht verdeckt.

Trotz der kalten Luft hatte er wie immer warme Hände. Im Wind war die Haut besonders an ihren Rücken sehr hart und spröde geworden, und er blutete aus mehreren kleinen Wunden. Vor allem die Risse an den Daumen waren aufgebrochen, und immer wieder waren da frische helle Spritzer Blut auf dem Fels und seiner Hose. Trotzdem hatte er keine Schmerzen, und jeder Meter Kletterei, der ihn hier heraufgeführt hatte, war spannend gewesen und hatte Spaß gemacht.

Er war sicher, daß der Überhang die klettertechnische Schlüsselstelle der Wand für ihn sein würde. Zwei-, dreimal setzte er zu einer Übersteigung an, stieg von einer schmalen Leiste acht Meter bis unter dieses Dach hinauf, verklemmte eine Hand in einem Riß an seiner Unterseite und ließ sich hinaus, um nach einem Griff oberhalb seiner Kante zu tasten. Die Füße hatte er dabei auf winzige Tritte gesetzt. Jeder Muskel seines Körpers war aufs äußerste angespannt. 100 Meter fiel der Sandsteinfels frei unter ihm auf den Gletscher mit den Penitentes ab. Es war wie an einem bestimmten Überhang am Monte Cucco in Finale Ligure, wo er oft trainierte. Nur war dort das Meer nicht weit, und meistens waren sie zu zweit und hatten Seile und beste Haken, und er trug eine dünne Hose, ein leichtes Hemd, und die Luft war mild.

Bei dieser so oft vollführten Turnübung hätte er gern Magnesia verwendet, wie immer, wenn er besonders schwierig kletterte, aber es wäre natürlich Unsinn gewesen, wegen eines einzigen Überhanges einen Beutel davon zwei Drittel der Wand hinaufzutragen.

Er konnte jeweils nur kurz unter dem Dach hängen. Sein Herz fing zu jagen an, und die Muskeln des Armes, den er verklemmt hatte, brannten. 6 000 Meter, immerhin. Da, wo seine freie Hand suchte, war kein Griff, zumindest keiner, an dem er sich ungesichert hätte halten können. Mehrmals stieg er auf die kleine Leiste hinunter, vorsichtig, möglichst ruhig, bemüht, trotz seines extrem hohen Pulsschlages nicht zu zittern. Er wartete, an die Wand gelehnt, bis sich Herz und Atem beruhigt hatten, schaute den Wolken zu, die der Wind mit hoher Geschwindigkeit über den Gletscher trieb und ins Tal hinunter, wo Einzelheiten nicht mehr auszumachen waren. Dünne Nebel versperrten die Sicht.

Nach dem dritten oder vierten Mal hatte er noch immer keine Möglichkeit entdeckt, wie der Überhang sicher zu überwinden war. Schließlich gestand er sich einen letzten Versuch zu und ruhte sich besonders lang aus. Er trank den letzten lauwarmen Schluck aus seiner Thermosflasche.

Wenn ihm diese Stelle nicht gelang, bedeutete das für ihn, daß die ganze Wand unmöglich zu machen war. Freilich, da hingen die alten Seile, und die anderen, die die Wand in diesem Jahr bereits begangen hatten, hatten sich zweifellos daran hochgearbeitet. Aber sie hatten alle Seile, sie waren gesichert durch den Partner, und der chilenische Alleingänger vor ein paar Tagen mit seinem riesigen Rucksack hatte sich wahrscheinlich auch gesichert. Für ihn war es aber gleichgültig, wie andere diese Stelle überwunden hatten, denn er konnte sie nur auf seine Weise schaffen. Er durfte nicht ungesichert alte Seile belasten, die seit Jahren, vielleicht Jahrzehnten, hier in Sommer und Winter, Hitze und Sturm hingen, die jedesmal an der Kante des Überhanges scheuerten, wenn sich einer an ihnen hochzog. Dieses Risiko würde er nicht eingehen. Mit 100 Metern freiem Fall vor Augen fiel ihm diese Entscheidung nicht schwer.

Endlich atmete er tief durch, zog seinen Pullover aus, um sich im dünnen Hemd noch besser bewegen zu können, und ging entschlossen diesen letzten Versuch an. Wie bei den seltenen Gelegenheiten seiner Ideal-Alleingänge verdrängten das Greifen seiner Finger, das Steigen seiner Füße, die Spannung in seinem Bauch jeden Gedanken. Das Leben in seinem Körper verdichtete sich und löschte alles Wissen aus: Es war nicht kalt, die Luft nicht dünn, das Wetter wurde nicht laufend schlechter, er war nicht ungesichert im oberen zweiten Drittel einer der schwierigsten Wände der Erde, kein langer mühsamer Abstieg lag vor ihm. Er kletterte jetzt, er berührte Stein, den er liebte und der sein Element war, und bewegte sich in der Senkrechten, die er lang schon zu seiner Dimension gemacht hatte. Dann der Überhang, wieder ließ er sich weit in die Luft hinaus, streckte den in einem Riß verklemmten Arm so weit, bis er fast parallel mit der Unterseite des Daches lag. Seine Wange berührte den Fels, sein Atem streifte winzige Quarzkristalle, die im Sandstein eingelagert waren, und er tastete mit der freien Hand über die Kante, wohin er nicht sehen konnte, bis er endlich doch einen guten Griff fand.

Jetzt war er so weit gegangen, daß es kein Zurück mehr gab. Oberhalb des Überhanges war der Fels wieder senkrecht. Langsam, um mit den Beinen den Halt nicht zu verlieren und seinem Körper nicht unnötigen Schwung zu verleihen, löste er sich von dem Griff unter dem Dach und legte die Hand auf den Griff oberhalb der Kante des Daches. Jetzt konnte er sich an zehn Fingern halten, er zog die Beine nach, die kurz frei in der Luft schwebten, und schwang fast gleichzeitig das linke einen halben Meter neben seinen Griffen auf einen Zakken, wo er die Ferse verkeilte, zog mit Armen und Beinen, fixierte den Körper und griff mit einer Hand weiter. Ein letzter Zug, da war eine breite Leiste. Er hatte gewonnen.

Sein Atem flog, sein Herz raste, er schwitzte und war beeindruckt und überrascht von sich selbst. Diese Stelle wäre in einem Klettergarten wahrscheinlich mit dem VII. Schwierigkeitsgrad bewertet worden.

Der Sturm wurde jetzt immer heftiger, und er hatte nicht lange Zeit, sich innerlich auf die Schulter zu klopfen. Es schneite immer dichter. Weit würde er heute nicht mehr kommen.

Am Überhang besserte er die alten Seile aus, denn am Gipfeltag, wenn alles nach Plan ging, würde er hier in der Nacht vorbeikommen. Da würde an freies Klettern nicht zu denken sein, nicht, wenn es noch kälter sein würde, und schon gar nicht bei derartiger Schwierigkeit in der Nacht. Bis zum Ende des »Sandsteingürtels« und dem Beginn der Seracs war es nicht mehr weit. Vierzig, fünfzig Meter vielleicht. Bis dort hinauf ging er noch, hielt sich an rauhen, messerscharfen Quarzen, die aus dem festen roten Sandstein ragten und an denen er sich die Hände noch mehr aufriß, trat in kleinere und größere Löcher, die mit Schnee und Eis gefüllt waren, und immer steil, fast immer senkrecht, bis Zungen aus blankem Eis von den Seracs herunterleckten und ein Weiterkommen ohne Steigeisen unmöglich machten.

Da war ein großer Zacken, auf dem er fast bequem sitzen konnte. Er legte eine Schlinge darüber, setzte sich darauf, wartete wieder, bis sich sein Atem beruhigt hatte, während seine Beine über der Tiefe baumelten, und überlegte. Den Rucksack hatte er mit einer dünnen Reepschnur über den Überhang und überhaupt den größten Teil der Sandsteinfelsen nachgezogen.

Sein Plan war gewesen, bis über die Seracs hinaufzusteigen. Die untersten Ausläufer des Eislabyrinths waren nur noch sechzig, höchstens achtzig Meter entfernt. Es mußte noch viel gewaltiger sein, als selbst von hier zu ahnen war, denn die Koreaner vor ein paar Tagen und die Amerikaner letztes Jahr hatten einen Tag für seine Überwindung gebraucht und von extrem schwierigen Eiskletterpassagen gesprochen. Danach sah ihm das zwar nicht aus, aber was Dimensionen und Schwierigkeiten in dieser Wand anbelangte, so hatte er sich schon zu oft verschätzt, als daß er sich irgendeiner seiner Annahmen allzu sicher sein konnte.

Es war bald sechzehn Uhr, es schneite, und um jede einzelne Kante des Berges heulte der Sturm. Langsam begannen die Konturen der Eistürme im Schneetreiben zu verschwimmen. Die Gefahr, daß er sich verirrte, vielleicht die Nacht in steilem Gelände stehend, bestenfalls sitzend in einer herausgehackten Nische im Eis verbringen mußte, war groß. Keine angenehme Aussicht. Der letzte ebene Platz war fast tausend Meter tiefer der »Adlerhorst« gewesen, wo er die Nacht verbracht hatte. Nein, da waren zu viele Unwägbarkeiten. Er entschied schnell und begann mit dem Abstieg. Über den Überhang seilte er ab, fast den ganzen Rest kletterte er stundenlang mit dem Gesicht zur Wand ab. Unterhalb des Penitentes-Gletschers steckte er die »Koflach« in zwei Plastiksäcke und band sie mit den Steigeisen und den Pickeln an dem alten Haken fest, wo schon die Gaskartuschen und die anderen Sachen hingen.

Als die Dämmerung hereinfiel, hatte er die Wand hinter sich. Was ihn die ganze Zeit beflügelt und getragen hatte, lag jetzt hinter ihm, und so wurde die Stunde durch die Schutthügel auf dem Horcones-Gletscher zu einer letzten Prüfung. Er ertrug sie einigermaßen gelassen, fühlte sich dabei aber wie ein Tier, das man zum Futtertrog treibt und das weiß, daß es in die Sicherheit des Stalles muß. Bald kam die Nacht mit ihren tödlichen minus 15, minus 20 Grad. Er hätte sie in seiner leichten Kleidung, ohne Zelt und Schlafsack, den er in der Wand gelassen hatte, kaum überstanden, ausgebrannt, wie er war.

Den öden, grauen Gletscher empfand er in seinem abgespannten Zustand als abstoßend und tot. Er fühlte sich gleichsam persönlich angesprochen und beleidigt von ihm. Katharsis, Demutsübung. Der lange Tag eine neuerliche Widerspiegelung im kleinen: Aufbruch, Erfüllung und jetzt Heimkehr. Um sechs

Uhr morgens war dieser Weg ein Hindernis, eine Umständlichkeit, eine Verzögerung vor dem Klettern. Der Körper hatte wie eine kalte Maschine nur schlecht funktioniert. Jetzt war er todmüde und ausgelaugt von der Wand. In der Senkrechten hatte er keinen Fehler gemacht und war die ganze Zeit voll konzentriert gewesen. Er hätte zufrieden sein können mit seinem Klettern, mit den Depots, die er angelegt hatte, und dem Überhang, den er schließlich doch geschafft hatte. Doch jetzt, nach mehr als zehn Stunden ununterbrochenen Steigens, in denen er fast nichts gegessen und höchstens eine Stunde Pause insgesamt gemacht hatte, war er am Ende seiner Kräfte und wollte nur noch zu seinen Zelten zurück, die harten Schuhe ausziehen, eine heiße Suppe, ein Stück Brot mit Käse und Salami.

Später saß er vor seinem Zelt und bestaunte das Wechselspiel der verblassenden Farben in der Gipfelregion, als in einem letzten Licht die Sonne minutenlang durch die dicken dunklen Schneewolken brach. Die Südwand des Aconcagua – wie schön sie war. Er war jetzt ein Teil von ihr. Sie war das Leben – weil sie der Tod ist. Hier steht es. Das ist die Wahrheit. 30. Dezember. Sein bisher härtester Tag am Berg.

Die Koreaner kletterten nun schon den dritten Tag. Sie hatten die zweite Nacht wenige hundert Meter von seinem heutigen Umkehrpunkt sitzend auf einem kleinen Absatz verbracht, den sie sich aus dem Eis gehackt hatten . . . Jetzt waren sie endlich in 6 300 Metern, auf dem großen Gletscherplateau, wo sie ihr Zelt bequem aufschlagen konnten. Dort oben fielen fast dreißig Zentimeter Neuschnee. Die Koreaner waren in ständiger Funkverbindung mit dem Basislager. So hatten sie unten immer die neuesten Informationen über die Verhältnisse in der Wand.

Am 31. Dezember war Vollmond. Wieder hatte er zwölf Stunden ohne Unterbrechung geschlafen. Nach dem Frühstück maß er seinen Ruhepuls: 52 Schläge pro Minute. Das war ein sehr gutes Zeichen für seine körperliche Verfassung, denn selbst auf Meeresniveau sank sein Puls selten unter 46.

Das Wetter war zum ersten Mal schlecht, seit er in diesem Jahr hier war, und eigentlich hätte er sehr, sehr unruhig sein müssen. So anstrengend der gestrige Tag gewesen war, so sehr er sich in den ersten Stunden vom »Adlerhorst« weg hatte überwinden müssen, jetzt war er froh über jeden Schritt, den er sich hinaufgequält hatte. Stürmische Winde fegten Schnee durchs Tal, die Wand war fast den ganzen Tag nicht zu sehen. Schnee bedeutete schlechte Verhältnisse, hieß, daß schnelles Klettern unmöglich geworden war.

Er blieb fast die ganze Zeit im Zelt, las und ließ sich nicht nervös machen. Was zu tun war am Berg, das hatte er getan. Die »Koflach« waren in den Plastikbeuteln sicher verstaut, außerdem an dem Haken befestigt. Keine Lawine konnte sie erreichen, und naß konnten sie auch nicht werden. Er brauchte jetzt ohnehin zwei Rasttage, und drei waren sicher kein Schaden. Wenn die Sonne schien, waren die Verhältnisse bald wieder gut. Viclleicht besserte sich das Wetter nach dem Mondwechsel. Langweilig würde ihm nicht werden. Mehr als zwanzig Bücher hatte er bereits gelesen, drei lagen noch unberührt da. Die Koreaner hatten ihm außerdem einen spanischen »Playboy« geliehen, der ihm angenehme und seltene optische Eindrücke verschaffte. Er schrieb viel und las Hunderte von Seiten. Die Stunden verrannen.

Manchmal wunderte er sich, wie ruhig er war. Am Abend beruhigte sich der Sturm. Es wurde früh dunkel. Ein, zwei Stunden lang fiel Schnee mit leisem, friedlichem Geräusch auf die Plane seines Zeltes. Noch nie in seinem Leben war ein derartiger Frieden in ihm gewesen. Keine Sorge wegen der schlechten Verhältnisse, kein Gedanke an etwaiges Scheitern wie im letzten Jahr. Er lag ohne sich zu bewegen und horchte. Der Schein seiner Kerze stand gelb, warm und still an den leicht konkaven violetten Wänden des Zeltes. Dann hatte er dieses metaphysische Erlebnis, zum ersten Mal in seinem Leben. Obwohl er sich nicht bewegte, keine Sehnsucht und kein Traum in ihm waren, weder Hunger noch Durst noch Schmerzen irgendeiner Art, er nur dalag und das einzige Geräusch die feuchten, schweren Schneeflocken auf dem Kunststoff des Zeltdaches waren – eine winzige Zelle Mensch-Sein in einem Universum aus Stein und Eis –, begann er sich zu lösen, von sich selbst und von der Erde, drehte sich langsam und schwerelos um seine eigene Achse, ohne daß diese Rotation Schwindel erregte, stieg auf, nicht an das niedrige Dach des Zeltes, vielleicht ein Meter fünfzig hoch, sondern darüber hinaus. Alle Widerstände fielen von ihm ab, die der Gravitation und die seines Willens, es hob ihn wie schwerelos, immer parallel zum Boden, mit dem Buch aufgeschlagen auf seinem Bauch. Er sah sich dabei zu, sah sich von oben, als wäre das Zeltdach aufgeklappt, wunderte sich, was das sei, aber er ließ es geschehen und hatte keine Angst. Was ihm geschah, passierte, ohne daß er aktiv dabei war. Es mußte eine Art von Rausch sein, wie von Drogen hervorgerufen vielleicht, aber mit Drogen hatte er nicht die geringste Erfahrung. Seit Wochen nicht einmal ein Bier! Dieses Losgelöst-Sein war gut, nein: einzigartig und wunderbar. Er war außer sich und in sich zugleich, dabei träumte er nicht und beobachtete seinen Zustand sehr genau. Vor allem hatte er das Gefühl von unbedingtem Frieden und von Stimmigkeit. Nichts war falsch daran. Er erwartete, daß es nur kurz dauern würde, dabei vergingen fünfzehn, zwanzig Minuten, vielleicht mehr. Natürlich sah er nicht auf die Uhr. Er rührte sich keinen Millimeter, wollte, daß das immer so weiterging. Irgendwann war die Seligkeit aber vorbei, und er blieb, der er war und weiterhin bleiben würde, nur bereichert.

Das war in der Silvesternacht. Er machte sich keine Sorgen, ob er vielleicht verrückt geworden war. Nur wußte er nicht, was es mit seinem Schweben auf sich hatte, und er weiß es bis heute nicht.

Die letzten zwei Tage brachen an in ihrer Endgültigkeit, so wie alle Tage angebrochen waren, in denen er nicht kletterte: langsam, etwas träge nach erholsamer, mondheller Nacht. Die Sonne schien wieder. Es war ein ruhiger warmer Morgen. Die Koreaner hörte er nicht. Es war, als wäre er so allein wie in den letzten Wochen. Die Wand, die Bücher, er.

Frieden lag über den Dingen. Frieden war in ihm. Während Wasser für den Kaffee kochte und er las, zogen die Schatten der Nacht die Wand hinunter, Meter für Meter der Sonne weichend.

Zuerst streifte sie in steilem Winkel über die Felsen. Ihre Strahlen leckten in Ritzen, Spalten, Risse, Löcher, Vorsprünge, an denen er sich in den letzten Wochen gehalten hatte, strich in Schluchten, Überhänge, Kanten, Pfeiler, Kamine, die er übermorgen, spätestens in drei Tagen erst- und einmalig in ihrer Gesamtheit durchsteigen würde – mehr als die Hälfte davon, wenn sein Plan aufging, in der Nacht –, und schmolz Schnee oben in der Gipfelwand und hoffentlich in der Messner-Traverse, die trotzdem kaum dunkler, das bedeutete schneefreier und besser zu klettern wurde im Lauf des heutigen sonnigen Tages. Er las viel und trank viel, Kaffee, später Tee, zwischendurch Fruchtsaft, plauderte einmal mit den Koreanern, aß ein Reisgericht mit ihnen irgendwann nach Mittag.

Die Koreaner in der Wand funkten ins Tal, daß sie sich bei besonders widrigen Verhältnissen aus ihrem vierten, sehr schlechten Biwak aufmachten und die letzten 200 Meter angingen. Sie waren müde und hatten für ihre Kocher kaum mehr Gas. Auch ihre Vorräte waren aufgebraucht – kein Wunder, am fünften Tag. Abends, gegen 19 Uhr, hatten sie endlich den Ausstieg erreicht. Von dort war es noch mindestens eine Stunde bis zum Gipfel. Er selbst war mit einem jungen Argentinier, der nach Spuren seines 1988 in der Wand verschollenen Bruders suchte, über den Gletscher gegangen mit dem Fernglas und hatte vor allem die 200 Meter hohe Schlüsselstelle der »Messner-Direttissima« beobachtet, die oberhalb der Eisbrüche in 6 300 Metern nach links bis zum Gipfeleisfeld führt. V. Schwierigkeitsgrad, sehr kleingriffige Kletterei.

All die Wochen, in denen er hier war, war sie bis gestern von Tag zu Tag schneefreier und trockener geworden, und er hatte sich um diesen entscheidenden Wandabschnitt nie Sorgen gemacht. Klettern war seine Sache, und die Höhe hatte er jetzt gut im Griff. Noch dazu mit seinem heutigen Ruhepuls.

Doch seit dem Schneefall in der Nacht war dort nur noch eine weiße Fläche, glatt, ohne felsige Kanten, Rippen, Pfeiler, haltlos steil, und ein Mensch ungeschützt. Er erschrak. Die Sonne würde lang scheinen müssen, bis all der Schnee dort oben schmolz. Er konnte sich nicht vorstellen, daß es in 6 300 Metern sehr warm war. Er lag stundenlang mit dem Fernglas. Bis auf das Plateau hinauf schien alles in Ordnung zu sein. Da, um Punkt 14 Uhr, löste sich ein schmales weißes Band aus der Gipfelwand und schoß in wenigen Sekunden genau über die Messner-Wand. Zehn Minuten später das nächste, dann ein weiteres, und immer neue, größere und kleinere Lawinen warf der Berg hervor.

Jetzt war es mit seiner Ruhe vorbei. 14 Uhr. Wenig Schnee konnte da oben nicht liegen. Ganz im Gegenteil.

Der nächste Tag brachte wieder herrliches Wetter. Keine Wolke, kaum Wind. Er ging nicht mehr auf den Gletscher hinüber, sondern blieb im Basislager und packte mit unendlicher Sorgfalt seinen Rucksack – zum letzten Mal. Um 14 Uhr saß er wieder mit dem Fernglas und beobachtete dieselbe Stelle zwischen 6 300 und 6 500 Metern: wieder weiße Pfeile, die eine halbe Minute lang ihre geraden Spuren zogen, an derselben Stelle wie gestern.

Er bildete sich zwar ein, daß sie nicht mehr so groß waren und nicht so häufig abgingen. Das wollte er zumindest sehen, und er sagte sich auch, daß der Großteil des Schnees in den zwei Schönwettertagen abgegangen oder geschmolzen war. Aber eine Lawine war eine Lawine, und damit war nicht zu spaßen.

Im übrigen regte er sich nach einiger Überlegung nicht mehr sehr auf. Es war ganz einfach: Er mußte nur um 14 Uhr über die lawinengefährdete Zone hinweg sein, und das konnte nicht allzu schwierig sein. Dachte, überlegte, kalkulierte er.

Und überhaupt: Weder sind Lawinen noch Aconcagua-Südwände gefährlich, denn Gefahr und Risiko liegen nicht in den Dingen und Umständen, sondern ausschließlich in uns selbst. Wenn wir nämlich nicht verstehen, daß wir dort und dann nicht gehen dürfen, wo und wenn Lawinen abgehen können, Steinschlag einsetzt etc.; daß wir nicht einsteigen dürfen, wenn wir nicht genügend vorbereitet, nicht schnell genug sind und nicht gelernt haben, die Zeichen des Wetters, der Schwierigkeit und Höhe der Wand richtig einzuschätzen und in Relation zu unserer Kraft und Geschwindigkeit zu setzen. Denn jede Stunde, ganz zu schweigen von jedem Tag und jeder Nacht, die wir länger in so einer »gefährlichen« Wand verbringen, sind gleichzeitig jede Stunde und jeder Tag mehr, in denen wir diesen »Gefahren« ausgesetzt sind.

Er stellte eine einfache Rechnung an: Um ein Uhr früh würde er einsteigen. Vor zwei Tagen war Vollmond gewesen, also gab es genug Licht, um selbst in der Nacht grobe Übersicht zu haben. Für die Details, die kleinen Griffe, hatte er eine Stirnlampe vorgesehen. Da er bis hinauf zu dem Depot mit den »Koflach« einen leeren Rucksack mit allenfalls zwei Litern warmem Elektrolytgetränk würde tragen müssen, konnte er sehr schnell klettern und in längstens vier Stunden dort oben sein. Weitere zwei bis über die »Sandsteinfelsen« mit dem Überhang, zwei bis drei Stunden für die Seracs – höchstens. Das machte, wenn er langsam war, neun Stunden. Es würde also zehn Uhr sein, wenn er am Fuß der »Messner-Traverse« stand in 6 300 Meter Höhe, und das bedeutete, daß er vier Stunden Zeit hatte, um 200 Höhenmeter zu überwinden. Er sah kein Problem. Zu mittag, spätestens um eins, würde er in der Gipfelwand stehen. Wenn die Lawinen wieder um 14 Uhr kamen, konnten sie ihm nichts mehr anhaben.

Nach einem letzten Abendessen mit den Koreanern verabschiedete er sich und ging ein letztes Mal an seinen Steinmännern vorbei auf den Gletscher hinüber. Er hatte den Schlafsack mit, den amerikanischen Benzinkocher mit einem großen Topf, die Hefesuppenpaste, viel Elektrolytgetränk und die Daunenjacke. In Fallinie des Einstiegsrisses schlug er ein provisorisches Lager hinter dem einzigen größeren Felsblock weit und breit auf. Der würde ihn vor den Eistrümmern und Steinen einer größeren Lawine schützen. Mit Mr. Pak war ausgemacht, daß er morgen früh seine Sachen holen und in seine Zelte legen sollte, dic cr vorerst stehengelassen hatte. Am frühen Nachmittag wollten auch die Koreaner den »Franzosenplatz« räumen und ihre erfolgreichen Freunde in Puente del Inca treffen.

Das Wetter war sehr schön, aber die Luft ungewöhnlich kalt. In dem dicken Daunenschlafsack sitzend, eingehüllt in seine leichte Daunenjacke und mit einer warmen Mütze auf dem Kopf, kochte er ununterbrochen abwechselnd Tee und Suppe und trank und trank und aß unter langsamem Kauen Kekse und Kraftschnitten. Um zehn wurde es finster, und er kochte weiter. In Anbetracht des morgigen Tages konnte er gar nicht genug Flüssigkeit zu sich nehmen, und an Schlaf war ohnehin nicht zu denken. Er war viel zu aufgeregt. Kurz vor Mitternacht ruhte er eine halbe Stunde. Es wurde immer kälter. Er fror, obwohl sein Schlafsack für tiefste Temperaturen konzipiert war. Kurz bevor er um halb ein Uhr morgens wieder den Kocher anwarf, schreckte ihn ein Grollen aus seinem Dösen. Zuerst wie ein fernes Gewitter, schwoll es zu betäubendem, die eisige Nacht erfüllendem Donnern an. Es war eine riesige Lawine, die sich in den Seracs gelöst hatte, vielleicht bedingt durch die extreme Kälte, die gewaltige Spannung erzeugen mußte. Jäh hellwach, richtete er sich auf und drückte sich, so eng es ging, an den kaum mannshohen Felsen, der sein einziger Schutz war. Fortlaufen war sinnlos, denn überall um ihn herum lauerten tiefe Spalten und Schlünde im Eis; außerdem war nicht viel zu sehen. Er zählte die Sekunden, sechs, sieben, acht, dann fing der Gletscher zu beben und zu zittern an. Das Donnern war zu ohrenbetäubendem Krachen angeschwollen, und ohne daß er es gewagt hätte, um den Steinblock herumzusehen, wußte er, daß Felsbrocken und Eistrümmer der Hauptmasse der Lawine vorangeschleudert wurden, der Schnee und eine zweifellos mächtige Druckwelle folgten, die einen Menschen ohne weiteres wegfegen konnte. Wenige Meter von ihm kollerten jetzt Steine, vielleicht war es Eis, dann zog ein Hauch von klirrendem Eisstaub in seinen Nacken und in sein Gesicht. Endlich ein starker Sog, er hielt den Atem an, das Donnern verebbte, das Zittern des Untergrundes hörte auf, ein-, zweimal noch ein kurzes Krachen in der Ferne, und es war wieder still. Er schälte sich aus seinem Schlafsack, stand auf, blickte in die vom fast vollen Mond hell erleuchtete Wand und stand einer riesigen, Hunderte Meter hohen weißen Wolke gegenüber, die sich in Zeitlupentempo, aber unaufhaltsam, auf ihn zubewegte.

Einen Augenblick stand er wie gelähmt. Sein erster Impuls war Laufen, doch dann blieb er ruhig, denn von dieser Schneestaubwolke drohte keine Gefahr. Gut, daß er nicht früher eingestiegen war. Gut, daß diese Lawine nicht eine Stunde später abgegangen war. Er hätte ihr am Einstieg unmöglich entrinnen können.

Er stellte einen letzten Topf Wasser auf den Kocher, trat aus, zog die wenigen Sachen an, die er dabei hatte, trank einen letzten Dreiviertelliter der salzigen Mineralsuppe, füllte seine zwei Thermosflaschen, legte den Schlafsack über die Spitze seines Felsens, damit ihn Mr. Pak am Morgen von weitem sehen konnte, legte eine frische Batterie in seine Stirnlampe und marschierte um Punkt ein Uhr früh auf die Wand zu. Hell zeichnete der Mond Pfeiler und Schluchten aus der Nacht und wies ihm seinen Weg. Nach dreißig Minuten berührte er die ersten Felsen der Wand.

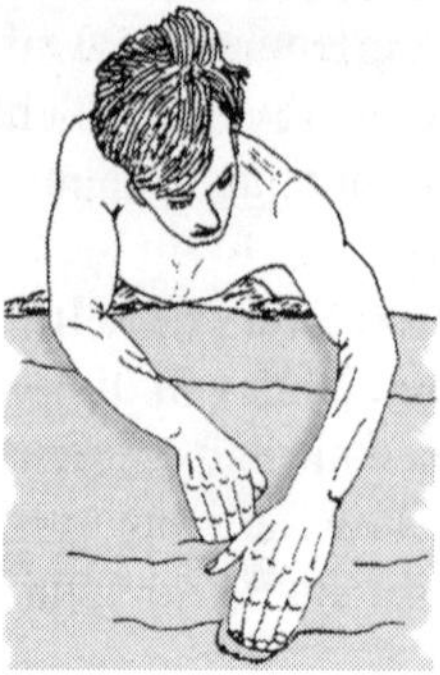

Die Gefahr in uns selbst

»Wo die Gefahr, dort wächst auch das Rettende.«
Hölderlin

»Jetzt bin i' neugierig, wer stärker ist:
ich oder ich.«
Johann Nestroy

Den unteren Teil der Wand kannte er wie seine Westentasche. Wie in einem Film zogen eine nach der anderen vertraute und markanteAbschnitte an ihm vorbei: der steile Pfeiler, wo es lawinensicher war; der Adlerhorst, wo er vor drei Tagen im Zelt der Koreaner geschlafen hatte; die brüchigen Platten und die senkrechten Kamine, wo sich die drei jungen Franzosen im letzten Winter nicht hinaufgetraut hatten. Er legte nur kurze Pausen ein, um aus den Thermosflaschen zu trinken. Mehr als zwei Liter warme Suppe und heißes Elektrolytgetränk nahm er zu sich. Die leeren Thermosflaschen hängte er an Haken. Er sparte an jedem Gramm Gewicht.

Sein einziges Problem war die außergewöhnlich tiefe Temperatur. An vielen extremen Stellen mußte er ohne Handschuhe klettern, weil er sonst nicht genug Gefühl für die kleinen Griffe gehabt hätte, aber es war so kalt, daß er jeweils nur wenige Minuten lang den eisigen Fels halten konnte. Später erfuhr er, daß es die kälteste Sommernacht des Jahrhunderts gewesen war. Nur 4 Grad plus in Mendoza, in 1200 Metern Höhe, wo das beste Weinanbaugebiet Argentiniens liegt. Die Ernte war dort gefährdet, viele Reben sogar erfroren. Von den Koreanern sollte er erfahren, daß es um 7 Uhr früh des 3. Januar im Basislager minus 28 Grad gehabt hatte. Eine Faustregel besagt, daß die Temperatur pro 1000 Höhenmeter um ca. 5 Grad sinkt. Das bedeutete, daß er beim Zelt der Koreaner mit ca. 33 Grad minus, bei den »Koflach« in 5 700 Meter mit ca. 36, und oberhalb der »Sandsteinfelsen« in 6 100 Meter Höhe mit wenigstens fast 40 Grad minus zu kämpfen hatte.

Beim Wegsuchen geriet er kein einziges Mal ins Stocken. Der Mondschein war sein Glück, aber andererseits hatte er all seine Vorbereitungszeit so angelegt, daß er um Vollmond seinen Gipfeltag haben würde. Vermutlich ist es unmöglich, nur im Schein einer Stirnlampe auf dem weitläufigen Gletscher den handbreiten Spalt zu finden, der der Einstieg in die vier Kilometer breite Wand war, selbst dann nicht, wenn man diese so gut kannte wie er. So schnell er auch ging, seine Zehen wurden bald gefühllos. Es gab Wandabschnitte, wo er mindestens zehn Minuten lang ohne Handschuhe klettern mußte und auf Grund der Steilheit keine Möglichkeit hatte, eine Hand unter den Pullover auf die warme Haut zu legen. Er hauchte weiße Wolken von Dampf in seine Finger, während er sich mit der anderen Hand hielt, aber das nützte gerade so viel, daß er die Griffe halten konnte. Die Finger blieben die meiste Zeit starr wie Holz.

Um ihn herum war Nacht, über ihm ein Himmel mit so vielen Sternen, wie er sie noch nie gesehen hatte. Schwarz gezackt stand am Horizont ein Meer anderer Andenberge, das mit dem Frost des Alls zu verschmelzen schien. Von dieser unglaublichen Stimmung nahm er nicht viel wahr, denn er war versunken in seinen eigenen Kosmos, der aus den jeweils wenigen Quadratmetern Fels bestand, die ihm seine

Stirnlampe gelb in die Nacht zeichnete. Wenige Grad Körperwärme gab er auf zentimeterkleine Vertiefungen oder Vorsprünge im Stein ab, die er immer nur wenige Sekunden lang hielt, denn das Klettern fiel ihm leicht, er bewegte sich trotz der Nacht und der Kälte schnell, stetig und sicher. Jedesmal, wenn er von einem Tritt auf den nächsten hoch- oder umstieg, preßte er ganz bewußt die Zehen auf die Sohlen seiner Schuhe, um die Durchblutung zu unterstützen, aber auch das nützte nicht viel, denn nach zwei Stunden spürte er die Zehen nicht mehr. Mit den leichten, profillosen Kletterschuhen, die mehr für eine Dolomitenwand geeignet waren als für einen Fast-Siebentausender in den Anden, kletterte er zwar sicherer und schneller, und er sparte damit auch Kraft, aber für derartige Temperaturen waren sie völlig ungeeignet. Die ganze Zeit dachte er daran, sich irgendwo hinzusetzen, die Füße zu massieren, bis er sie wieder richtig durchblutet spürte. Er hatte auch als Reserve ein Paar Kaschmirsocken im Rucksack, die er anziehen wollte. Aber er wußte genau, daß es vom Zelt der Koreaner weg bis vermutlich über die Seracs hinauf – und das waren mehr als 1 000 Höhenmeter, ein Drittel der Wand – keinen einzigen Platz zum Sitzen gab . . .

Um ca. 4 Uhr morgens kam er an dem Depot mit den »Koflachs« vorbei, was bedeutete, daß er keine drei Stunden für die ersten 1500 Meter der Wand gebraucht hatte. Die 1 800 Meter der Eiger-Nordwand waren ihm in vier Stunden fünfzig Minuten gelungen. Er bedachte die Relation der beiden Wände, die weitaus größere Meereshöhe hier am Aconcagua und stellte beruhigt fest, daß er schneller als geplant unterwegs war.* Bei dem Sack mit seinen Sachen setzte er

* *Normalbergsteiger kalkulieren in alpinem Gehgelände für eine Stunde im Schnitt 400 Höhenmeter ein!*

zuerst die Schuhe auf kleine Kanten und lehnte sich vorsichtig mit den Knien an die fast senkrechte Wand. Dann zog er unendlich behutsam, damit ihm nichts aus der Hand fiel und für immer in der Tiefe verschwand und vor allem, damit er nicht aus dem Gleichgewicht geriet, die Kletterschuhe aus, schlüpfte in einem besonders heiklen Manöver zuerst in die steif gefrorenen Innenschuhe und streifte – auf Grund ihrer kältebedingten Starrheit – mit großer Mühe die Außenschalen der »Koflach« über. Jetzt steckten seine von der unglaublichen Temperatur ohnehin bereits angeschlagenen Füße in engen Kühlschränken, die schätzungsweise 40 Grad minus hatten.

Das Wechseln der Schuhe hatte bei aller Routine fast eine halbe Stunde gedauert. Seine vom vorherigen, stundenlangen schnellen Klettern schweißfeuchte Thermounterwäsche lag wie eine Schicht Eis auf seiner Haut, und seine Muskeln waren so steif geworden, daß er sich eine Weile lang nur mit Mühe bewegen konnte. In seinen Kniescheiben, die fast die ganze Zeit an den Fels gedrückt gewesen waren, steckte der Frost, und bei den nächsten Schritten war es ihm, als wären sie eingeeist. Er war jetzt auf dem Gletscher mit dem Büßereis. Hier konnte er Handschuhe tragen, und bis auf die Füße war ihm wieder warm.

Um zu den Sandsteinfelsen zu gelangen, brauchte er keine Stunde. An den schwierigsten Stellen, besonders am Übergang des Gletschers in die Felsen und am Überhang, zog er sich an den von ihm ausgebesserten Fixseilen hoch. Streckenweise mußte er wieder ohne Handschuhe klettern, doch das machte ihm keine besonderen Probleme, obwohl die Kälte immer noch zunahm. Er war jetzt in 6 100 Meter Höhe, am Ende der »Sandsteinfelsen«, und betrat somit ein Gelände, das für ihn Neuland war. Es war die kälteste Stunde der Nacht, als es langsam hell wurde. Er zog die Steigeisen an, hielt in jeder

Hand einen Pickel und begann ohne Pause, unter den riesigen Seracs nach rechts zu queren. Keine zwei Zentimeter drangen die Spitzen der Steigeisen in den beinhart gefrorenen Schnee und in besonders splittriges Blankeis. Er war jetzt von den tausenden Tonnen Eis bedroht, die in einem labilen Gleichgewicht über ihm an der Kante des Gletscherplateaus hingen, dessen Dimensionen gewaltig sein mußten.

Er kletterte, so schnell es ging. Unter ihm brach die Wand mehr als 200 Meter tief senkrecht auf den Büßereis-Gletscher ab. Nach nur zwanzig Minuten hatte er einen ausgeprägten Grat erreicht, der die lange Querung beendete und die Stelle markierte, wo er irgendwo einen Weg durch die weit über 100 Meter hohen Eistürme finden mußte. Hier war eine Nische aus dem Eis herausgehackt, da waren Spuren von Urin, Reste von Nahrung und kleine runde Löcher im Eis, wo die Eisschrauben der Koreaner gesteckt hatten; an ihnen hatten sie sich während ihres Biwaks gesichert.

Zum ersten Mal in den letzten fünf Stunden hatte er eine Gelegenheit, sich niederzusetzen. Jetzt ging auch die Sonne auf. Die Eistürme gleißten wie Kristall gegen einen tiefblauen Himmel. Er fotografierte, zog endlich die Schuhe aus und massierte seine Zehen, die zwar nicht schwarz angefroren waren, wie er befürchtet hatte, aber dennoch teilweise gefühllos blieben. In der Sonne wurde es schnell warm. Aus seinem Depot hatte er in der Nacht zwei Gaskartuschen und einen besonders leichten Kocher mitgenommen, auf dem er jetzt Eis schmolz und fast einen Liter warmes Elektrolytgetränk zu sich nahm. Die ganze Zeit hielt er die Zehen in die Sonne und nahm die atemberaubende Aussicht in sich auf. Er war ruhig und voller Zuversicht. Sein Rucksack war leicht, und er fühlte sich vom bisherigen Aufstieg keine Spur ermüdet. Sechs Stunden Kletterzeit – zwei Drittel der Wand – bis jetzt. Ihm fehlten keine 900 Höhenmeter!

Im gläsernen Licht der Sonne machte er sich auf den Weiterweg. Hier beobachteten ihn die Koreaner vom Basislager aus mit dem Fernglas. Es war 7 Uhr. Keine zehn Minuten, und er war zwischen den Eistürmen verschwunden. Er hatte keine Ahnung, an welcher Stelle der günstigste Durchstieg durch diese Wolkenkratzer aus Eis führte. Kaum erkennbare Spuren der beiden Koreaner im teilweise senkrechten Eis schienen gerade hinauf zu führen, doch ohne daß er hätte sagen können, warum, hielt er sich eher nach links. Immer wieder gab es Aufschwünge, wo er wie in Felskaminen spreizen mußte, dann wurde das Eis auf einigen Metern senkrecht, legte sich zurück, wurde kurz weniger, aber ununterbrochen wenigstens 65 bis 70 Grad steil. Er kletterte gern, das Eis war gut, er hatte seinen Spaß. Die meisten Seilschaften hatten im Schnitt einen Tag für die Durchsteigung der Seracs gebraucht. Er war kurz vor 9 Uhr in 6 300 Metern, auf einer riesigen, nur mäßig ansteigenden und an ihrem Rand von gewaltigen Spalten zerfurchten Schnee- und Eisfläche: dem großen Gletscherplateau, das er noch nie gesehen hatte. Hier hätten einige Skilifte Platz. Er fotografierte wieder, die kleine Leica war wie immer bei seinen großen Besteigungen sein einziger Gewichts-Luxus, und marschierte jetzt wie bei einer Gletscherwanderung in großen, zeitraubenden Bögen um die Spalten in Richtung der »Messner-Wand«, wo in den letzten Tagen um 14 Uhr die Lawinen abgegangen waren.

Als er um 10 Uhr nicht mehr weit von ihr entfernt war, trat er eine Grube aus dem Schnee, setzte den Rucksack ab, baute wieder seinen kleinen Kocher auf und rührte sich zwei Stunden lang nicht von der Stelle. Er trank noch mal mindestens zwei Liter Suppe, füllte seine Thermosflasche, aß zwei Müslischnitten, achtete darauf, daß ihn die Sonne nicht aufbrannte, und war sich im übrigen aufgrund seiner bisherigen

Leistung ganz sicher, die restlichen 700 Höhenmeter in drei, allenfalls vier Stunden ohne Probleme schaffen zu können.

Ausgeruht, aber von der Sonne, dem langem Liegen und der vielen Flüssigkeit im Magen etwas träge, machte er sich auf den Weiterweg. Im schweren, knietiefen Schnee ging es mühsam und nur mäßig ansteigend die letzten zwanzig Minuten bis ans Ende des riesigen Plateaus. Hier setzte die 200 Meter hohe Schlüsselstelle der »Direttissima« an. Je näher er ihr kam, desto mehr steilte sich diese »Wand in der Wand« auf. Ihm war jetzt klar, warum sie in den letzten Jahren von jeder Expedition gemieden worden war. Alle hatten sich an die deutlich leichtere Originalroute der Franzosen gehalten, die mittlerweile weit zu seiner Rechten lag.

Auch lag jetzt viel mehr Neuschnee, als das vom Tal aus erkennbar gewesen war. Von Felskletterei, laut Messner im V. Schwierigkeitsgrad und sehr kleingriffig, würde heute keine Rede sein. Apere Felsen waren nur an der linken, überhängenden Begrenzungswand auszumachen und dort nur im letzten Stück. Davon war er noch sehr weit entfernt. Er wußte genau, wie hoch 200 Meter sein konnten – unter gewissen Umständen eine Ewigkeit. Doch noch immer ahnte er nicht, was ihm bevorstand.

Bevor der Übergang vom Gletscher in die verschneiten Felsen steil wurde, trat er eine kleine Mulde aus, schnallte die Steigeisen an, machte die beiden kurzen Pickel vom Rucksack los und sicherte sie mit kurzen Reepschnüren an seinem Sitzgurt. Handschuhe zog er nicht an, denn er meinte, nur wenige Minuten bis zum senkrechten Eis der Randkluft zu brauchen. Das war sein erster Fehler.

Dort, an diesem wie immer gefährlichen Übergang, würde er zwei-, dreimal die Pickel schlagen und anschließend in der verschneiten Felswand weiterklettern, wo jeder Griff zuerst von Schnee freigelegt werden müßte. Dabei würde er keine Handschuhe tragen können, unter dem Schnee war mit Wassereis zu rechnen, das nur mit der Fingerwärme wegzutauen sein würde.

Noch immer hatte er keine Eile. Sein Zeitplan war nach wie vor hervorragend. Zwei Stunden blieben ihm bis 14 Uhr, bis die Lawinen kamen. Was er tat, tat er langsam, ohne Hast. Seine gestrige Hoffnung, daß der Schnee in der Gipfelzone in den vergangenen zwei Tagen geschmolzen war oder sich bei der extremen Nachtkälte gefestigt hatte, gab er auf.

2 300 Höhenmeter hatte er ohne Eile und besondere Ermüdungserscheinungen in neun Stunden geschafft, größtenteils in der Nacht und in extremem Fels- und Eisgelände, und das von knapp 4 000 bis in eine Höhe von 6 300 Metern. Er hatte sich zwar gestern noch ausgerechnet, daß er diese Leistung theoretisch erbringen könnte, aber wirklich geglaubt daran hatte er nicht. Jetzt war er voller Selbstvertrauen und zweifelte keinen Augenblick daran, diese 200 Meter, die das Kriterium der ganzen Wand waren, in längstens eineinhalb Stunden bewältigen zu können. Leider war er zu sehr von sich selbst überzeugt. Wieder einmal – trotz allem, was er bisher gelernt hatte – beging er den verhängnisvollen Fehler der Hybris. Er sollte ihn fast das Leben kosten, und seine alte Theorie bestätigte sich von neuem, daß sogar so extreme und prinzipiell gefährliche Wände wie diese hier nicht wirklich »gefährlich« waren, sondern daß die Gefahr immer und vor allem im Menschen selbst lag. Die einen kümmerten sich nicht um Perioden und Einzugsbereiche von Lawinen, die anderen stiegen bei zweifelhaftem Wetter oder nicht entsprechend vorbereitet oder akklimatisiert ein. Ihm, der all diese Fehler nicht beging, wurde seine eigene Selbstsicherheit, die nicht ohne Grund im Laufe der Zeit immer mehr gestiegen war, beinahe zum Verhängnis.

Mit jedem Schritt, den er sich höherarbeitete, wurde der

Schnee tiefer. Bald reichte er ihm an die Brust, und ein Bein zu heben und mit den Steigeisen Halt zu finden wurde zu einer immer größeren Anstrengung. Es waren nicht »wenige Minuten« bis zur Randkluft hinauf, es sollte mehr als eine halbe, extrem kraftraubende Stunde werden.

So tief es ging, stach er die Pickel als Verlängerung seiner Arme in den Schnee, um auf einen festen Grund zu stoßen, sich hochziehen oder zumindest halten zu können. Die Beine versanken dabei – bedingt durch die Steilheit – in grundlosem Pulverschnee. Seine bloßen Hände, um die Pickelhauen geklammert, wurden schnell gefühllos. Jetzt verfluchte er seine Unvorsichtigkeit, die Handschuhe nicht angezogen zu haben, solang er noch nicht in den Felsen war.

Endlich hatte er mit äußerster Anstrengung die letzten zwanzig Meter geschafft und den obersten Rand des Gletschers erreicht. Er war schweißüberströmt. Wieder war da eine Randkluft, wieder einmal galt es, einen schwarzen Schlund zu überwinden, um in die eigentliche Wand der »Messner-Direttissima« zu gelangen. Dieser war nicht sehr breit, eineinhalb, zwei Meter vielleicht, doch er zog sich auf mindestens 100 Metern die Wand entlang, nicht »ziemlich steil«, sondern, soweit das jetzt zu beurteilen war, senkrecht, oder fast senkrecht, und von wenigstens zwanzig bis dreißig Zentimeter pulverigem Schnee bedeckt. Wäre er nicht so beschäftigt gewesen, seine eisigen Finger zu wärmen und auf dem schmalen, weichen Grat nicht das Gleichgewicht zu verlieren, er wäre spätestens jetzt sehr erschrocken. Die Lage war mit einem Schlag todernst geworden, alles, was bereits hinter ihm lag, vergleichsweise ein Kinderspiel.

Wie immer an solchen Stellen riskierte er viel, als er nach langem Zögern auf eine schmale schwache Neuschneebrükke trat und sich, ohne diese lang oder besonders stark zu belasten, hinüberfallen ließ und gleichzeitig die Pickel einschlug in eine Wand, die er aus von Schnee bedecktem Eis glaubte. Doch statt auf solides Eis, wo sie sofort gegriffen hätten, klirrten die Hauen der Pickel metallisch durch den Schnee hindurch auf Fels und glitten sofort ab.

Auch die Steigeisen griffen nirgendwo. Schreck, Schock, jähe Panik. Im selben Augenblick rutschte sein ganzer Körper weg, in Sekundenbruchteilen in die schwarze Randkluft hinein. Verzweifelt trat er mit den Steigeisen nach, doch nichts, kein Halt. Im letzten Moment verkeilte sich die Spitze des linken Pickels an irgendeinem Vorsprung, einer Ritze, einer Spalte, in einem Riß. Er hing, nein, baumelte kurz in der Senkrechten.

Todesangst schoß wie Strom durch ihn. So schnell sich alles auch abspielte, er hatte doch genug Zeit zum Denken. Es war gar nicht anders vorstellbar, als daß der Quadratzentimeter messerscharfen Stahles, an dem er hing und von dem er wegen des Schnees nicht erkennen konnte, auf welche Art und Weise er verkeilt war, brechen würde. Doch obwohl sein gesamtes Körpergewicht daran hing, die Spitze hielt wie festgewachsen, wie hineingegossen in den Berg. Keinen Millimeter gab sie nach.

Während er sekundenlang an der linken Hand hing, suchte er nach einer Chance, Halt für den anderen Pickel zu finden. Endlich gelang ihm das, er zog sich an den Armen hoch und war dankbar für jede Klimmzugstange, die seinen Weg bis heute gekreuzt hatte. Trat verzweifelt und klirrend durch den Schnee hindurch in die Felsen, scharrte wie mit Hufen, bis endlich auch ein Steigeisen nach dem anderen Halt fand.

Es war, als hätte man ihn von einem warmen, träumenden Sonnenbad in eisiges Wasser geworfen. So glatt war alles gegangen bis hier herauf, jetzt war die Wand eine andere geworden. Sie zeigte ihm die Zähne, forderte ihn bis aufs Letzte.

Das Herz schlug ihm vor Überraschung, Schreck und Anstrengung bis zum Hals. Adrenalin schoß in Strömen durch seine Adern. Es dauerte eine Ewigkeit, bis er die ersten zehn, fünfzehn Meter hinter sich gebracht hatte. Ungesichertes Steigeisen- und Pickelklettern auf Schnee, an Vorsprüngen und Ritzen, die nicht zu sehen, die nur durch die Klettergeräte zu fühlen waren. Das hatte er erst einmal erlebt, beim Alleingang durch die Matterhorn-Nordwand vor bald sieben Jahren. Doch so eine Schwierigkeit, mit so viel Schnee, das war neu für ihn, und Peter Grimm, einer seiner Lehrer, fiel ihm ein, der ihm irgendwann gesagt hatte, daß nur Überraschung Lernwert habe ... Nun, diese Lektion würde er nie mehr vergessen, wenn ihm auch nach Sprüchen nicht zumute war.

Er war zwar nicht in die Randkluft und damit in endgültige Finsternis gefallen, aber weder hatte er eine Schlüsselstelle noch einen Absatz erreicht, wo er rasten konnte. Ganz im Gegenteil, er war nicht einmal mitten, sondern gerade erst so weit drin in der heikelsten Kletterei seines Lebens, daß an Umkehren überhaupt kein Gedanke zu verschwenden war. Nicht hier und allein, nicht bei diesen Verhältnissen und ohne Seil und Haken: verschneites Gelände, das sich höchstens in seichten Rinnen strukturierte und fast immer senkrecht war. Kein Absatz, kein Rastpunkt zu erkennen, von einem Haken vielleicht als Wegweiser, von Griffen und Tritten ganz zu schweigen. Vielleicht wäre es leichter und weniger anstrengend für die Waden gewesen, die Tritte jeweils freizuputzen und ohne Steigeisen zu klettern, aber es wäre viel zu riskant gewesen, sie in einem heiklen Manöver auszuziehen und am Sitzgurt festzumachen.

In Seilschaft hätte er ohne zu zögern einen Haken geschlagen, abgeseilt und wäre eine gute Stunde lang zur Franzosen-Route hinübergequert. Es wäre ihm viel zu riskant und auch aussichtslos erschienen, bei derart widrigen Verhältnissen zu klettern. Doch er hatte keine Wahl mehr, denn abzuklettern war unmöglich. Seine einzige Chance lag nur im Weitergehen.

Ohne Zeit zu verlieren arbeitete er sich buchstäblich Zentimeter für Zentimeter hoch. Schnee wegputzen, nach Griffen tasten, die Finger eine Weile lang auflegen, Schnee und Eis wegschmelzen. Zugreifen. Die Bewegungen von Beinen und Armen kombinieren. Nach Möglichkeit die Fersen »hängen« lassen, damit die Wadenmuskeln etwas entlastet waren. Hochtasten, Schnee putzen, auf Vorsprünge hoffen, nicht zittern. Das war die ermüdendste Kletterei seines Lebens, und jede Minute zerrte an seinen Nerven. Dazu kam, daß sich die Zeiger seiner Uhr, die er ständig mehr oder weniger vor Augen hatte, unerbittlich und mit rasender Geschwindigkeit auf 14 Uhr zu bewegten und damit auf die lawinengefährliche Zeit . . .

Ihm schien, als bewegte er sich fast überhaupt nicht mehr. Tatsächlich erkämpfte er manchen Meter in mehr als einer Viertelstunde. Nie hätte er gedacht, daß man so langsam klettern könnte. Jegliches Zeitgefühl hatte er insofern verloren, als er jedesmal erschrak, wenn ihm die Zeiger der Uhr wieder eine verflogene Viertelstunde anzeigten und der Zwei-Uhr-Strich immer näher kam.

Die ganze Zeit schaute er kein einziges Mal weiter hinunter als bis zu seinen Steigeisen. Er wußte um den Abgrund unter sich und daß jede einzelne Bewegung stimmen mußte. Er hatte nicht den geringsten Spielraum für Fehler. Die Muskeln seiner Waden und seines Rückens waren seit mehr als einer Stunde zum Zerreißen gespannt und brannten wie Feuer. Die größten Kanten und Spalten gaben seinen Fingern und den Spitzen der Steigeisen Platz für höchstens einen Zentimeter. Bilder sah er keine mehr. In seinem Greifen und

Überlegen und Schnee-Wegputzen war er immer wieder minutenlang aus der Zeit.

Das Wetter war wunderschön. Ein tiefblauer Himmel stand über ihm. Der Wind war nicht stark. Oben brach er sich an Kanten und Graten. Ein fernes Tosen war zu hören. Dabei trennten ihn keine 600 Meter vom Gipfel. Knappe 100 Meter über ihm stand eine scharfe Schneeschneide in den Himmel, der unterste Ausläufer des feinen Schneegrates, den er so oft bei Sonnenauf- und -untergang vom Basislager aus bewundert hatte. Einmal auf diesem Grat zum Gipfel steigen . . .

Endlich, es war bereits einige Minuten nach 14 Uhr, trennte ihn nur noch eine horizontale Querung von zehn, fünfzehn Metern an der senkrechten Wand von einem großen Absatz. Von diesem zog die riesige Eisflanke der Gipfelwand in einem Zug zum Ausstieg. Dort drüben war er vorerst in Sicherheit. Die Lawinen, die er in den letzten Tagen beobachtet hatte, fielen alle nur über das felsige Stück, in dem er jetzt seit mehr als zwei Stunden hing. Bis jetzt hatte er seine Füße kein einziges Mal flach aufsetzen können, waren die Frontalzacken der Steigeisen immer in kleine Vorsprünge verkrallt gewesen.

Nur noch zehn Meter, am liebsten wäre er geflogen, zehn Meter noch, und endlich hatte er, zum ersten Mal in den letzten zwei – oder waren es schon mehr – Stunden einen großen festen Griff: Ein Stück Fels, solid, trocken und rund, so daß er beide Hände darüberlegen konnte, ragte gewachsen aus dem Sandstein. Endlich konnte er seine Finger etwas entlasten. Einen ordentlichen Tritt hatte er zwar immer noch nicht, aber er stand halbwegs bequem und hatte beinahe so etwas wie eine Rastposition. Zehn Meter, und seit ein paar Minuten voll in der lawinengefährlichen Zeit. Zehn Meter, und wieder sah er nur Schnee, eine schmale Rinne, die sich nach unten verlor, die 200 Meter tief in das Gletscherplateau abfiel. Er mußte weiter, zögerte aber, kalkulierte die nächsten Bewegungen sehr lang. Nur jetzt keinen Fehler machen. Vermutlich mußte er absteigend hinüberqueren. Zehn Meter auf den Absatz, dort könnte man Zelte aufstellen, so groß ist der. Vielleicht nur sieben, acht Meter, wenn er schräg links hinunter stieg und dort das blanke Eis erreichte, dann war er gerettet. Das mußte zu schaffen sein, und er sah wie nebenbei zu der scharfen Gratschneide über sich und dachte, die Hände über den großen herausstehenden Sandstein gelegt, seine einszweiundachtzig wie verwachsen mit der 3 000 Meter Eis-, Schnee- und Felswand, Aconcagua-Südwand – gleichsam ein Teil von ihr – *ich* – dachte, daß das ein schönes Foto geben müßte, der tiefblaue Himmel, der weiße Schnee.

Vielleicht war er ein bißchen müde, vielleicht schläferte ihn trotz der extremen Position, in der er sich immerhin in der Senkrechten mit der Kraft seiner Arme und Beine zu halten hatte, die unmittelbare Nähe des sicheren Geländes ein. Jedenfalls staunte er für einen Augenblick fast wie ein Kind, als er eine gewaltige schneeweiße Fahne genau über ihm in den blauen Himmel hinausschießen sah. Die 14-Uhr-Lawine – fünf Minuten zu spät. Er wunderte sich einen Augenblick lang, daß sein Zeitplan fast perfekt und der Berg gleichzeitig so »pünktlich« gewesen war. Fast zufrieden und stolz war er, als die Schneemassen auf ihn zuschossen, daß sein Plan summa summarum ein so guter gewesen war, und, na ja, fünf, zehn Minuten früher auf dem Absatz da drüben, und er wäre gerettet gewesen, fünf, zehn Minuten, was war das schon, wenn man bedachte, daß er 2 300 Meter Wand bereits in zwölf Stunden geschafft hatte, eine Strecke, für die andere drei Tage brauchen. Jetzt kostete ihn eine Verspätung, eine Lächerlichkeit von ein paar Minuten das Leben. Es war ein bißchen traurig, fast eine Ironie.

An all diese Gedanken und Eindrücke erinnert er sich heute, als hätte er sie gestern gehabt. Dabei spielte sich alles innerhalb von Sekunden ab. Er war so gut wie tot. Eine Lawine schoß auf ihn zu, der in der Senkrechten hing, ohne an Haken gesichert oder von einem Überhang geschützt zu sein. Wieder nichts von diesem berühmten Film, in dem das ganze Leben abläuft. Pech gehabt, fünf Minuten zu spät, pünktlicher Berg! Blitzschnell die Finger ineinander geflochten, Kopf eingezogen, an den Fels sich hingedrückt, jeden Muskel angespannt. Keine Chance mehr, den Rucksack abzustreifen, an dem sich der Schnee stauen und der ihn dadurch vermutlich in die Tiefe reißen würde.

Dann traf es ihn mit voller Wucht. Es riß an ihm, zog ihn nach unten, wurde finster. Schnee drang in seinem Nacken unter den Pullover, auf seinen nackten Rücken. Das Kopftuch und die Brille riß es ihm weg. Der ersten Energie des Schnees hatte er widerstehen können, aber immer stärker wurden der Druck und das Rauschen um ihn. Lang konnte er das nicht mehr aushalten. Unmerklich ließ die Kraft seiner ohnehin schon halb gefühllos gewesenen Finger nach. Sie begannen auseinanderzurutschen.

Es dauerte ewig, und es ging doch blitzschnell. Es war dunkel um ihn und kalt auf seinem Rücken, aber Ströme von Eindrücken flossen ununterbrochen durch das, was von seinem Denken übriggeblieben war. Er spürte den Stein, an dem er sich hielt, und im voraus ein letztes verzweifeltes Zusammenpressen der ineinander verkrallten Finger und schließlich den Ruck, als sie schließlich doch auseinandergerissen wurden. Er sah Bilder seines Fallens, wie sein Körper sich überschlug, einmal, mehrmals, wie die messerscharfen Hauen der Pickel, in Schlaufen an den Handgelenken und mit einer dünnen festen Schnur am Sitzgurt befestigt, in seine Lenden stachen, schmerzlos eindrangen in das Fleisch seiner Brust, seines Gesichts und er sich ein letztes Mal überschlug. Sah, wie sich das, was von ihm übriggeblieben war nach 200 Meter Sturz, aus dem Schnee herausrappelte, zögernd erst, betäubt, kraftlos sich zusammenraffte und auf einmal, Entsetzen, das Blut im weißen Schnee entdeckte von den Pickelwunden, schaurige Zeichen seines Versagens, obwohl er doch gewußt hatte, daß die Lawinen um 14 Uhr kamen. Sah weiter, viele Bilder und Szenen, große Strecken des langen Abstieges, der jetzt vor ihm lag, und die Spur, die er am Vormittag über das Plateau herauf getreten hatte und der er jetzt, verletzt und blutend, würde folgen müssen. Weiß schimmernd ragten die mächtigen Eistürme der Seracs wie am Morgen gegen den wunderbaren Himmel, sie blitzten auf im Dunkel seines letzten Sehens, und Blut auf Eis und Schnee, und irgendwann – vielleicht – das verlassene Lager . . .

All diese Bilder sah er, und die Kraft in den Fingern wurde immer geringer, der Zug an seinem Körper immer stärker, gleich war es soweit, gleich würde er beginnen, die Bilder zu *leben* – da ließ es nach. Der Druck wurde weniger und hörte schließlich auf. Es hatte ihn nicht mitgerissen. Er war noch da, wie durch ein Wunder. Zuerst blieb er ruhig, hielt den Kopf weiter gegen den Felsen gesenkt und wartete, bis die Traumbilder verschwanden und der Wirklichkeit Platz machten. Schließlich spuckte er Schnee und sah auf seine von der Anstrengung weißgepreßten Hände. Die Sonnenbrille war weg. In kürzester Zeit war der Schnee auf seinem Rücken geschmolzen und er völlig durchnäßt.

Aber er war noch da. Diese erste Lawine hatte ihn nicht geschafft. Er holte tief Luft. Stellte fest, was fehlte: nichts, außer der Brille und dem Kopftuch. Der Chronograph war auch nicht beschädigt. Die kleinen Sekundenzeiger bewegten sich wie vorher. Zehn nach zwei. Die nächste Lawine würde bald kommen. Noch immer fehlten zehn Meter. Jetzt mußte er sich wirklich beeilen. Eine zweite Chance würde er nicht bekommen.

Er war jetzt nicht mehr schläfrig und träge. Das Gelände hatte sich verändert: Da lag nur mehr sehr wenig Schnee. Die Lawine hatte den restlichen weggerissen. Die Felsen waren von einer Schneespur überzogen, doch diese war nur ein, zwei Zentimeter dick. Er sah jetzt die Vorsprünge, die Leisten, die Kanten. Noch einmal maß er die Strecke ab. Entschlossen löste er die linke Hand von dem rettenden Vorsprung und lehnte sich so weit hinüber, bis die rechte ganz gestreckt war. Spreizte dann weit nach links, griff mit der Linken nach einem Vorsprung, putzte ihn vom Schneematsch, fand Halt und verlagerte schließlich das Gewicht seines Körpers hinüber.

Der erste Schritt war getan. Wieder einmal stellte er sich als der wichtigste heraus. War er in Bewegung, entwickelte sich daraus eine Eigendynamik. Der nächste und der darauffolgende Schritt entsprangen dem jeweils vorherigen. Wäre er stehengeblieben, es hätte seinen sicheren Tod bedeutet. Wieder waren es heikle Schritte: Stahl der Steigeisen, der auf Stein kratzte, wunde Fingerkuppen, die auf seichte abschüssige Vorsprünge und Vertiefungen griffen, und sein Körper nur durch äußerste Muskelspannung und Konzentration in der Senkrechten gehalten.

Endlich fuhr der linke Pickel zum ersten Mal in solides Eis. Wenige Meter waren die Verbindung zwischen der Felswand, die er gerade hinter sich gebracht hatte, und der abschließenden Gipfelwand, die aus reinem Eis bestand, an die 60 Grad steil. Eine Flanke ohne für ihn nennenswerte Schwierigkeiten bis zum Gipfel.

Auf dem Absatz sank er wie betäubt in den Schnee. Endlich konnte sich sein Körper erholen, aber innerlich begann sich ein unangenehmes Gefühl in ihm auszubreiten. Er wußte, daß er nichts als großes Glück gehabt hatte. So viel wie nie zuvor in seinem Leben. Fünf, zehn Minuten wären ihm fast zum Verhängnis geworden. Er zitterte nicht, aber in ihm war es kalt. Glück, kein Können! Ihm schien, als sei es nicht einmal das Glück des Tüchtigen gewesen. Ausgerechnet im Augenblick der Lawine bei dem einzigen guten Griff gewesen zu sein, das war reiner Zufall. An jeder anderen Stelle dieser 200 Meter hätte es ihn unweigerlich mitgerissen. Seine Strategien waren nie auf Glück aufgebaut, und doch, hätte er keines gehabt . . .

Sein Alleingang war in eine kritische Phase gekommen. Bis jetzt hatte er sich keine besonderen Gedanken gemacht. Zu analysieren hatte es nichts gegeben, alles lief perfekt nach Plan, und auf den letzten 200 Metern hatte er keine Zeit dazu. Jetzt war Zeit und Möglichkeit, sich über Soll und Haben des bisherigen Tages klar zu werden.

Er ließ seine Eindrücke und Gefühle Revue passieren. Den größten Teil der Wand hatte er ohne die geringsten Probleme geschafft. Die Nachtstunden waren extrem kalt gewesen, doch das war nicht vorherzusehen. Die großen Zehen waren immer noch ein wenig gefühllos, aber sonst war er gut mit diesem Problem fertig geworden. Ab sechs Uhr morgens hatte die Sonne geschienen. 2 000 Höhenmeter hatte er ohne besondere Ermüdungserscheinungen geschafft. Das führte er auch auf die Tatsache zurück, daß cr fast vier Liter Flüssigkeit zu sich genommen hatte. Das Eisklettern zwischen den Seracs hindurch hatte richtig Spaß gemacht. Der erste Fehler war ihm erst ganz oben passiert. Er hatte die Schwierigkeiten, vor allem die widrigen Schneeverhältnisse unterschätzt, aber er war gut und fehlerlos, wenn auch sehr langsam, geklettert. Wäre er unten am Plateau nicht allzu verfrüht zufrieden mit seiner Leistung gewesen, hätte er nicht zwei Stunden gerastet, nie hätte ihn eine Lawine erwischt. Andrerseits, in der Pause hatte er sehr viel getrunken und Energie getankt, die er sicherlich dringend nötig gehabt hatte in den gerade überstandenen Situationen.

Nichts hatte ihn wirklich überrascht, und er konnte jetzt nicht verstehen, daß ihm das nicht zu denken gegeben hatte. Er war in keiner Weise mißtrauisch geworden, ganz im Gegenteil. Sein zügiges Vorankommen schrieb er allein seiner perfekten Vorbereitung zu. Es lief immer auf den selben Fehler hinaus: Hybris.

Jetzt war auf einmal alles anders. Die Wand hatte ihn in den vergangenen zwei Stunden mit den verschneiten Felsen und der Lawine in seine Schranken gewiesen. Die Harmonie, die er in sich selbst im Einklang mit dem Berg in den letzten Wochen aufgebaut hatte, sie war durch die Tatsache, daß er nur mehr aus reinem Zufall am Leben war, aus dem Gleichgewicht geraten. Er kam sich plötzlich fehl am Platz vor, ausgesetzt einer übermächtigen Natur und ihrer Gnade ausgeliefert. Zum ersten Mal seit vielen Tagen fühlte er sich als Alleingänger, als einer ohne Seil und Funkgerät und Unterstützung im Basislager. Nicht, daß ihm irgendwer da unten hätte helfen können. Aber er war angeschlagen und nichts als ein sehr, sehr kleiner und ohnmächtiger Mensch, der sich mit Gegnern und auf Abenteuer eingelassen hatte, die, übermächtig, plötzlich ihre wahre Macht demonstrierten, die er die ganze Zeit unterschätzt hatte. Keine Rede mehr von Eins sein mit den Steinen, dem Eis, der Sonne, dem Wind. Die Wand war wieder abweisend und tödlich. Er war nur mehr ein Geduldeter, ein Nichts, eine Fliege, die auf dem großen Aconcagua herumkroch. Wie ein Frevel, wie ein Sakrileg kam es ihm vor, daß er allein an einem Tag, ohne Seil durch diese Riesenwand wollte – und das sogar bereits fast geschafft hatte. Ihm schien, er sei der Wand doch nicht gewachsen gewesen, denn er lebte ja nur noch infolge reinen Glücks. Am Eiger, an der Grandes Jorasses, bei den »Fünf Wänden« in den Dolomiten, auch am Fitz Roy hatte er nie derartig viel Glück gebraucht. Er fühlte sich innerlich nicht mehr stark genug, um gegen die gewaltigen Eindrücke, denen er ausgesetzt war, zu bestehen. Dazu kam Angst, tief sitzende Angst, die immer in ihm war, wenn er sich in verschneitem Gelände bewegen mußte.

Starker Wind setzte ein und riß ihn aus seinen düsteren Gedanken. Der Himmel war nicht mehr blau wie vorher, sondern milchigweiß überzogen. Jetzt begann ihm auch noch vor dem berüchtigten »Viento Blanco« zu grauen, der schon so vielen zum Verhängnis geworden war. In seinen dünnen, nassen Sachen wurde ihm immer kälter. Seine Haare waren klatschnaß, und er setzte eine warme Wollmütze auf. Er suchte die Sturmbrille aus dem Rucksack. Ohne Augenschutz konnte er nicht weitergehen. In einer Thermosflasche hatte er noch einen halben Liter warme, verdünnte Hefesuppe. Er trank sie bis auf einen letzten Schluck aus. Dazu aß er ein paar von Willis Kraftschnitten. In den nächsten Stunden würde er alle Kraftreserven brauchen.

Zehn, fünfzehn Minuten war er beschäftigt. Im Magen und auf dem Kopf wurde es warm, und mit der dünnen Windjakke, die er überstreifte, ging es jetzt auch besser. Die Handschuhe hatte er ebenfalls angezogen, und seine Finger waren nicht mehr gefühllos.

Er durfte sich nicht unterkriegen lassen, sonst war er verloren. Das war nicht das erste Mal, daß er während eines Alleinganges müde und hoffnungslos geworden war. Früher waren die Wände nicht so hoch, aber er war auch noch nie so gut vorbereitet gewesen. Er konzentrierte sich auf das, was bis zum Gipfel noch vor ihm lag. Bis dahin war es noch weit. Fast die Höhe der Großglockner-Nordwand, nur steiler. Der Schnee war tief, knietief und er war jetzt immerhin schon in 6 500 Meter Höhe. Endlos lag der riesige weiße Hang vor ihm, ohne Absatz, ohne Kanten und Anhaltspunkte. Eintöniges, anstrengendes Steigen stand ihm bevor. Rechts rauschte es in unregelmäßigen Abständen von Schneerutschen und Lawinen. Da drüben war der feine Grat, den er an den Abenden und im frühen Morgenlicht immer bewundert hatte. Von unten gesehen zog er als feiner Strich zum Gipfel. Wie oft war er in seinen Träumen mit der Sonne an seiner Seite auf dieser Schneide geklettert . . . Jetzt dachte er keinen Augenblick mehr daran, dort hinüber zu queren. Die Strecke lag genau im Einzugsbereich der Lawinen. Auch die Wand, die vor ihm lag, gefiel ihm nicht. Sie barg ein Potential für gewaltige Lawinen, die ihn hier unweigerlich mitreißen würden.

Mit siebzehn hatte er bei einer Skitour in den heimatlichen Hohen Tauern an einem ähnlichen, wenn auch bei weitem nicht so steilen Hang, eine Schneebrettlawine losgetreten. In seiner Erinnerung war alles ganz langsam gegangen, bis auf die schwarze Schlange, die als Riß in der Schneedecke auf ihn zugelaufen war, blitzschnell, durch ihn hindurch und hinter ihm weiter, mehrere hundert Meter weit. »Das ist eine Lawine«, hatte er halb erstaunt, halb interessiert gedacht, »so ist das also«, und dann hatte es ihn weggezogen, weich, wie in Zeitlupe, aber unaufhaltsam, hatte ihn über einen fünfzehn Meter hohen Pfeiler ohne Schmerz und ohne Schreck getragen und weiter, fast 300 Meter ins Tal. Der Schnee war pulverig, nicht besonders tief gewesen, und er hatte die ganze Zeit mit den Armen gerudert, um obenauf zu bleiben.

Auf einem etwas flacheren Teil des Hanges war er liegengeblieben.

Vielleicht hatte ihn damals kein Wunder gerettet, sondern die Tatsache, daß es ihm gelungen war, mit dem Kopf obenauf zu bleiben. Er hatte wohl auch ein bißchen Glück gehabt, und Glück zu haben gehörte dazu. Wie dem auch sei, das Erlebnis steckte tief in ihm, und seither hatte er sich auf steilen verschneiten Hängen nicht mehr wirklich wohl gefühlt.

Jetzt, in der Gipfelwand der Aconcagua-Südwand, die an Steilheit in etwa mit der Ortler-Nordwand zu vergleichen ist, war es nicht nur Scheu, sondern nackte Angst, die ihm der Hang über sich einjagte. Knietiefer Schnee auf 500 Meter Höhe, einen Kilometer Breite ungefähr, da konnte er sich leicht ausrechnen, wie viele Tonnen auf ihn zukämen, wenn sich eine Lawine löste. Daß sie sich lösten, das hatte er ja gerade selbst erlebt. Es waren zwar keine Tonnen Schnee gewesen, und sie kamen auch etwas rechts von ihm, aber doch immerhin vom Bereich der Gipfelwand.

Ja, und an die argentinisch-amerikanische Seilschaft mußte er denken, die seit letztem Winter verschollen war. Nirgendwo, in der ganzen Wand und am Gletscher unten, die geringste Spur von ihnen. Nicht einmal ein Rucksack, ein Teil von einem Zelt, ein Seil. Nichts. Wenn sie bei dem damals schlechten Wetter überhaupt bis hier herauf gekommen waren – und nicht die französische Route versucht hatten –, dann waren sie wohl hier von einer Lawine mitgerissen worden. Das konnte er sich gut vorstellen, wie der eine am Stand sicherte, zwei Eisschrauben eingeschlagen, die Seile mit Karabinern festgemacht, und der andere kam gerade nach oder stieg gerade vor, oder sie waren gemeinsam am Stand, einem kleinen Absatz, aus dem Schnee, aus dem Eis gehauen, und es war der dritte, der vierte oder der fünfte Tag. Sie waren müde, erschöpft, sie hatten genug von Klettern, Südwand und schlechtem Wetter. Sie sahen nicht weit, es stürmte, und sie wußten, zum Gipfel konnte es nicht mehr weit sein. Und dann, plötzlich, noch fern, unwirklich, wie aus einer anderen Welt, an deren Schwelle sie in ihrer Erschöpfung gerade standen, drang ein Rauschen, das zum Grollen und schließlich zum Donnern anschwoll, und auf einmal eine graue Schneewand, die aus dem Nichts, aus dem weißen Nebel, aus dem Sturm auf sie zukam wie eine gewaltige Faust. Und dann schrien sie vermutlich ein letztes Mal, einer warnte den anderen, und sie duckten sich, hielten sich an den Eisschrauben und an sich selbst fest. Aber es nützte nichts, die Faust war zu mächtig, sie fegte sie weg, und es riß sie mit, denn auch die Haken hielten nicht, sie fielen, getragen in den Massen des Schnees, fielen und fielen, immer weiter ging es dem Abgrund zu, bis es sie vielleicht einmal kurz fing und dann wieder weitertrug. Kein Schmerz, das Letzte spürten sie schon nicht mehr, und dann war da irgendwo eine der gewaltigen, weit nach oben offenen und wer weiß wie tiefen Gletscherspalten des Aconcagua, in der sie verschwanden, und es war alles innerhalb von Augenblicken und für immer vorbei.

Angeschlagen wie er war, arbeitete seine Phantasie sehr rege. 100 Meter unterhalb des Ausstieges war ein riesiger Eisabbruch. Er war weit von ihm entfernt. Er hielt auf ihn zu als den einzigen Anhaltspunkt in der großen weißen Fläche. Es war jetzt 14 Uhr 45. Die beiden Pickel stieß er jedesmal, so tiefes ging, ein. Zur Fortbewegung war das zwar bei der relativ flachen Neigung der Wand nicht unbedingt nötig, aber es verlieh ihm ein Gefühl der Sicherheit. Wenn Schnee rutschte, wenn eine Lawine kam, vielleicht konnte er sich so halten . . . Seine Arme waren bei weitem nicht so müde wie die

Beine, und es war gut, daß er sie mit dem Ziehen an den Pickeln etwas entlasten konnte. Beim Steigen hielt er den Kopf gesenkt. Nach wenigen Metern wurde sein Atem tief und schwer. Die Höhe begann sich im Organismus auszuwirken. Die Schritte zählte er nicht, so wie man das immer aus Expeditionsberichten liest. Er ging einfach, so lang und so schnell er konnte. Wenn ihm der Atem ausging und seine Oberschenkel infolge des Sauerstoffmangels übersäuerten, dann blieb er stehen. Die genaue Höhe festzustellen hätte ihm nichts genützt, und so hatte er keinen Höhenmesser mitgenommen. Als Höhenmarken hatten ihm all die Zeit an diesem Berg markante Abschnitte in der Wand gedient: die Sandsteintürme und die brüchigen Rinnen von 5 100 bis 5 700 Meter, der senkrechte Sandsteingürtel von 5 900 bis 6 100, ab hier die 200 Meter hohen Eisbrüche, das Gletscherplateau in 6 300 Metern, die Schlüsselstelle bis 6 500, dann die abschließenden 500 Meter der Gipfelwand.

Er erinnerte sich an den Bericht von Reinhold Messner, der bei seiner Erstbegehung 1974 von dem unteren Absatz, ab 6 500 Meter, allein gestiegen war. Sein Partner, der zu langsam war, wartete dort auf ihn. Messner maß die Geschwindigkeit seines Kletterns anhand seines Höhenmessers. Er wollte 250 Meter pro Stunde schaffen, und das war ihm auch gelungen. In dieser Höhe und bei dieser Schwierigkeit und Steilheit ist das sehr, sehr schnell. Messner und seine Partner hatten aber mindestens zweimal in der Wand in Hochlagern genächtigt und waren im Vergleich zu ihm sicherlich verhältnismäßig ausgeruht gewesen. Die 200 Meter Felswand der Schlüsselstelle hier herauf war außerdem aper und für sie zweifellos nicht so anstrengend und gefahrvoll gewesen wie für ihn. Er konnte nicht damit rechnen, 250 Meter in der Stunde zu schaffen, was bedeutet hätte, daß er in genau zwei Stunden am Gipfelgrat gestanden wäre.

Im Nacken, vor allem aber im Bauch saß ihm jetzt bei jedem Schritt, jedem Atemzug die Angst. Er hetzte hinauf bis an die Grenze seines Herzschlags, verschnaufte kurz über die Pickel gebeugt, die Stirn im Schnee, und jagte schicksalsergeben weiter. Es war, als läge sein Leben jetzt nicht mehr in seiner Hand. Hunderte, vielleicht Tausende Male zog er ein Bein aus dem Schnee, hob es hoch, trat es mit aller Kraft wieder ein. Riß den Pickel heraus, stieß wieder zu. Immer und immer wieder, nur von sehr kurzen Pausen unterbrochen. Sein Puls beruhigte sich trotz der Höhe schnell. Zeitvorgaben machte er sich keine mehr. In diesen Stunden schaute er kein einziges Mal auf die Uhr. Ob er 300 Meter in der Stunde schaffte oder nur 100 – vielleicht spielte es eine Rolle, vielleicht nicht. Die nächste Lawine, wenn überhaupt eine kam, konnte in einer Minute oder in drei Stunden abgehen. Es war überhaupt gut möglich, ja wahrscheinlich, daß er selbst eine lostrat. Schneeflächen stehen unter großen Spannungen. Schwerkraft, Temperatur des Schnees und Konsistenz seiner Kristalle können eine explosive Mischung ergeben. Da genügt ein einziger Schritt in so einen Hang hinein, und ungeheure Energien werden freigesetzt. Es zieht, spannt, knackt, dann entsteht Bewegung. Erst langsam, fast unmerklich, dann unaufhaltsam, rasend schnell. Vor dieser Möglichkeit fürchtete er sich am meisten, obwohl diese Furcht vielleicht unbegründet war. Vielleicht hätte sich ein erfahrener Bergführer, der mit Schneeprofilen und Lawinen besser Bescheid wußte, hier keine Sorgen gemacht. In ihm jedenfalls war nur dieses Gefühl totaler Ausweglosigkeit und Ausgeliefertheit, das sein Denken bestimmte.

Irgendwann kam eine lange, horizontale Gletscherspalte, die er von unten nicht gesehen hatte. Sie war nicht sehr breit und ohne Probleme zu überklettern. Hier rastete er zum ersten Mal für längere Zeit und schaute in die Tiefe. Sehr viele

Tritte, eine sehr lange, keinesfalls schnurgerade Spur zog zu ihm herauf. Die Sonne schien nicht mehr, Wolken jagten um den Gipfel. Wenigstens zwei Drittel der Gipfelwand lagen hinter ihm. Er wurde ruhiger. Der große Eisabbruch war jetzt nicht mehr weit. 100 Meter vielleicht. Zwei Mal rasten, schätzte er. Diese 100 Meter noch, anschließend würde ihn keine Lawine mehr erreichen. Zum ersten Mal wußte er, daß er es schaffen würde. Nichts würde ihn mehr aufhalten können, beim Klettern würde er keinen Fehler machen.

Wieder änderte sich seine Stimmung. Er fühlte sich jetzt ausgeruht und fast frisch. Der Eindruck der gewaltigen Strekke, die unter ihm lag, hatte ihn optimistisch gemacht. Seine Angst und Niedergeschlagenheit waren verflogen. Er war doch nicht zu klein für den Aconcagua! Entschlossen ging er die Strecke bis zu dem Eisabbruch an. Ohne zu rasten, aber atemlos, erreichte er ihn. Hier lag kaum mehr Schnee. Blankes, hartes Eis erlaubte kraftsparendes, vor allem sicheres Steigen. »Endlich was Solides«, sagte er, er sprach jetzt manchmal mit sich und hieb die Pickel fast lustvoll ein. Das gab einen satten, trockenen, Vertrauen erweckenden Ton, wenn sich der handgeschmiedete, tausendfach bewährte Stahl zentimetertief ins Eis fraß. Wenn er den Pickel in einem einzigen wohlgesetzten Schwung von oben herab einschlug, dann hielt das, dann brach das nicht mehr aus. Seine Arme hielten ihn in Sicherheit.

Unter der fast dreißig Meter hohen und senkrechten Eiswand, die man sogar vom Basislager mit freiem Auge ausmachen kann, blieb er stehen. Hier war gut scin, hier konnte ihm nichts mehr passieren. Es war der eigentliche Gipfel für ihn, der Ausstieg, das Ende. Er genoß das Gefühl der Sicherheit, schaute wieder lang in die Tiefe, auf den Gletscher hinunter. Er wäre gern noch länger geblieben und hätte den Augenblick ausgekostet, aber es war sehr kalt. Naß von der

Lawine lag das Unterhemd auf seiner Haut, und schnell fing er wieder zu frieren an.

Die letzte Eiswand umging er rechts. Blankes Eis, auf kurzen Strecken sehr steil. Ein letztes extremes Klettern, das aber gefahrlos und ein krönender Abschluß war. Dann neigte sich die Wand. Der Schnee wurde wieder tiefer. Da waren bald Felsen, die aus ihm herausragten, vierzig, fünfzig Meter nur entfernt. Die letzten Meter bewegte er sich langsam, als ob sein Gehen überflüssig wäre. Obwohl es noch aufwärts ging, war er in seinem Kopf bereits auf dem Weg nach unten. Plötzlich war er wieder sehr müde. In der Gipfelwand hatte er fast 300 Höhenmeter in der Stunde geschafft. Die Spannung fiel von ihm ab. Das war der Gipfelgrat da oben, dort heulte der Sturm. Bevor er ihn voll erfaßte, auf dem ersten ebenen Stück, sank er in die Knie. Aus Erschöpfung, aus Erleichterung, aus Demut, wer weiß warum. Vermutlich, weil es im Augenblick die am wenigsten anstrengende, die bequemste Stellung war. Es war vorbei.

16.30 Uhr. 3. Januar 1991.

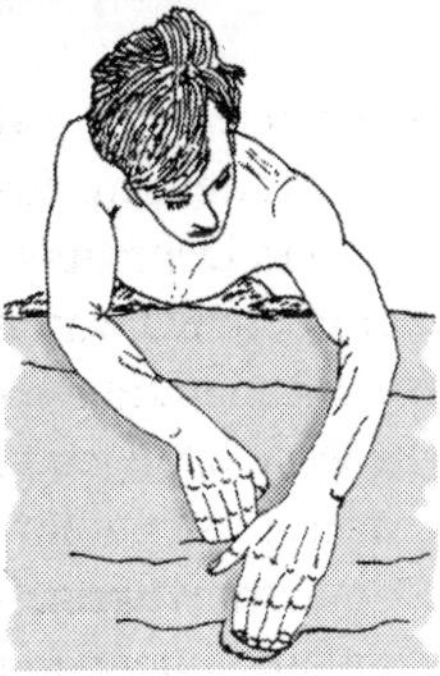

Spur im Eis

»Der Mensch ist nur der Traum eines Schattens.«
Pindar

»Jedes Gran dieses Steins,
jeder Splitter dieses durchnächtigten Berges
bedeutet allein für ihn [Sisyphos]
eine ganze Welt.«
Albert Camus

Am Ausstieg der Aconcagua-Südwand war es bitter kalt. Fahle, tote, sonnenlose Welt. Der Himmel ein endloses, milchiges Weiß, die Steine rötlich-grau. Unendlich tief, wie ein sorgsam drapiertes, faltenloses und aschfarbenes Tuch das Tal mit dem schuttbedeckten Horcones-Gletscher. Berge, Felsen, Gletscher – er stand über allem, ein erstes und ein letztes Mal. Tiefblick und Rundblick vom höchsten Punkt der Anden, dem »Wächter aus Stein«. Hunderte Male hatte er von unten hinauf geschaut. Jetzt stand er oben, für kurze Zeit, und schon war der Berg nicht mehr derselbe. Er war ein bestiegener Berg, der Weg war zu Ende. Der Drache tot. Schade um das schöne Tier.

Völlig durchnäßt, durchfroren und erschöpft, gebeugt von der Stärke des Windes, suchte er Zuflucht im Windschatten eines größeren Felsblockes und zog die Daunenjacke aus dem Rucksack. Der Sturm riß sie ihm fast aus der Hand. Chamonix fiel ihm ein. Das war vor einem Jahr. Die Nordwand der Aiguille Verte, die eisigen Gletscher in der Nacht, die frostige Sonne auf dem Gipfel. Wie kalt ihm damals erst gewesen war. Aus der Thermosflasche trank er einen letzten Schluck Hefesuppe, die er Zentimeter für Zentimeter durch seine Kehle rinnen fühlte, lehnte sich gegen den niederen Felsen und schloß für kurze Zeit die Augen.

Zuvor hatte er ein letztes Mal über die Wand hinunter geschaut. Sie symbolisierte für ihn in ihrer unglaublichen Tiefe nicht nur äußerlich, sondern vor allem innerlich den größten Abgrund, den er je in seinem Leben überwunden hatte. Vor seinem geistigen Auge sah er wie in einem Film gleichsam aus dem Nichts das Relief seiner Spur im Hell des Eises durch die Gipfelwand heraufziehen. Eine kaum 500 Meter lange Linie, keineswegs schnurgerade, eher leicht zackig, wie sie Tiere auf Schnee hinterlassen. Auch sie eine Metapher, ein Schattenriß seines Lebensweges, den, so wie die Eis-Spur, der nächste Sturm verwehen würde, der nie schnurgerade verlaufen war. Aneinanderkettung einer ungezählten Zahl von Atemzügen und Tritten, Herz- und Pickelschlägen, eine unsichtbare Spur von Lawinen-, ja Todesangst und Bildern von Weggerissen- und Ausgelöscht-Werden. Zeitlupenaufnahmen aus einer anderen Wirklichkeit von einem mächtigen weißen Strom, der langsam in Bewegung kam, dann rasend schnell seine Masse in die Tiefe hinab trug, und ein Körper mittendrin, der sich drehte, überschlug, Kopf unten, Kopf oben, schmerzlos, zeitlos in der Ewigkeit.

Eine Stunde fünfundvierzig Minuten lang Bilder in diesen Spuren. Gehen – Steigen – Klettern, Kopf gesenkt, Schritte gezählt, aus den Tiefen seiner Lunge Kraft geschöpft, gehetztes Spähen auf den Grat oben, die Distanz abgeschätzt zu der einzigen sicheren Insel, dem Eisabbruch kurz unterhalb des Ausstieges. Wieder: Angst und Hoffnung. Vielleicht habe ich Glück.

Morgen, spätestens in zwei, drei Tagen werden seine Tritte verwischt, die Kerben seiner Pickel und Steigeisen von frischem Eis gefüllt sein. Dennoch wird die Wand nie wieder sein wie sie vorher war. *Ich war hier.*

Bilder nicht nur einer anderen, einer Traum-Wirklichkeit, sondern auch aus einer anderen Dimension. Bilder der Senkrechten, aus der Mitte zwischen den beiden extremsten Gegensätzen unseres Seins: Leben und Tod. In dieser Mitte heben sich die Gegensätze auf. Während er gestiegen war und ganz in seinem Steigen aufging, ganz Steigen und Greifen und Abgrund-Überwinden war, war er sich selbst und war er Gott nahe gewesen. Wieder sah er das Weiß der Lawine wie einen schlanken, schnellen Pfeil erst in das tiefe Blau des Himmels schießen, dann auf sich zu, aber er mußte weiterleben, wieder als ein anderer, reicher an Bildern, gewachsen dank des Steines, den er gerade hatte besteigen dürfen. Seltsam, daß es vorbei war.

Der Gipfel lag vielleicht eine Viertelstunde zu seiner Rechten, doch der Gipfel hatte ihn nie interessiert. Er würde ihn nicht besteigen. Warum auch? Er hatte ihn ja die ganze Zeit in sich getragen. Gipfel sind äußere Meßlatten und Ausgangspunkte, bei denen es wieder von vorne los geht. Entscheidend war der Weg durch die Wand, deren Schwierigkeiten und Gefahren Hilfsmittel und Werkzeug darstellten, um den inneren stillen Punkt zu erreichen, in dem alles eins ist.

Ein letztes Bild, bevor wir ihn endgültig verlassen: Er kehrte der Wand den Rücken zu, für immer. Sie war ihm alles gewesen, Hitze und Kälte, Scheitern und Erfolg, Einsamkeit und Eins-Sein. Alle Gegensätze dieser Welt war sie ihm, aber für einige Augenblicke in diesen vergangenen

Wochen und letzten Stunden hatten sich die Zweiheiten, die das Mensch-Sein bestimmen, immer wieder aufgelöst, waren verschmolzen für kurze Zeitspannen, die mit Uhren nicht zu messen waren, weil sie nicht einzuordnen sind in die Kategorien menschlichen Denkens von Raum und Zeit.

»Das ist mein Leben«, hätte *er* gesagt, der *ich* war, *ich*, der ich *er* bin, *weil es mein Tod ist und weil ich leben werde und sterben werde, vergangen sein und im Werden begriffen – Ich Er Wir. Für immer.* So oder so ähnlich, wenn er Gedanken und Worte gefunden hätte, wenn er nicht schon wieder zu müde zum Denken, wenn es nicht schon wieder zu stürmisch und zu kalt zum Denken gewesen wäre, die Beine erschöpft, der Magen leer, die Augen brennend nach sechzehneinhalb Stunden Aufstieg und zweiunddreißig Stunden ohne Schlaf. Der Abstieg, der vor ihm lag, mühsam, steinig, lang.

Ein Sisyphos, der Berge liebte und das, was sie symbolisieren: Aufstieg – Erfüllung – Abstieg. Das geht immer weiter. Das hört nie auf.

Sisyphos auf dem Weg nach unten. Sein Stein rollte gerade auf der anderen Seite des Berges hinunter. Bald wird er ihn wieder aufheben müssen, wieder und immer wieder, bis der Kreis des ganz großen Abenteuers sich schließt. Er weiß bis heute nicht, wer er ist, aber er wird weitergehen, seiner inneren Stimme wieder folgend, wohin es ihn auch führt, allein mit seinem Schicksal, das ihm und nur ihm gehört, das er sich nicht ausgesucht hat, aber für das er verantwortlich ist. Ein glücklicher Mensch, denn »der Kampf gegen Gipfel vermag eines Menschen Herz auszufüllen«.

Literatur

Beauvoir, Simone de. Alle Menschen sind sterblich. Stuttgart/Hamburg/Baden-Baden 1949.

Beckett, Samuel. Watt. Frankfurt 1970.

Bellow, Saul. The Rainking. Harmondsworth 1959.

Bellow, Saul. Die Abenteuer der Augie March. München 1979.

Bellow, Saul. Herzog. Köln 1985.

Bellow, Saul. Das Geschäft des Lebens. München 1976.

Binnig, Gerd. Aus dem Nichts. München 1970.

Bly, Robert. Iron John. A Book About Men. New York 1990.

Brown, Dee. Begrabt mein Herz an der Biegung des Flusses. München 1992.

Büchner, Georg. Lenz, in: Werke und Briefe. München 1990.

Campbell, Joseph. The Hero with a Thousand Faces. New York 1949.

Campbell, Joseph. A Skeleton to Finnigans Wake.

Campbell, Joseph. The Power of Myth. New York 1988.

Camus, Albert. Der Mythos von Sisyphos. Reinbek bei Hamburg 1988.

Camus, Albert. Der Fremde. Reinbek bei Hamburg 1994.

Carr, Caleb. The Alienist. New York 1994.

Chatwin, Bruce. What Am I doing here? New York 1989.

Chatwin, Bruce. In Patagonien. Reinbek bei Hamburg 1990.

Chatwin, Bruce. The Songlines. London 1987.
Conrad, Joseph. Herz der Finsternis. Frankfurt am Main 1985.
Conrad, Joseph. Lord Jim. Frankfurt am Main 1983.

Dostojewskij, Fjodor M. Aufzeichnungen aus einem Totenhause. München 1966.
Dostojewskij, Fjodor M. Erniedrigte und Beleidigte. München 1972.

Eliot, T. S. Das wüste Land. Frankfurt am Main 1975.

Faulkner, William. Als ich im Sterben lag. Zürich 1991.
Faulkner, William. Soldatenlohn. Zürich 1988.
Faulkner, William. The Sound and the Fury. New York 1964.
Faulkner, William. Licht im August. Reinbek bei Hamburg 1972.
Faulkner, William. Absalom, Absalom! Reinbek bei Hamburg 1991.
Faulkner, William. Die Stadt. Zürich 1990.
Faulkner, William. Die Freistatt. Zürich 1981.
Faulkner, William. Requiem für eine Nonne. Zürich 1991.
Faulkner, William. Griff in den Staub. Stuttgart/München 1975.
Fink, Humbert. Ich bin der Herr der Welt. Kaiser Friedrich II, der Staufer. München 1986.
Fischer-Fabian, Siegfried. Die deutschen Cäsaren. München 1977.
France, Anatole. Die Götter dürsten. München 1967.
Frankl, Viktor. Der Mensch auf der Suche nach Sinn. München 1979.
Frankl, Viktor. Bergerlebnis und Sinnerfahrung. Innsbruck/Wien 1993.

Gide, André. Die Verliese des Vatikan. München 1975.
Gide, André. Die Falschmünzer. München 1982.
Gracián, Balthasar. Handorakel und Die Kunst der Weltklugheit. Essen/Stuttgart 1985.

Habeck, Fritz. Der schwarze Mantel meines Vaters. Wien/Hamburg 1976.
Hamsun, Knut. Segen der Erde. München 1989.
Hamsun, Knut. Auf überwachsenen Pfaden. München 1990.
Hrovat, Thomas. Sportklettern. Graz 1987.
Humboldt, Alexander von. Ansichten der Natur. Nördlingen 1986.

Kanigl, Robert. The Man Who Knew Infinity. A Life of the Genius Ramanujan. New York 1991.
Kantorowicz, Ernst. Kaiser Friedrich der Zweite. Stuttgart 1993.

Mann, Thomas. Der Zauberberg. Frankfurt am Main 1991.
Mann, Thomas. Tonio Kröger. Frankfurt am Main 1994.
Mann, Thomas. Dr. Faustus. Frankfurt am Main 1990.
Martin, Paul C. Aufwärts ohne Ende. Die neue Theorie des Reichtums. München 1988.
Messner, Reinhold. Die großen Wände. Geschichte, Routen, Erlebnisse. München 1977.
Mulisch, Harry. Die Entdeckung des Himmels. München 1993.

Norfolk, Lawrence. Lemprières Wörterbuch. München 1992.

Palinurus (d. i. Cyril Connolly). Das Grab ohne Frieden. München 1962.
Payne, David. Aufbruch vor dem Tanz. München 1992.

Payne, David. Bekenntnisse eines Taoisten an der Wall Street. München 1989.
Pirsig, Robert M. Zen und die Kunst ein Motorrad zu warten. Frankfurt am Main 1994.
Pirsig, Robert M. Lila. An Inquiry into Morals. New York 1991.
Proust, Marcel. Die Gefangene. Frankfurt 1983.

Rabelais, François. Gargantua und Pantagruel. Frankfurt 1974.
Ransmayer, Christoph. Die letzte Welt. Frankfurt am Main 1991.
Ransmayer, Christoph. Die Schrecken des Eises und der Finsternis. Frankfurt am Main 1994.
Rilke, Rainer Maria. Die Aufzeichnungen des Malte Laurids Brigge. Frankfurt 1980.
Rousseau, Jean-Jacques. Bekenntnisse. Frankfurt am Main 1985.

Saint-Exupéry, Antoine de. Nachtflug. Frankfurt am Main 1995.
Saint-Exupéry, Antoine de. Wind, Sand und Sterne. Hameln 1993.
Saint-Exupéry, Antoine de. Der kleine Prinz. Zürich 1983.
Sartre, Jean-Paul. Die Wörter. Reinbek bei Hamburg 1965.
Sartre, Jean-Paul. Zeit der Reife. Reinbek bei Hamburg 1971.
Schoeck, Georg. Seneca für Manager, Sentenzen. Zürich/München 1990.
Schwab, Gustav. Die Sagen des klassischen Altertums. Frankfurt am Main 1975.
Stern, Horst. Mann aus Apulien. München 1986.
Sterne, Lawrence. Das Leben und die Meinungen des Tristram Shandy. München 1991.

Sterne, Lawrence. Empfindsame Reise durch Frankreich und Italien. München 1979.
Stifter, Adalbert. Der Nachsommer. Berlin 1994.
Stifter, Adalbert. Witiko. Stuttgart 1984-86.

Thoreau, Henry David. Walden and Civil Disobedience. New York 1986.
Tolkien, John R. Der Herr der Ringe. Stuttgart 1994.
Tolkien, John R. Der kleine Hobbit. München 1991.

Voltaire, François Marie Arouet de. Sämtliche Romane und Erzählungen. Darmstadt 1964.

Waldrop, Mitchell M. Complexity. New York 1992.
Watts, Alan. Tao, The Watercourse Way. New York 1975.
Wies, Ernst W. Friedrich II. von Hohenstaufen. München/Esslingen 1994.
Wittgenstein, Ludwig. Tractatus logicus philosophicus. Frankfurt am Main 1960.

Yoshikawa, Eiji. Musashi. München 1992.

Zweig, Stefan. Sternstunden der Menschheit. Frankfurt am Main 1950.
Zweig, Stefan. Schachnovelle. Frankfurt am Main 1994.

Band 61915

Martin Seiwert

Die Mitte von Nirgendwo

Nach dem Abitur erhält Martin Seiwert ein Stipendium, das ihm eine Reise nach Kanada ermöglicht, in die Wildnis der Nordwestterritorien, wo die Dene-Indianer seit Jahrtausenden auf die Jagd gehen.
Die rund 10.000 Angehörigen dieses Nomadenvolkes haben trotz aller Missionierungsversuche der Weißen ihre Kultur, ihre Traditionen und Reste ihrer Spiritualität bewahren können. Sie leben heute auf eigenem, an Bodenschätzen reichem Gebiet. Martin Seiwert ist es gelungen, sich in den Alltag der Dene zu integrieren: Er hat mit ihnen gearbeitet, gejagt, gefischt, gegessen und gefeiert und einen einzigartigen Einblick in eine fremde Kultur gewonnen.

Band 61917

Andreas Kieling/
Irena Bischoff

Yukon River-Saga

Zwei Männer und eine Frau brechen auf zum Abenteuer ihres Lebens. Sie wollen in einem Kanu den Yukon River von der Quelle bis zur Mündung bezwingen. Monatelang sind die Abenteurer allein in der faszinierenden, aber auch bedrohlichen Weite des hohen Nordens. Sie treffen auf Bären, Elche und Wölfe, kämpfen sich durch Stromschnellen und moskitoverseuchte Sümpfe. Eine willkommene Unterbrechung der totalen Einsamkeit bieten die seltenen Begegnungen mit den Menschen am Fluß: Goldgräber, Indianer, Siedler und Eskimos, deren Heimat der Yukon River ist. Doch der frühe Wintereinbruch macht die Fahrt von den Quellen bis zur Beringsee zum Wettlauf mit Kälte, Eis und Stürmen, den nur einer von den dreien durchhält ...

Die »Sandkiste des Teufels«

Bruno Baumann, der erfolgreiche Wüstenwanderer, berichtet von seinem dramatischen Weg durch das sandige Herz der Gobi und von seinen gefahrvollen Reisen durch die Mongolei und Tibet.

Herbig